Cuba en 1958

**EL COLAPSO DE LA DICTADURA MILITAR
ABRIO EL PASO A UN ASALTO MARXISTA**

COLECCIÓN CUBA Y SUS JUECES

Este debe ser algo más que un libro nostálgico.
Presenta la triste historia de un pueblo que
perdió su libertad por haber descuidado sus
tradiciones democráticas.
En 1933, Cuba sufrió los embates
de una miserable y sangrienta Revolución
que exaltó el uso de violencia, atropellos
y asesinatos en la vida política Cubana.
Veinte y cinco años después,
con la Revolución Castrista de 1959,
los Cubanos recogieron
una infausta retribución de lo que habían
sembrado en el 1933.
El relato de esa experiencia pudiera
ser una gran lección para los hombres
y mujeres que son seducidos por las ideas
y estrategias Marxistas y de extrema izquierda,
pero no lo va a ser.
Nadie escarmienta en cabeza ajena.
En 1958, Cuba estaba bajo el asedio
voraz del Comunismo ...
y nadie se daba cuenta.

EDICIONES UNIVERSAL, Miami, Florida, 2019

Del Mismo autor:

Historia de la Química Industrial
Total Quality and Productivity Management
Performance Management
Strategic Planning
Management Development
Process Improvement Teams
Quality Strategies
Gestión de Futuro

Contramaestre
Baraguá
Poemas y Memorias de Cuba
Jimaguayú
Guáimaro
Freedom Embattled
Colonial Cuba
Republican Cuba
Exiled Cuba
Three Days in March
Raíces Cubanas
Álbum de Cuba
Rescatando a Martí
Un Festin de Palabras
Damn the Revolution
Madame Secretary
La Gran Estafa
La Memorias del Almirante Cervera
Matanzas en la Independencia de Cuba
La Guerra del 1868
La Tregua Fecunda
La Guerra del 95
Our Consul in Havana
El Diario de Guerra de Máximo Gómez
Cuba bajo la Bandera Norteamericana
Cuba en 1958
Cuba en 1959

Dedicatoria

A Olga Isabelita,
más de medio siglo
después de conocerte
y compartir contigo
la aventura del resto de
nuestras vidas

Foto Superior: El Dictador Cubano, General Fulgencio Batista y Zaldivar, en su brindis final de Año Nuevo a las 12:00 PM del 31 de Diciembre de 1958 en el *Campamento Militar de Columbia*. Tres horas después se exiliaría en la república Dominicana con toda su comitiva.

Foto Inferior: En la mañana del día primero de año 1959, el depuesto Batista ya estaba en el *Hotel Juragua* de Santo Domingo. Cuando salió bajo una fuerte custodia a conocer el lugar, se dejó fotografiar. Se dijo en la época que el Dictador Trujillo lo estaba obligando a pagarle US$ 1 millón mensual por ofrecerle asilo temporal en la República Dominicana.

RAUL EDUARDO CHAO

Cuba en 1958
EL COLAPSO DE LA DICTADURA MILITAR ABRIO EL PASO A UN ASALTO MARXISTA

Copyright © 2019 por Raúl Eduardo Chao.

Primera edición de

EDICIONES UNIVERSAL
P.O. Box 450353 (Shenandoah Station)
Miami, FL, 33245-0353, USA
Tel: (305) 642-3234   Fax: (305) 642-7978
email: ediciones@ediciones.com
http://www.ediciones.com
Desde 1965

Library of Congress Control No.: 2018967924
ISBN-10: 1-59388-303-x
ISBN-13: 978-1-59388-303-4

Diseño de la cubierta: Luis García Fresquet

Portada:
AVENIDA DE LOS PRESIDENTES
LA CALLE G DE LA HABANA

Contraportada:
EL PASEO AL FRENTE DEL
CAPITOLIO NACIONAL EN LA HABANA

Todos los derechos
son reservados. Ninguna parte de
este libro puede ser reproducida o transmitida
en ninguna forma o por ningún medio electrónico o mecánico,
incluyendo fotocopiadoras, grabadoras o sistemas computarizados,
sin el permiso por escrito del autor, excepto en el caso
de breves citas incorporadas en artículos críticos o en
revistas. Para obtener información diríjase a
Ediciones Universal

Una Nota al Lector

El personaje principal de este libro es un Norteamericano nacido en Cuba en 1932, hijo del principal ingeniero y maestro azucarero del Central Preston en la provincia de Oriente. A los 18 años comenzó su carrera de Ingeniería Química en Johns Hopkins University donde se graduó en 1954 a la edad de 22 años. A instancias del presidente de Hopkins, Milton Eisenhower, se trasladó a Charlottesville, Virginia, donde curso estudios en el *Instituto de Estudios Federales*, una escuela profesional precursora del *Federal Executive Institute (FEI)* que desde 1968 ofrece entrenamiento en liderazgo y desarrollo empresarial para ejecutivos del gobierno de los Estados Unidos. Allí conoció a Allen Welsh Dulles, profesor adjunto del Instituto y hermano del Secretario de Estado John Foster Dulles.

Al concluir sus estudios, Allen Dulles lo invitó a integrarse al Directorado de Operaciones de la *Agencia Central de Inteligencia (CIA)*, un grupo de profesionales que se dedican a recoger información -principalmente de fuentes clandestinas- que permita a los Estados Unidos a definir su política internacional. Su primer trabajo para la CIA fue como Jefe de Grupo asignado a la Embajada de los Estados Unidos en La Habana en 1956.

Conocí a nuestro sujeto en 1999, cuando contaba con 67 años y, estando a punto de retirarse de la agencia, había sido asignado a la oficina de Miami, Florida. Todavía hacía viajes frecuentes a La Habana, de donde había sido impugnado por el Gobierno Cubano en represalia por la expulsión de tres diplomáticos Cubanos de la delegación en Naciones Unidas en Diciembre de 1998.

En numerosas conversaciones con él me reveló, e invitó a que yo divulgara, muchos detalles históricos del año 1958 en Cuba, que hoy doy a conocer en este libro. Todos los hechos que presento en este libro -excepto un falso evento que me pidió incluir- son estrictamente fidedignos. Su nombre, evidentemente, no lo he revelado de mutuo acuerdo, considerando su preocupación por la seguridad de miembros de su familia que aun residen en Cuba.

RAÚL EDUARDO CHAO
Lakeland, Florida

Revelaciones del Jefe de la CIA en La Habana sobre el Año 1958

1

Yo nací en una casa solariega del pueblo de *Guaro*, donde estaban las oficinas agrícolas del *Central Preston*, una empresa azucarera fundada por un acaudalado Mr. A. W. Preston en 1906, luego propiedad de la *United Fruit Sugar Company* en la región de Nipe de la provincia de Oriente Cubana. El entorno de mi niñez fue una gran bahía -descubierta por Cristóbal Colón- situada sobre una llanura ondulada que nace al norte de las alturas de *Maniabón*, la última elevación que presenta la *Sierra de Cristal* al norte de Oriente.

Nipe es la bahía más grande de Cuba y una de las más grandes del mundo, con una superficie de 120 kilómetros cuadrados. Las tierras alrededor de la *Bahía de Nipe* son bañadas por múltiples ríos, arroyos y arroyuelos que descienden con gran fuerza y caudal desde la *Sierra de Cristal*, sin encontrase con obstáculos, hasta que desembocan en la Bahía. Esos ríos traen agua dulce a la bahía, con nombres que para mí siempre fueron exóticos: *Centeno, Guaro, Serones, Juan Vicente, Cajimaya, Nipe, Pontezuelo, Guayabo, Arroyo del Medio* y por último el *río Mayarí*, que aporta el 90% del caudal de agua a la bahía.

En el interior de la bahía hay varias playas de arenas blancas, rosadas y mulatas, la principal de las cuales es *Playa Caimana*, sobre la que tendré la oportunidad de hablarles en su momento. Los recuerdos más agradables durante mi niñez fueron ir de pesca con mi padre, a esas aguas de color azul único en la cual se encontraban peces de innumerables formas, tamaños y colores.

Uno de los pasatiempos predilectos de los niños y jovencitos que vivíamos en el central Preston, era la caza de jabalíes, venados, palomas, gallinuelas, patos, faisanes y jutías, toda una fauna que abundaba en los alrededores del gran *Chorrerón de Guaro*, un salto espectacular de agua dulce y transparente del *río Guaro*, que cae desde más de cien metros de altura y que se puede divisar desde muy lejos, preferentemente a la puesta del sol, que es cuando el enorme salto de agua parece la figura corpulenta de un hombre vestido completamente con ropas blancas, y de fondo, los altos farallones de la regía montaña de *La Mensura*, enclavada en los Pinares de Mayarí.

El día que yo nací en el hospital del *Central Preston*, al igual que el día que nació en Santiago de Cuba el gran escritor Cubano de fama mundial Eduardo Manet, tembló la tierra en toda la provincia de Oriente. Según los grandes *behiques* (chamanes, hombres-médicos) de los aborígenes *Tainos* de Cuba, la tierra temblaba cuando de ella surgía un ser especial, fuerte, decidido y audaz. En los años antes de la conquista, cuando eso ocurría, hombres y mujeres se sentaban en cuclillas y ofrecían alabanzas y agasajos al dios *Atabex* y a sus espíritus subalternos *Mabuya* e *Imao*, residentes todos de un paraíso al que llamaban *Coyaba*, para asegurar siembras productivas, que el mal tiempo no los afectara y para tener buena suerte en la caza y la pesca. Nunca pensé que mis padres se hubieran adherido a esa tradición pero mis amigos de juegos siempre pensaron que mi presencia auguraba buena fortuna en nuestras correrías.

Mi hogar en Preston fue más estricto que lo que nadie pueda imaginar. Mi madre no permitió que ni un cigarro, una tarjeta de póker o una gota de alcohol cruzaran la puerta de su casa. Recuerdo un día que se sentía muy débil y el doctor le sugirió que tomara un vaso de cerveza *Guinness Cabeza de Perro*. Ella se horrorizó. Dijo que prefería morir antes que tocar una gota. Mi padre consideraba beber, fumar y jugar a las cartas como si se hablara de asesinatos, adulterios u otros pecados capitales. Al estar prohibidas esas cosas, en mi juventud me propuse descubrir por qué estaban prohibidas, y descubrí que me gustaban. Pero esa es una historia que quizás pueda o no contar más adelante.

Mi padre fue jugador de fútbol americano, funcionario público e ingeniero. Nació en 1903 en una granja en Farmington, Michigan. Se inscribió en la Universidad de Michigan, donde jugó fútbol con los *Wolverines* entre 1921 y 1925. Dos años después de graduarse de Michigan, obtuvo una Maestría en LSU. Solía venir a Cuba durante las vacaciones de Navidad, como lo hacían muchos estudiantes de *LSU* para evitar los rigores de las vacaciones en el norte frio e inhóspito. En una fiesta de Nochebuena en el *Hotel Nacional de La Habana*, conoció a mi madre, que había nacido en Cuba y se había graduado del *Colegio del Sagrado Corazón* en La Habana. Al cabo de unos años, mi madre fue una de las primeras mujeres graduadas de la Universidad de La Habana con un título de Medicina. Después de un breve noviazgo y una boda poco menos que espectacular, mi padre trabajó brevemente en el FBI y en 1931 aceptó una oferta como Jefe de Ingeniería de la *United Fruit Sugar Company*, que había comprado los activos de la *Nipe Bay Company* y era ahora propietaria del *Central Preston* de Cuba.

Un año después, el 18 de Enero de 1932, numerosos sensores de sismos a lo largo de Norte y Sur América, incluyendo los del *US Geological Survey (USGS)* en Reston, Virginia y Menlo Park, California, registraron a las 11:30 am EST, un temblor de tierra con magnitud entre 4.2 y 4.6 en la Escala de Richter. El *Dr. Walter Curran Mendenhall*, director del *USGS*, localizó su epicentro al norte de la provincia de Oriente en Cuba. En ese mismo día y hora, el *Dr. Octavio Padró Ortiz*, director del *Hospital del Central Preston* dejó constar mi nacimiento en la Sala A de Maternidad del Hospital

Siguiendo los pasos de mi padre, después de graduarme de Ingeniero Mecánico en Johns Hopkins University, comencé a trabajar con la CIA en 1955. Mi primera asignación en Cuba fue como asesor técnico del Consulado Norteamericano en Santiago de Cuba, al cual me reporté en Marzo de 1957. Seis meses más tarde mis funciones me llevaron a la majestuosa y casi teatral nueva embajada de Estados Unidos al final del malecón de La Habana. Dadas las apremiantes condiciones políticas en Cuba, mi superior directo, al cual yo reportaba casi diariamente, no residía en La Habana; fue desde mi primer día de trabajo Mr. John Foster Dulles, Secretario de Estado de los Estados Unidos.

Foster Dulles tenía en ese momento 69 cumplidos. El hermano de John, Allen Welsh Dulles, era en esa fecha el director de la *Agencia Central de Inteligencia (CIA)*. En 1953 había supervisado el Golpe de Estado contra *Mohammad Mosaddegh*, el Primer Ministro Iraní que había atentado contra el régimen de Mohammad Reza Pahlavi. En 1954 había originado y dirigido desde Washington el Golpe de Estado contra Jacobo Arbenz en Guatemala. John, por su parte, era rabiosamente anti-Comunista y el principal propulsor de la ayuda Norteamericana a Francia, que desde 1946 estaba en guerra con los *Viet Minh* en Indochina. Naturalmente, mi intuición me decía que algo similar se planeaba para Cuba.

2

El 9 de Enero de 1958, al llegar a mi oficina de la Embajada de los Estados Unidos en La Habana, me estaba esperando en mi escritorio un sobre con un *dossier* enviado a mi atención por Mr. John Foster Dulles. El *dossier* resumía la conversación que el día anterior había tenido en Washington el Embajador de Cuba, *Miguel Ángel de la Campa*, con *Roy Richard Rubottom*, Secretario de Estado de los EEUU para Asuntos Inter-Americanos.

De la Campa, en sus 76 años, era un distinguido político y diplomático Cubano, ex-alumno del Colegio de Belén en La Habana, abogado, laudable acreedor de numerosas condecoraciones internacionales, entre ellas la *Legión de Honor Francesa* y la *Orden de Isabel la Católica Española*. Por 30 años había sido Embajador de Cuba en España, México, Japón y las Naciones Unidas. Ahora, en 1958, servía como el más valioso diplomático al servicio del General Fulgencio Batista.

Mr. Rubottom, a sus 46 años, era la mano derecha de Foster Dulles en lo referente a la respuesta de Washington a la incipiente Revolución Cubana. A pesar de ser un furioso anti-Comunista Rubottom confiaba que Fidel Castro no era Comunista y lo consideraba un líder distinguido de las Américas.

El **Central Preston** en 1958, donde nació el personaje principal de este libro; la **bahía de Nipe**, una de las más grandes de las Américas; el sello de la Universidad de **Johns Hopkins** y **John Foster Dulles**, Secretario de Estado de los Estados Unidos en 1958.

El dossier resumía los puntos principales de la reunión en el Departamento de Estado en Washington en el idioma clásico diplomático.

Todo está tranquilo en el área de La Habana y no se escucha nada sobre actividades rebeldes en el este de Cuba.

Se están llevando a cabo planes para las elecciones y los partidos de coalición del Gobierno celebrarán sus Asambleas Nacionales para elegir candidatos a la presidencia el 22 de Enero, fecha para la cual el gobierno levantará la censura.

El Dr. Gastón Godoy, presidente de la Cámara de Representantes; el Dr. Anselmo Alliegro, líder del Senado; y el Ingeniero. Amadeo López Castro son los posibles candidatos del gobierno.

El Dr. Grau San Martín y el Dr. Carlos Márquez Sterling parecen ser los posibles candidatos de los partidos de oposición.

El retraso en la aprobación de ciertas órdenes pequeñas de armas preocupa al presidente Batista, el cual no puede entender por qué no han sido ya aprobadas.

Ciertos artículos recientes en el New York Daily News *y el* Washington Post *relacionados con los juegos de azar en La Habana están haciendo inferencias a una posible conexión de Batista con la mafia, lo cual es molesto para el presidente.*

Al final del dossier, Foster Dulles me enviaba copia de un despacho de la Embajada Cubana en Washington al Departamento de Estado Norteamericano, fechado ese mismo día, numerado como No. 539.

En ese despacho se relataban conversaciones que el Padre Lorenzo Spiralli, Presidente de la *Universidad Católica de Villanueva* en La Habana, había mantenido con miembros prominentes de la Jerarquía Católica en Cuba. Esas conversaciones parecían indicar que la Iglesia Católica se oponía al actual Gobierno de Cuba y aprobaba la actividad revolucionaria de grupos como el *Movimiento 26 de Julio* de Fidel Castro Ruz.[1]

Conociendo muy de cerca a la Iglesia Católica y a su Arzobispo de Santiago de Cuba, Mons. Enrique Pérez Serantes, estuve a punto de comunicarme con Foster Dulles para decirle que el Arzobispo de

---

[1] El **Padre Lorenzo Spiralli**, un sacerdote Estadounidense de origen Italiano, apareció retratado en la *Revista Bohemia* en Mayo de 1958, mientras abrazaba al Presidente Batista. Interpreté que era un esfuerzo tardío para desmentir la enorme fisura que separaba ya a la Iglesia del dictador.

La Habana, Manuel Cardenal Arteaga, era un anciano parcialmente senil y notable por su disposición pacífica y retraída, para el cual la idea participar en la política, con la consiguiente agitación y tirantez, debía ser personalmente muy desagradable; por otra parte, el Arzobispo Santiaguero, aun cuando ayudó a salvarle la vida a Castro Ruz en 1953, no había demostrado hostilidad hacia el gobierno de Batista. Otra historia, posiblemente, era la de los laicos en Cuba.

También me contuve de informarle a Foster Dulles, pero lo hice a *Daniel M. Braddock*,[2] Encargado de Negocios de la Embajada, que un sacerdote estaba sirviendo con las fuerzas del *Movimiento 26 de Julio* en la Sierra Maestra y muchos laicos eran activos en organizaciones clandestinas como el *Movimiento de Resistencia Cívica* (MRC). Mucho más, le hice saber que el *Padre Jorge Bez Chabebe*, Consiliario de las *Juventudes de Acción Católica* en Oriente y Camagüey, aseguraba que casi toda la membresía de la *Juventud Católica* estaba participando activamente en asuntos revolucionarios, y que él los asistía. O inclusive que un Capítulo de los *Caballeros de Colón* en Santiago de Cuba había oficialmente pedido a la Iglesia Católica Estadounidense que interviniera directamente en la situación en Cuba con el propósito de remover a Batista.

Durante mi conversación con Braddock supe de un memorándum fechado el 19 de Diciembre de 1957 titulado *"Policy Recommendations for Restoration of Normalcy in Cuba."* en el cual se recomendaba continuar la venta de armas a Cuba siempre y cuando el General Batista creara un clima político favorable en la isla. Siete

---

[2] **Daniel M. Braddock** fue el último diplomático Estadounidense en salir de Cuba en 1961 después de que los EEUU rompieran relaciones diplomáticas con Cuba. Braddock fue Encargado de Negocios de la Embajada Estadounidense después que Fidel Castro tomara el poder en 1959. El 3 de Enero de 1961, a la 1:30 AM, Braddock recibió un telegrama de *Carlos Olivares*, Ministro de Relaciones Exteriores de Cuba, notificándole que en 48 horas el personal de la Embajada Norteamericana no podía exceder 11 personas. El *Presidente Eisenhower*, que unos días después cediera su cargo a *John F. Kennedy*, convocó a su gabinete a las 9:00 AM. La decisión fue terminar las relaciones lo antes posible. El día 4 de Enero, a las 8:30 PM, el Secretario de Estado de los Estados Unidos *Christian Archibald Herter* notificó a Cuba la ruptura de relaciones diplomáticas y dio a los miembros de la Embajada Cubana 48 horas para salir del territorio Norteamericano.

de las once requisiciones de armas de Cuba habían sido despachadas inmediatamente y las cuatro restantes habían sido sometidas a estudio con gran posibilidad de ser aprobadas. El Departamento de Defensa de los Estados Unidos había decidido con relación a las cuatro finales que serían aprobadas separadamente, de acuerdo al progreso realizado por el gobierno de Batista en cuando al clima de paz en la isla.

Unos días después me comuniqué con el Departamento de Defensa para conocer el contenido de las últimas cuatro requisiciones, que según el ejército Cubano eran:

1. 100,000 balas de 20 mm. para la Armada Cubana, necesarias para controlar los movimientos de botes pequeños sospechosos de portar armas a grupos rebeldes bajo el mando de Fidel Castro.

2. 10,000 granadas de mano, a usarse en la provincia de Oriente, principalmente para evitar los intentos de quemar los campos de caña.

3. 3,000 obuses de 75 mm. y dos dispositivos de lanzamiento, para ser usados en la Provincia de Oriente.

4. 20 carros blindados, a cuyo recibo el gobierno se compromete a restaurar las Garantías Constitucionales el 27 de Enero, siempre y cuando no ocurran actos excesivos de violencia en el territorio ocupado por los rebeldes.

Para mí y para otros funcionarios del Departamento de Estado todo parecía indicar que el gobierno del General Batista se sentía desesperado ante los avances políticos y militares de los insurrectos.

3

A mediados de Enero de 1958 Earl E.T. Smith, el Embajador de Estados Unidos en La Habana, visitó Washington para conversaciones sobre el régimen de Batista, el Movimiento 26 de Julio y las compras de armas en los Estados Unidos.

Smith tenía 55 años de edad; era un ex militar que había servido con distinción en la Segunda Guerra Mundial. Graduado de la

R. Roy, Rubottom, Subsecretario de Estado para Asuntos Interamericanos en 1958; Monseñor Enrique Pérez Serantes, Arzobispo de Santiago de Cuba, que salvó la vida de Castro tras el desembarco del Granma; el emblema de la Juventud Católica Cubana; El Padre Jorge Bez Chabebe, testigo de los fusilamientos en Santiago de Cuba en Enero de 1959; Manuel Cardenal Arteaga, primer Cardenal Cubano, víctima de un atentado por miliares de Batista; Earl T. Smith, Embajador Americano en Cuba durante 1958.

Universidad de Yale, fue electo presidente del Partido Republicano de Florida y se hizo rico trabajando como corredor de inversiones y miembro de la Bolsa de Nueva York. Smith jamás había tenido un puesto diplomático y no hablaba una palabra de Español. En 1957 el Presidente Eisenhower lo nombró Embajador en La Habana en sustitución de Arthur Gardner, que había demostrado ser muy amigo y partidario de Fulgencio Batista.

Earl Smith llegó a tener conmigo una amistad no sólo cordial sino apegada. En su primera experiencia en Cuba, el funeral de *Frank País*, el líder Santiaguero del Movimiento 26 de Julio, observó como más de 200,000 personas marcharon con el féretro al cementerio de Santa Ifigenia, lo cual Smith tomó como evidencia que todo no andaba bien en Cuba.

Entre mis obligaciones como el hombre del CIA en Cuba estaba viajar con Smith a Washington. Allí expuso la promesa que Batista le había hecho de restaurar las Garantías Constitucionales el 27 de Enero de ese año.[3] Smith, en mi presencia, le recomendó a John Foster Dulles que aprobara las ventas pendientes de armas a Cuba como bonificación e incentivo para que Batista cumpliera sus nuevas promesas. Uno de los argumentos que utilizó fue el hecho que las inversiones Americanas en Cuba ya alcanzaban la cifra de US$775 millones y que en Cuba residían más de 5,000 Norteamericanos, cuya seguridad dependía de un gobierno estable y una transición normal y pacífica, lo cual estaba en las manos de Batista. La recomendación aprobada por el Departamento de Estado antes del viaje de regreso de Smith a La Habana, leía:

> *«El Embajador Smith a su regreso está facultado a continuar sus esfuerzos de paz y tiene la autorización, si lo considera apropiado, para decirle a Batista que el cronograma original para la entrega de los carros blindados aún está vigente y que la entrega se puede esperar entre el 4 de Marzo y el 4 de Junio. Si desarrollos posteriores nos llevan a concluir que no sería prudente realizar esta entrega, la transferencia física de los autos podría, por supuesto, ser detenida. También se recomienda que se autori-*

---

[3] Durante 1957 **Batista** había suspendido las Garantías Constitucionales seis veces pero, a pesar de eso, Smith aceptó y trasmitió la promesa del dictador Cubano a sus superiores en Washington.

ce al Embajador, si lo considera ventajoso, a informar a Batista que se van a aprobar otras solicitudes futuras de compras de armas en los Estados Unidos.»

Al concluir la visita de Smith, recibimos en La Habana copias de un Memorándum de William Wieland, director de la *Oficina de Asuntos Inter-Americanos* dirigido a Roy Richard Rubottom, *Secretario Auxiliar de Estado para Asuntos Inter-Americanos*. El Memorándum reiteraba lo recomendado, con el siguiente énfasis:

«El Embajador Smith y el Departamento comparten la creencia de que la restauración de las garantías es un paso necesario antes de que se puedan tomar otras medidas para inducir al régimen de Batista a celebrar elecciones adecuadas.

El Embajador Smith tiene un poder adicional de negociación en sus conversaciones con Batista para autorizar la venta de 20 vehículos blindados al gobierno Cubano.

El gobierno de Cuba debe acordar restringir las brutalidades excesivas de ciertos funcionarios Cubanos, remover a algunos de los funcionarios más violentos y sádicos del ejército y la policía, y/o emitir una orden estricta del Presidente haciendo un llamamiento a las fuerzas armadas para que apliquen la ley imparcialmente y de una manera legal.

Sería deseable una amnistía general, que incluya a los presos políticos y la mayor parte de las fuerzas que combaten con Fidel Castro en las montañas de la Sierra Maestra. La oposición, por supuesto, tendría que responder a esos movimientos con un alto grado de responsabilidad ya que las fuerzas revolucionarias en la Sierra son también en parte responsables de la violencia que hoy asedia al país.

Estados Unidos ya está cooperando con el gobierno Cubano al lanzar una investigación sobre las actividades del ex-presidente Carlos Prío a pedido del General Batista, y puede decirse que la acusación ya está programada para vistas.

La venta de equipos como carros blindados no está autorizada si el presidente Batista no restaura y deja en vigencia las Garantías Constitucionales, o si no toma medidas adicionales para terminar con la violencia en el país, y cree unas condiciones propicias para una elección aceptable el 1 de Junio.

Una vez el presidente Batista cumpla con estas solicitudes de los Estados Unidos, el Departamento de Estado hará un reconocimiento adecuado por medio de una declaración pública.»

Unas horas antes de partir para La Habana, el Embajador Smith convocó a una Rueda de Prensa en la que presentó los puntos relatados en el Memorándum de William Wieland. Al finalizar sus declaraciones los periodistas tuvieron la oportunidad de hacer preguntas, las cuales dieron lugar a los siguientes comentarios por parte del Embajador Smith:

A una pregunta sobre si creía que el gobierno de los Estados Unidos podría hacer negocios con Fidel Castro su respuesta fue:

«No creo que Estados Unidos pueda hacer negocios con Fidel Castro.»

A un periodista que preguntó los motivos de su declaración, Smith respondió:

«El gobierno de los Estados Unidos sólo puede hacer negocios con un gobierno que respete sus obligaciones internacionales y que pueda mantener la ley y el orden. En mi opinión, Castro no haría ninguna de las dos cosas.»

El 17 de Enero, el Ministro Cubano del Interior, *Santiago Rey Pernas*, emitió en La Habana una declaración por escrito en respuesta al comunicado de prensa del Embajador Smith señalando:

«Las garantías constitucionales se restablecerán tan pronto como sea posible y cuando las circunstancias lo aconsejen.»

El Encargado de Negocios Daniel Braddock preguntó al Canciller Cubano Gonzalo Güell y Morales el 18 de Enero si el gobierno Cubano había quedado decepcionado o avergonzado por la declaración de Smith. Güell no dijo nada, pero, contradiciendo las palabras del Embajador Smith, señaló que aun no se había fijado una fecha para la restauración de las Garantías.

Por el tono de la declaración pública de Santiago Rey y los comentarios de Gonzalo Güell, Daniel Braddock concluyó que el gobierno Cubano estaba ávido de no dar la impresión que objetaba la declaración de Smith, pero que hubiera estado más contento si no la hubiera hecho.

En un mensaje de John Foster Dulles a mi oficina, el Secretario de Estado me encomendó que refinara y redoblara todas las fuentes de contactos e información que teníamos con vista a definir si el gobierno de Cuba estaba decidido a restaurar las Garantías Constitucionales. No teniendo otra alternativa, dejaba en mis manos el descubrir y revelar definitivamente las intenciones del gobierno del General Batista.

Arthur Gardner, Embajador Americano en Cuba en los primeros días de la Sierra Maestra, íntimo amigo de Eisenhower; **William Arthur Wieland**, Director de la Oficina de Asuntos Centroamericanos del Departamento de Estado en 1958; **Santiago Rey Pernas**, ex-Ministro de Gobernación en 1958, en sus días de exilio en Miami; **Gonzalo Güell Morales**, Ministro de Relaciones Exteriores (Estado) de Cuba en 1958; **Soldados del Ejército Nacional** desembarcando en Oriente en 1958;

4

El 18 de Enero de 1958, en una pequeña e intima celebración en el *Bar Floridita* de La Habana, junto a buenos amigos y compañeros de trabajo de la Embajada, yo cumplí 26 años. Mis funciones oficiales eran la supervisión de obras y remodelación del edificio de seis pisos de la Embajada -inspirado en el de Naciones Unidas en New York- que había sido inaugurado en 1953. En mis oídos retumbaban las palabras de nuestro Embajador Earl E. T. Smith al llegar de su visita reciente a Washington:

«Mi información sobre Castro y el Movimiento 26 de Julio es hasta hoy peligrosamente inconclusa. Le he pedido ayuda a mis jefes en el Departamento de Estado para establecer más allá de cualquier duda en qué medida el movimiento de Castro está penetrado por el comunismo internacional. Aquí en La Habana, por otra parte, estamos trabajando incansablemente para encontrar una respuesta definitiva a esa cuestión.»

Por su puesto, esos *"incansables trabajos"* estaban encomendados a mí y a los cuatro agentes de la CIA que me reportaban como jefe de la estación de La Habana. Por suerte y gracias a una feliz coincidencia, al llegar a La Habana me encontré a Argelio García, un condiscípulo universitario de *Johns Hopkins* que tenía un alto puesto en el gobierno de Batista. Por medio de él conseguí hacer amistad con Santiago Rey Pernas, ministro de Gobernación de Cuba desde 1954.

Santiago Rey, al que todos llamábamos *"Santiaguito,"* era una figura política prominente en Cuba mucho antes de ingresar en el gabinete de Fulgencio Batista. En 1940 había sido miembro de la *Asamblea Nacional Constituyente* que formuló la Constitución Cubana de 1940. Había nacido en Cienfuegos en 1908, hijo de un veterano de las guerras de independencia. Abogado de profesión, había sido electo por el Partido Republicano en 1932 como Representante del Congreso Cubano. Poco después sirvió en el Senado de la República y como gobernador de la provincia de Las Villas.[4] En Cuba, tanto los partidarios de Batista como los de la oposición, consideraban a Santiago Rey como un hombre de extraordinario talento y un profundo y entusiasta conocedor de la historia.

Adicionalmente, para cementar una amistad con Santiago Rey, me ayudó el hecho de que mis credenciales incluían ser primo de Dolores Aguilar Pernas, que estaba casada con Enrique A. Pollack-Diehl. Enrique era pariente cercano de los Rothschild de fama bancaria, sobrino de María Luisa de la Torre y Bassave, Duquesa de Sevilla, y estaba emparentado con Felipe de Borbón, Rey de España. Con esos justificantes no me fue difícil acercarme y hacer una estrecha amistad con Santiaguito Rey.[5]

Mi misión de descubrir y revelar definitivamente las intenciones del gobierno del General Batista sobre el restablecimiento de las Garantías Constitucionales se unió a la necesidad de obtener información sobre Castro y el *Movimiento 26 de Julio*. Esta segunda encomienda estaba encaminada a resolver lo que Foster Dulles llamó en una de sus efervescentes y pasadas de moda peroratas ...

> *«Una desafortunada desorientación política y peligrosa incertidumbre, que ocasiona en gran parte la angustia y confusión que se vive en Washington en estos días, dado que un triunfo de la revolución, si ésta es comunista, afectaría a miles de Estadounidenses, entre residentes, estudiantes y turistas, que no tienen información de este gobierno sobre si es recomendable o no vivir o visitar la isla...»*

Mi primera reunión con Santiaguito Rey tuvo lugar en el *Restaurant Gaviria* de Calzada esquina a la calle M del Vedado.[6]

---

[4] A la llegada de Castro al poder en 1959, **Rey Pernas** se asiló en la Embajada de Chile y se trasladó a Ciudad México y Miami con su esposa Berta Ziegenhirt. Desde México publicó su libro *Mirando a Cuba*. Santiaguito murió en Miami a los 95 años de edad de un ataque al corazón.

[5] **Henry Pollack Aguilar**, el mayor de los tres hijos de Enrique Pollack-Diehl y Dolores Aguilar Pernas, fue durante los años 1993 al 2006 asistente de la Congresista Republicana Ileana Ros-Lehtinen y recientemente editó y produjo el documental *"Cuba antes de Castro."*

[6] La **Embajada Americana** estaba cerca, en Calzada entre M y L.

Comenzamos nuestra primera conversación reconociendo que en ese momento Castro en la Sierra Maestra y la Embajada Americana en La Habana eran los únicos centros de poder debidamente organizados en medio de un gran desconcierto y desorden en el país, donde uno no sabía en qué dirección se estaba moviendo el otro y cada uno seguía muy de cerca las maniobras del contrario.

Armados de desconfianzas pero con claras expectativas, ambas fuerzas tanteaban sus respectivas capacidades de imponer su visión para Cuba. Estados Unidos considerando enviar submarinos y fragatas de guerra para rescatar a los Americanos y la democracia Cubana y Castro tratando de hacer de Cuba un país sin vida normal mientras estuviera Batista en Palacio. No iba a ser fácil, ambos coincidimos, que los dos poderes terminaran por entenderse en lo práctico sin un solo disparo ni un rasguño para nadie.

Santiago Rey en varias ocasiones mencionó en esa primera reunión la *"nube borrascosa"* en que vivía el presidente Eisenhower.[7] Yo le confirmé que en muchas horas de tensión en la Embajada Americana, una docena de diplomáticos burócratas estaban confeccionando laboriosos informes que calificaban como *"secretos"* y *"ultra confidenciales,"* y que no había tal cosa como un presidente Americano bajo una *"nube borrascosa."*[8]

---

[7] De hecho **Dwight Eisenhower**, a menos de cinco días del triunfo de la revolución, se reunió con el director de la CIA, *Allen Dulles*, para reclamarle que *"por una u otra razón los elementos principales de la situación cubana no le habían sido presentados."*

[8] Independientemente del sentir de Eisenhower, la información que llegaba a Washington desde La Habana era tan completa y oportuna que **el día 31 de Diciembre**, minutos antes de que el avión que llevaba a Fulgencio Batista a la Republica Dominicana partiera del Aeropuerto de la base militar de Columbia, a las 4 de la mañana, la Embajada Americana en La Habana recibió una llamada del Ministro de Relaciones Exteriores, **Gonzalo Güell**, anunciando la salida de Cuba de Fulgencio Batista, Francisco Tabernilla y sus séquitos personales. A las pocas horas, la Embajada comenzó a dar noticias por la CMQ radio sobre lo ocurrido, advirtiendo a los ciudadanos Estadounidenses a que permanecieran en sus casas y hoteles.

En ese momento se encontraban en Cuba 7,841 residentes y 1,318 turistas Estadounidenses, la mayoría de los cuales no sabía qué hacer, a dónde ir, ni qué pasaría con ellos. En los primeros cuatro días de ese Enero, la Embajada recibió 12,500 llamadas en los seis números telefónicos que funcionaron día y noche en el *"Welfare Office."*

Una vez terminados los cumplidos de rigor cuando se reúnen amistosamente dos personas, le entregué a *Santiaguito*, una copia de las palabras que *Earl E. T. Smith* dio a conocer a la prensa Americana en Washington el 16 de Enero (*Departamento de Estado, CCA Files: Lot 70 D 149, Nov.–Dec. 1958*):

> *«Los Estados Unidos reconocen al actual Gobierno de Cuba y lo estiman como el gobierno constituido de una hermana amiga de los Estados Unidos. Mantenemos una política de objetividad y no intervención en los asuntos internos de Cuba. La Embajada de los Estados Unidos se adhiere estrictamente a esa política. Estamos convencidos de que tanto el Gobierno de Cuba como la oposición son plenamente conscientes de esta política y la respetan. Esperamos que pronto se celebren elecciones que sean aceptables para el pueblo de Cuba. Cuatro partidos de oposición han cumplido con sus requisitos legales y han dado los pasos necesarios para estar preparados para unas Elecciones Nacionales programadas para el día 1 de Junio de 1958.»*

También le enseñé el telegrama (*No. 397, fechado Enero 23, Archivos Centrales 737.00/1-2358*) enviado por el Secretario de Estado Americano *Christian Herter* a *Roy Richard Rubottom*, Secretario de Estado de los EEUU para Asuntos Inter-Americanos:

> *«A su discreción, puede informar entrega de vehículos a Batista "a tiempo." Entrega puede esperarse dentro del período del 4 de Marzo al 4 de Junio, según oferta original del Departamento de Defensa. Sugiero que enfatice que es necesario que Batista coopere en la creación de condiciones que minimicen la reacción adversa en los EEUU y en otros lugares tanto contra el gobierno de los Estados Unidos como contra el de Cuba. Sus comentarios deben resaltar el problema mutuo resultante de críticas adversas al Congreso y al público de los EEUU. Sobre esta base el llamamiento para su cooperación para reducir el efecto al mínimo puede consistir restringir notificaciones oficiales a la llegada del equipo y limitar el uso que va a tener a capacitación y otros tareas discretas. Envío no se hará hasta informar del mismo a los Comités de Relaciones Exteriores del Congreso.»*

El comentario primordial de Santiago Rey fue que él *"no podía dar fe alguna de que pasara lo que todos querían y esperaban que pasara."* Rey mencionó, sin embargo, que en los próximos días el Embajador Smith tenía una reunión acordada con el Presidente Batista y que no le extrañaría que Batista aplazara la fecha de renovar las Garantías Constitucionales más allá del 27 de Enero, simplemente *"para ganar una preeminencia psicológica,"* o que las Garantías fueran renovadas *"en toda Cuba menos la región de Oriente."*[9]

El día 23 de Enero, en horas de la tarde, acompañé al Embajador Smith al Palacio Presidencial de La Habana para una reunión con el Presidente Batista. Smith se entrevistó con Batista a solas mientras yo y tres otros funcionarios de la Embajada Americana lo esperamos en un salón de la primera planta del edificio.

Smith le dio a conocer a Batista que Washington iba a comunicar públicamente el apoyo de los EEUU en cuanto se anunciara la restauración de las garantías y que, aun más, los EEUU tomarían otras medidas conciliatorias y ventajosas para el gobierno Cubano; en otras palabras, que...

>«*el Secretario de Estado Estadounidense destacará públicamente su beneplácito por el intento de Batista de restaurar Cuba a la normalidad.*»

Tarde en la noche de ese día, *Edward S. Little*, Oficial Encargado de Asuntos del Caribe el Departamento de Estado Americano, telefoneó al Embajador Smith para informarle que Washington consideraba que eran suficientes las medidas conciliatorias del gobierno Cubano (esto es, las promesas de restaurar las Garantías) y que se autorizaba a Smith a hacer una declaración pública en La Habana; añadiendo... *"haríamos lo mismo aquí."*

Little, sin embargo, dejó claro que el Secretario de Estado no haría esa declaración sino otro alto oficial del Departamento, y que se manejaría de la manera descrita en el Memorándum sobre sus conversaciones en Washington. Smith respondió que, en lo personal, el no quería emitir ninguna declaración en La Habana...

>*"ya que la gente aquí podría pensar que yo no era imparcial y que favorecía la situación que Batista había creado en Cuba, indiferente a las aspiraciones Cubanas de una vida digna."*

A mí y al resto de los oficiales de la CIA destacados en Cuba, nos pareció que, no sabiendo lo que hacer, Washington se había conformado con una solución típica de los países del tercer mundo.

---

[9] En efecto, **Batista** sorprendió a todos restaurando las Garantías Constitucionales en toda Cuba (menos en Oriente) con fecha Enero 25, dos días antes de lo acordado, ganándose así la deseada *preeminencia psicológica* que necesitaba.

La noche del 23 de Enero de 1958 fue extraordinariamente larga en las oficinas de la Embajada Americana en Cuba. Con Smith y una docena de oficiales que incluía todo el grupo de la CIA, estuvimos hasta las 4:30 de la madrugada en conversaciones con Herter, Rubottom y Little desde el Departamento de Estado en Washington. Una nueva sorpresa se había presentado en una conversación casual en el limousine de la Embajada volviendo de Palacio a nuestro edificio de Calzada y Malecón; en su reunión con Batista, Smith había insinuado que estaba de acuerdo con que Batista -y no Washington- hiciera el primer anuncio oficial de la restauración de las Garantías y enfatizara el resultante regocijo Americano. Y, para colmo de males, lo hiciera en la apertura de la Convención del *PAU*, su propio Partido Político, al día siguiente, el 24 de Enero.

Tal protocolo para anunciar la restauración de Garantías chocaba con la realidad política que todos conocían en Cuba. Ya en 1958 la oposición a Batista en Cuba era muy amplia.[10] Se extendía desde políticos tradicionales como el ex-presidente Prío Socarrás, que quería restaurar mediante elecciones la política electoral que lo había llevado a él al poder, e incluía a los políticos que defendían una revolución social a lo largo de las líneas de la izquierda democrática y, por supuesto, a los militantes (que eran pocos) y a los que apoyaban (que eran muchos) al *Movimiento 26 de Julio (M-26-7)*. Estos últimos, y sus simpatizantes, eran posiblemente en 1958 el grupo más grande y mejor organizado, a pesar de que nadie conocía sus verdaderas raíces doctrinales y su visión sobre el futuro de Cuba.

---

[10] Durante 1957, el **desempleo** creció del 7 % en Marzo al 18 % en Diciembre. Junto a ese mal desempeño económico, la **represión política** de la administración de Batista alienó a los grupos empresariales que habían defendido su gobierno.

El Restaurant y Bar Floridita, sede de muchas entrevistas secretas de la CIA con disidentes Cubanos en 1958; el **Embajador Eart T. Smith** y un grupo de madres Cubanas durante el entierro de Frank País en Santiago de Cuba en 1957; la **ficha policíaca de Fidel Castro Ruz**, presidiario acusado de varios crímenes en los años 1950s; Las tres banderas de combatientes en las montañas en 1958, el **26 de Julio**, el **Partido Comunista (PSP)** y **el Directorio Revolucionario**; una **cédula de votante** para las elecciones de 1958.

5

Batista, comentábamos los de la CIA en la Embajada Cubana de La Habana, había convertido a Cuba en un estado donde en lugar de diálogos primaban las confrontaciones. Ni los antiguos políticos ni los dirigentes de nuevos partidos tenían ideas de cómo salir del impasse que desesperaba a los Cubanos. Los hijos de las clases pudientes salían en masa a estudiar en los Estados Unidos. Las madres se preocupaban por la seguridad de sus hijos en las calles. Los pocos turistas que llenaban los hoteles venían a la isla por el incentivo del juego o por las carreras de caballos en el Hipódromo. Los cumpleaños, bodas, bailes juveniles y celebraciones familiares se hacían a puertas cerradas. Las universidades estaban cerradas; en las noches, las bombas caseras, los atentados, los tiroteos imprevistos y las refriegas contra la policía competían en La Habana con el clásico cañonazo de las nueve. Aun las clases económicas, que aparentemente apoyaban al gobierno e indicaban estar a favor de una solución pacífica, respaldaban moral y económicamente a los insurrectos de la Sierra Maestra.

Un poderoso movimiento clandestino diseminado por todo el país estaba comprometido a entorpecer las famosas elecciones libres[11] que ofrecía Batista para escapar del desastre de la dictadura que había impuesto y que ya estaba al cumplir cinco años. En las ciudades y los pueblos todos los Cubanos vaticinaban una abstención masiva de votantes, no porque descontaban el valor de sus votos sino porque temían los posibles o seguros atentados terroristas en los colegios electorales. Aun los que no tenían miedo se oponían

---

[11] Los candidatos de los comicios proyectados para 1958 eran: **Andrés Rivero Agüero** y **Gastón Godoy** por la *Coalición Progresista Nacional* que integraban los *Partido Acción Progresista, Partido Liberal, Partido Demócrata y Partido Unión Radical*, todos afines al gobierno de Batista; **Ramón Grau San Martín** y **Antonio Lancís** por el *Partido Revolucionario Cubano (Auténtico)*; **Alberto Salas Amaro** y **Miguel Ángel Céspedes** por el *Partido de Unión Cubana* y **Carlos Márquez Sterling** y **Rodolfo Méndez** por el *Partido del Pueblo Libre*.

a las elecciones si se celebraban sin libertad de prensa ni Garantías Constitucionales.[12]

La historia de Cuba en 1958 demuestra que solo el CIA estaba actuando racionalmente en Cuba durante ese año. El 31 de Enero, por ejemplo, el Embajador Earl E.T. Smith, pasando por alto las peticiones del CIA de tener tiempo para verificar las intenciones de Batista, envió a Washington desde la Embajada en Cuba un telegrama *(conocido como Deptel 394 en el argot y clasificación del Departamento de Estado Americano)*, en el cual ponía punto final al debate sobre el envío de ayuda militar a Batista *vis-a-vis* sus promesas de restaurar las Garantías Constitucionales:

> *«En el día de mañana informaré al Presidente Batista a través del Canciller Cubano Gonzalo Güell, según lo sugerido por mí en el segundo párrafo del telegrama 384.3, que recomiendo la aprobación de las cuatro solicitudes de su gobierno y la entrega del equipo cuando esté listo, a menos que la situación cambie significativamente mientras tanto. Como política general, creo que los EEUU deben cumplir con las solicitudes razonables recomendadas por esta Embajada, siempre que el Gobierno de Cuba proceda según las líneas aceptables para EEUU. Retener cada pedido para forzar al Gobierno de Cuba, paso a paso, parece mezquino y puede frustrar nuestro objetivo en cuanto a lograrlo. Earl E.T. Smith, Embajador.»* [13]

Yo personalmente decidí, ante ese *fait accompli*, notificar de esa decisión a William Wieland, Director de la Oficina de Asuntos del Caribe (Middle America) del Departamento de Estado, el cual le escribió al Embajador Smith en los siguientes términos:

---

[12] **Castro**, por supuesto, se opuso a cualquier convocatoria electoral y en varias ocasiones dictó decretos condenando a muerte a quienes concurriesen a las urnas. Siempre rechazó los comicios no porque se efectuaran sin las debidas Garantías Constitucionales, sino -como afirmaba Márquez Sterling- su propósito era destruir la sociedad para construir sobre sus restos un nuevo régimen marxista presidido por él y sus familiares y seguidores. Cuando al fin se llevaron a cabo las elecciones auspiciadas por Batista, en un arrebato arrogante e insultante, el gobierno dio a conocer los "resultados" en menos de 24 horas, anunciando el triunfo de su candidato oficial, el Dr. Andrés Rivero Agüero.

Unos meses antes, Nicolás Rivero Agüero, hermano de Andrés y ejecutivo importante de la Casa Bacardí, había sido asesinado en presencia de su esposa Delia en el portal de su casa en Santiago de Cuba. Con el tiempo, la CIA comprobó que las órdenes habían llegado a Santiago desde la Sierra Maestra, emitidas por boca del propio Fidel Castro.

[13] Ver **Department of State, Central Files**, 737.56/1–3158. Secret; Priority.

Washington, 3 de Febrero de 1958.

Querido Earl:

En el telegrama de la Embajada No. 402 del 24 de Enero, usted mencionó que había enfatizado ciertos puntos con el Presidente Batista en su conversación con él el 23 de Enero, los cuales debió haber incorporado en su discurso del 24 de Enero a la Convención Nacional de los cuatro partidos de la coalición que lo apoyan. Al leer su discurso, sin embargo (en el despacho recibido de la Embajada No. 573 del 27 de Enero), me di cuenta que Batista no mencionó los pasos adicionales que tenía que tomar para crear un clima propicio y aceptable para las elecciones. En otras palabras, la restauración parcial de las Garantías Constitucionales. Hasta que el Presidente no tome las medidas adecuadas, como una amnistía parcial, creo que no deberíamos ir más allá de la acción que planeamos juntos cuando usted estuvo aquí conversando sobre los vehículos blindados, lo cual se resume en Deptel 384.4.[14] Sin embargo, me doy cuenta de que es posible que tenga otros puntos de vista después de su charla con Batista, cuyo resultado aún no hemos recibido aquí. Así que espero ansiosamente su resumen de la situación y sus recomendaciones.

Con respecto a que el Departamento tomara conocimiento público de la restauración parcial de las Garantías Constitucionales, estábamos dispuestos a expresar nuestra satisfacción con dicha acción solamente si la prensa nos hacía esa pregunta. Lamentablemente, los miembros de la prensa no decidieron preguntar sobre esta cuestión, de manera que no ha sido necesario un reconocimiento público. Sin embargo, como habíamos concluido juntos, tal declaración sería mucho más efectiva si Batista tomara otras medidas constructivas adicionales. Si lo hace, enviaremos la declaración a la prensa, lo pidan los periodistas o no. Esperamos que nos aconseje sobre este punto cuando sea oportuno.

Observo que un Senador opositor solicitó la amnistía en el Senado Cubano. Si bien no tenemos los detalles sobre esa amnistía propuesta, podría servir de base para al menos un compromiso parcial del Gobierno. Favor de informarnos.

Seguimos con la esperanza de que el Gobierno Cubano pueda resistir la prueba de las próximas semanas y hacer más concesiones durante este período. En nuestras recientes discusiones aquí en Washington con opositores como el Dr. Felipe Pazos y el General García Tuñón, ellos están sonando más conciliadores en su actitud hacia las elecciones. Creo que esto es significativo.

---

[14] **Deptel**, en la nomenclatura diplomática Americana, es equivalente a la palabra *telegrama*.

Las observaciones extraoficiales que usted realizó en su conferencia de prensa aquí el 16 de Enero parecen ser ya de conocimiento público. No sabemos aun como la prensa supo de esas declaraciones y estamos investigando. Le adjunto una copia de una carta del 24 de Enero y un anexo de Herbert Matthews [15] a este respecto, así como un resumen de la parte de su conferencia que entendemos fue compartida con el propio Castro. Hemos escuchado que este resumen va a ser impreso textualmente en la Revista Bohemia.

Con respecto a Castro, todavía tengo la esperanza de que se pueda dar a conocer a la prensa de los EEUU y al Congreso la verdadera historia "encubierta" de Castro. Recordará que les sugerí mientras estuvo en Washington que a los hombres de negocios Estadounidenses en Cuba se les debe sugerir que compartan sus puntos de vista sobre Castro con sus respectivos representantes en el Congreso. Cualquier sugerencia que pueda tener sobre este punto será apreciada.

Sinceramente suyo,
WILLIAM A. WIELAND

El 12 de Febrero Smith le respondió esa carta a Wieland en los siguientes términos:

«*Como usted bien ha dicho, los hombres de negocios Estadounidenses en Cuba están muy tranquilos hasta que se ven personalmente afectados; entonces ellos no dudan en expresar sus puntos de vista. Como resultado, la correspondencia que recibe constantemente el Congreso es muy unilateral.*

Aunque he vacilado en hacer sugerencias en una reunión de la Junta de la Cámara de Comercio de La Habana, creo que me es posible señalar discretamente al presidente de la Cámara (Paul Heilman) que el Departamento de Estado está continuamente bajo la presión de los simpatizantes de la oposición y que los miembros del Congreso muy rara vez reciben alguna información sobre el sentir de los hombres de negocios Estadounidenses en Cuba. Heilman podría informar mejor a los Estadounidenses en Cuba y tal vez obtener mejores resultados.» [16]

---

[15] **Herbert Mathews** fue un reportero y editorialista del *New York Times* que había hecho una entrevista sumamente favorable a Castro en la Sierra Maestra.

[16] Ver (Departamento de Estado, Archivos Centrales, 737.00/2-1558)

Alberto Salas Amaro, fundador del *Partido Unión Cubana,* que lo llevó de candidato presidencial en las elecciones de 1958; el **Dr. Carlos Márquez Sterling**, ex-Ministro de Educación, Presidente de la Constituyente de 1940, fundador y candidato presidencial del *Partido del Pueblo Libre* en 1958; el **Dr. Ramón Grau San Martín**, ex-Presidente de Cuba en 1944, candidato a presidente en 1958; **Herbert Mathews,** el periodista del New York Times que hizo famoso a Fidel Castro en una entrevista en la Sierra Maestra; **el General Jorge García Tuñón**, fiel amigo de Batista, el cual lo ascendió de Capitán a General el 10 de Marzo de 1952.

6

Como jefe del destacamento de la CIA en la Embajada Americana en La Habana, en todos mis informes a Washington en las primeras semanas de 1958, recalqué que los miembros de la CIA en Cuba teníamos una seria preocupación por la situación existente en el país y por las repercusiones que sobre los intereses económicos y financieros Norteamericanos pudiera tener la persistencia de la crisis política y militar o la caída súbita del gobierno de Batista. Era cada vez más ostensible la creciente oposición a la Dictadura entre amplios sectores sociales, incluso entre algunos grupos de la alta burguesía, los comerciantes y los industriales. Era evidente que la tozudez del General podía hacer fracasar cualquier intento de salida negociada, lo que perjudicaría seriamente los intereses económicos Norteamericanos en la Isla.

Ya no parecen significar nada las entregas de armamentos procedentes de los Estados Unidos; el corrupto aparato castrense no había podido desalojar de sus posiciones en la Sierra Maestra al Ejército Rebelde, que se consolidaba más cada día. En las ciudades, los actos de sabotaje y de *"resistencia cívica"* iban en aumento, a pesar de las cada vez más sangrientas medidas represivas del Gobierno de Batista; procedimientos sin precedentes en la historia de Cuba.

Para complicar más aun la situación, crecía día a día un incontrolable descontento obrero, auspiciado por cabecillas fieles a Mujal[17]que hasta meses recientes habían apoyado a Batista.

En mis reportes a Washington reiteré una y otra vez, posiblemente en conflicto con las opiniones del Embajador Smith, que Ba-

---

[17] **Eusebio Mujal Barniol** era un líder sindical Cubano que desde el 10 de Marzo de 1952, siendo un destacado miembro del Partido Auténtico, lanzó su apoyo al General Batista y lo sirvió fielmente hasta su huida del país en Diciembre de 1958.

tista había ya perdido su capacidad de controlar la situación en Cuba y garantizar un clima de tranquilidad en la isla.

Debido a mi insistencia, la Oficina de Asuntos de Centroamérica y el Caribe del Departamento de Estado preparó un largo Memorándum titulado *"Cursos de acción posibles para el restablecimiento de la tranquilidad en Cuba,"* [18] el cual sorprendió y disgusto un tanto al Embajador Smith. El Memorándum se atrevió a proponer que lo mejor que podía logar el Embajador en Cuba era que los EEUU sirvieran de intermediarios entre el gobierno de Batista y la oposición, para asegurar que se quedaran fuera de la historia los insurrectos de Castro en las montañas de Cuba.[19]

En los primeros días de Febrero de 1958, William Wieland, jefe de la Oficina de Asuntos de Centroamérica y el Caribe del Departamento de Estado, viajó a Cuba para entrevistarse con el Embajador Smith y con nosotros en la CIA, lo cual fue indiscretamente reportado por Ruby Hart Phillips, corresponsal del *New York Times* y Jules Dubois, del *Chicago Tribune*. En sus memorias, Smith admitió que Wieland trató infructuosamente de convencerlo de que Batista tenía que buscar una salida e irse de Cuba.[20] Smith siempre estuvo convencido de que Batista podía mantenerse en el poder siempre y cuando lo siguieran apoyando las Fuerzas Armadas. En la CIA en Cuba siempre supimos que Smith nunca pudo ignorar sus múltiples contactos y la devoción que le tenían los hombres de negocios -Americanos y Cubanos- en Cuba, lo cual lo compelía a echarle la culpa al Departamento de Estado en Washington del fracaso de sus gestiones de paz en la isla.

---

[18] Ver. Fondos del Departamento de Estado, Archivo Nacional de los Estados Unidos, **737.00/11-2157**.

[19] El **Memorándum** sugería inocentemente que se *"comprara"* si era necesario la salida temporal de Cuba de Castro y sus jefes militares hasta concluidas unas elecciones libres supervisadas por algún organismo internacional como la ONU o la OEA.

[20] Ver **Earl E.T. Smith**: *The Fourth Floor: An Account of the Castro Communist Revolution*, Random House, New York, 1962.

Durante su viaje de Febrero de 1958 a Cuba, William Wieland se reunió también con Daniel M. Braddock, Ministro Consejero de la Embajada y con John L. Topping, Primer Secretario y Jefe de la Sección Política de la Embajada. De esas reuniones surgió un nuevo documento en el cual se veía la mano del Embajador Smith:

> «... los intereses de los Estados Unidos serían mejor servidos con la permanencia en el poder del actual Gobierno hasta el fin de su período electoral o, por lo menos, hasta después de las elecciones.»

En el grupo de la CIA interpretamos esas conclusiones como la decisión de apoyar a Batista hasta que las elecciones de 1958 le facilitaran una airosa salida.

Unas semanas después Terrance G. Leonhardy, Jefe del *Buró Cuba* del Departamento de Estado, emitió un nuevo documento en que se especificaban los procedimientos y las etapas a través de las cuales se perfilaría la acción de los Estados Unidos:

> El Embajador tenía que persuadir a Batista para que se creara una atmósfera política favorable de compromiso con la oposición.
>
> Smith pediría a Batista que restableciera las garantías constitucionales, declarara una amnistía para presos políticos, denunciara la violencia de ambas partes, y castigara y separara a los oficiales de la Policía y del Ejército que habían cometido brutalidades innecesarias.
>
> Batista tenía que comprometerse a unas elecciones libres bajo la supervisión de un organismo internacional.
>
> Los pedidos de armas del Gobierno Cubano serían procesados y entregados y se daría curso a la investigación sobre Prío.
>
> Smith comenzaría a promover y trataría de arbitrar las conversaciones entre el Gobierno y la oposición.
>
> Batista tendría que aceptar retirarse de la política y renunciar a su posición como jefe militar.

El documento aceptaba como impracticable una sugerencia que alguien presentó -posiblemente un seguidor de Carlos Prío- de que Castro tendría que abandonar la Isla durante el proceso de reconciliación. No se comentaba en el documento qué pasaría si la oposición, a pesar de las garantías y la supervisión internacional, decidiera abstenerse de participar en las elecciones, algo que en la CIA sabíamos y enfatizábamos claramente que era una posibilidad casi certera. Tampoco había nada explícito en el documento que indicara la necesidad de *"bloquear a Castro en favor de los moderados,"* que la CIA en Cuba entendía era nuestro objetivo primordial.

Por mi parte, coincidiendo con el sentir de los otros miembros de la CIA en La Habana, dudábamos de la capacidad, la aptitud de liderazgo y la astucia del Embajador Smith para convencer a Batista de las responsabilidades y decisiones que tenía que tomar y mucho menos para arbitrar con mano firme las conversaciones entre el Gobierno y la oposición. Estábamos seguros de un fracaso casi total de las gestiones Americanas,[21] pero tanto Washington como su Embajador en La Habana se estaban aferrando a la *"alternativa electoral."* Smith en sus memorias reconoció que *"Batista por el momento se sentía atrincherado y seguro."*[22] La situación era tan confusa que el Departamento de Estado Americano llegó a negarle a Smith en una ocasión la autorización para viajar a Washington, de lo cual se quejó con amargura el Sr. Embajador al tener que sufragar el viaje con sus fondos personales.

Mientras estas deliberaciones tenían lugar, el Embajador Smith no hizo caso a dos informaciones enviadas por mí personalmente como parte de mis responsabilidades como Jefe de la CIA en Cuba:

---

[21] Durante el **período presidencial de Batista**, 1952-1958, el Pentágono llegó a suministrarle equipos militares y armamentos sofisticados por un valor de más de $16 millones a las Fuerzas Armadas Cubanas y organizó entrenamientos prácticos para más de 500 oficiales Cubanos en instalaciones del la Zona del Canal de Panamá y en bases militares en los Estados Unidos. A pesar de eso, Batista se sentía con el derecho de establecerle condiciones al apoyo Norteamericano.

Aunque los funcionarios del Departamento de Estado justificaban regularmente esa ayuda aduciendo compromisos regionales de defensa, en fecha tan temprana como Diciembre de 1957 un informe del *Comité de Relaciones Exteriores del Senado* ofreció una apreciación más precisa:

«*Tenemos una misión militar en Cuba y el gobierno de Batista de tiempo en tiempo solicita que vendamos a Cuba armas para el suministro de las fuerzas del Gobierno. Estas armas, por supuesto, son utilizadas por elementos estrechamente vinculados al Ejército y la Policía para mantener al Gobierno en el poder.*»

Ver United States Senate, Committee on Foreign Relations: *Study Mission in the Caribbean Area December, 1957.*

[22] Earl E.T. Smith, ob.cit., página 62.

El **Embajador Earl T. Smith** y el **Presidente Batista** en una reunión en Palacio; **Terence G. Leonhardy**, diplomático Norteamericano secuestrado en México en un 5 de Mayo por guerrillas, Católico de Misa diaria, importante e influyente en la Embajada Cubana en 1958; Castro reunido con el periodista **Jules Dubois**, periodista, escritor, amigo y apologista de Castro; el **Sunday Times** reportando sobre el secuestro de *Leonhardy* en México; **Eusebio Mujal Barniol**, por muchos años líder sindical Cubano, furioso anti-Comunista, odiado por los Castro.

7

La primera de esas dos informaciones que el Embajador Smith debía conocer era que para ampliar el nivel de aceptación de la ciudadanía Cubana, Castro había nombrado a Raúl Chibas y a Mario Llerena como representantes del Movimiento 26 de Julio bajo el supuesto nombre de *Comité Cubano en el Exilio*. La segunda fue que el Padre Ángel Gaztelu, en un artículo publicado en la *Revista La Quincena* había condenado duramente al régimen de Batista, lo cual no beneficiaba al dictador en las mentes de los Católicos del país.[23]

En definitiva, la opinión del CIA en Cuba sobre la situación Cubana, traté de sintetizarla en unas palabras que dirigí al Secretario de Estado John Foster Dulles en los primeros días de Febrero de 1958:

«... en lo esencial, hay una política diseñada para frustrar el triunfo de la Revolución, mediante una transición ordenada por medio de las elecciones que Batista va a convocar. Sin embargo, tanto el Embajador en Cuba como aparentemente el Departamento de Estado que usted dirige, discrepaban en el nivel de apoyo que se debe brindar a la Dictadura para lograr su aquiescencia. Esa discrepancia parte de dos percepciones distintas sobre la realidad Cubana. Mientras Smith piensa que la situación de Batista es favorable y que solo necesita de cierto apoyo adicional de los Estados Unidos en materia de armamentos para destruir al movimiento revolucionario, el Departamento de Estado no solo tiene una visión menos optimista de la situación en Cuba, sino que debe enfrentarse a las crecientes

---

[23] **Raúl Chibás,** de 42 años de edad, era hermano de Eduardo Chibás, fundador del Partido Ortodoxo al cual pertenecía nominalmente Castro. Eduardo Chibás se había suicidado en condiciones dramáticas en Cuba en 1951. **Mario Llerena**, de 45 años de edad, era un ex-alumno de *Princeton Theological Seminary* y profesor de *Duke University* que representaba el *Movimiento 26 de Julio* en New York. La **Revista La Quincena** era una publicación Católica dirigida por el fraile franciscano Ignacio Biaín, muy amigo del Padre Gaztelu, que proclamó que la única revolución que necesitaba Cuba era *"una honrada administración de la riqueza nacional."* Chibás y Llerena se exilaron muy temprano al alcanzar Castro el poder en 1959. *La Quincena* dejó de publicarse en 1963.

críticas del Congreso por los programas de ayuda militar a las dictaduras castrenses de América Latina y el Caribe en general y a la presente dictadura de Batista en el caso de Cuba.»[24]

A pesar de contar con los análisis y evidencia que preparábamos en la oficina de la CIA en el tercer piso de la Embajada Americana en Cuba, el Embajador Smith continuó por muchas semanas contradiciendo la lógica de nuestros reportes. A mediados de Febrero de 1958, en completa oposición a nuestros informes, Smith envió a Washington un reporte que expresaba:

*«Esta Embajada es del criterio que las actividades de las fuerzas militares Cubanas en la Sierra Maestra y en otros lugares de Cuba como Cienfuegos, durante el alzamiento en el cual participó la guarnición naval de esa ciudad, constituyen **una defensa legítima del Gobierno legalmente constituido en Cuba**, el cual ha sido reconocido por los Estados Unidos. Si se han cometido excesos, ello no altera este hecho básico... La Embajada considera que no es realista esperar que el Gobierno de Cuba, o cualquier otro Gobierno que reciba nuestra asistencia militar, **se abstenga de usarla** contra una rebelión organizada y armada.»*

Smith, despistando criminalmente a su jefe directo John Foster Dulles, Secretario de Estado de los EEUU, llegó a informarle...

*«La campaña desarrollada por elementos revolucionarios para derrocar a Batista mediante la destrucción de la economía **ha fracasado**. La economía está bien y las condiciones generales están mucho más cerca de la **normalidad** que en cualquier otro momento que yo recuerde. Lo cierto es que si Batista no existiera o fuera asesinado, no habría un grupo responsable que pudiera tomar el Gobierno y traer más tranquilidad de la que hoy hay en Cuba. En la isla sólo veríamos vandalismo, caos y derramamiento de sangre.»* [25]

Como Jefe de la CIA en Cuba continué enviando al Embajador y a Washington detalles de desembarcos adicionales de exiliados re-

---

[24] Entre los más fuertes detractores de la política de respaldo y ayuda militar a los dictadores Latinoamericanos (**Batista** en Cuba, **Manuel Odria** en Perú, **Gustavo Rojas Pinillas** en Colombia, **Marcos Pérez Jiménez** en Venezuela, por ejemplo) estaban los Senadores Mike Mansfield, de Montana y Wayne Morse, de Oregón, ambos miembros del poderoso *Comité de Relaciones Exteriores.*

[25] **Cable cifrado número 442** de la Embajada Americana en La Habana al Departamento de Estado, el 7 de Febrero de 1958.

volucionarios en Cuba que fortalecían a Castro y hacían las posibles soluciones cada vez más complejas.

El 10 de Febrero desembarcó por la Playa Santa Rita, en Nuevitas, un contingente del Directorio Revolucionario, bajo el mando de *Eloy Gutiérrez Menoyo*, que se dirigió inmediatamente a las montañas del Escambray. El 11 de Febrero *Humberto Sorí Marín*, un abogado militante del Partido Auténtico de Carlos Prío que se había alzado con Castro, firmó con él una ley que establecían la pena de muerte. El partido Comunista Cubano, por otra parte, comenzó a enviar sus militantes a la Sierra, dirigidos por *Carlos Rafael Rodríguez*, un hombre sin escrúpulos políticos que en 1942 había formado parte del primer gabinete de Fulgencio Batista. El 24 de ese mes comenzó a trasmitir *Radio Rebelde* desde la Sierra Maestra, un golpe psicológico fenomenal organizado por *Carlos Franqui*, entonces militante comunista corrector de pruebas del periódico *Hoy* del Partido.[26]

Mientras tanto, algunos políticos Cubanos se afilaban los dientes viéndose a sí mismos como salvadores de la situación. Mis reportes a Washington incluyeron muchos de esos esfuerzos baldíos; de esos reportes nunca recibí comentario alguno de Allen Dulles o ninguno de mis superiores. Entre las figuras que investigamos estaban caras nuevas como *José Pardo Llada, Miguel Suárez Fernández, Guillermo Alonso Pujol, Porfirio Prendas* y *José Pepín Bosch*, junto con políticos de la vieja guardia como *Andrés Rivero Agüero, Ramón Grau San Martín, Carlos Márquez Sterling* y *Rafael Guas Inclán*.

---

[26] Interesantemente, **Gutiérrez Menoyo, Sorí Marín** y **Carlos Franqui** fueron descartados por Castro en unos pocos meses. *Gutiérrez Menoyo* al exilio en Miami, *Sorí Marín* al pelotón de fusilamiento y *Carlos Franqui* al exilio en Europa. **Carlos Rafael Rodríguez**, por otra parte, fue perdonado por Castro (había denunciado y condenado el ataque a las *Barracas del Cuartel Moncada* el 26 de Julio de 1953) y llegó a ser Jefe del *Instituto de la Reforma Agraria* desde 1962 a 1965, muriendo en 1997 víctima de la enfermedad de Parkinson.

8

El 12 de Febrero Con fecha 7 de Febrero de 1958, como Jefe de las operaciones del CIA en Cuba, le presenté un largo informe oficial al Embajador Smith, parte de cuyo texto textualmente transcribo aquí:

> *«Una compañía de poco menos de 200 hombres del Primer Batallón, Primer Regimiento de Infantería del Ejército Cubano fue transferida a la provincia de Oriente pocos días después de haber aterrizado allí, el 2 de Diciembre de 1956, un grupo liderado por Fidel Castro. Esa compañía permaneció allí hasta Abril de 1957 cuando regresó al Campamento de Columbia. A finales de Mayo de 1957, un batallón entero de aproximadamente 800 hombres se estableció en Oriente y todavía está allí.*
>
> *Sobre esa fuerza de infantería: Del 75 al 90% de sus oficiales han recibido entrenamiento del MAP.[27] Tal vez el 3% del personal alistado ha recibido entrenamiento del MAP como especialistas en comunicaciones, etc. El balance del personal es entrenado por oficiales Cubanos. En el momento de la transferencia a Oriente, aproximadamente la mitad de los equipos del batallón eran una ayuda financiera del MAP. El saldo fue en gran parte ayuda reembolsable del MAP. Desde entonces [Página 19] se ha recibido la mayor parte del equipo restante del MAP para el batallón, pero no se ha enviado al batallón. Los elementos de mantenimiento y reemplazo para el batallón se han suministrado en gran parte de la subvención del MAP y la ayuda reembolsable. Información precisa sobre los lugares de destino de este batallón y las acciones en las que participan no son disponibles. Sin embargo, generalmente se supone aquí que el batallón ha participado activamente en la lucha contra los rebeldes armados dirigidos por Castro en las montañas de Sierra Maestra. Los oficiales de la Misión del Ejército de EEUU afirman que esto es probable y que, al hacerlo, el batallón se dedicaría a tareas para las cuales se entrenó.*
>
> *Ha habido informes no confirmados de que los aviones de la Fuerza Aérea del Ejército Cubano han participado en operaciones que incluyen bombardeos y ametrallamientos en el área de Sierra Maestra. Fuentes de la oposición sostienen que ha habido varios incidentes de ataques indiscriminados por parte de la Fuerza Aérea que han causado la muerte y lesiones a habitantes no beligerantes de la región. La Embajada no tiene evidencia para confirmar tales acusaciones. Se dice que las aeronaves que*

---

[27] El **Programa de Asistencia Militar (MAP)** es oficialmente auspiciado por el gobierno de los Estados Unidos. Ver nota 28 en la página 48 de este libro.

participan en tales operaciones incluyeron bombarderos B-26. Los oficiales de la Misión Aérea de los Estados Unidos dicen que es posible, pero que no pueden declararlo como un hecho. Señalan que no se les proporciona información precisa sobre las misiones realizadas por la Fuerza Aérea Cubana. Sin embargo, añaden que la mayoría, si no todos, del escuadrón de aviones B-26 se han basado continuamente en Camp Columbia y consideran que podría haber habido pocas o ninguna ocasión en las que podrían haber operado en la Sierra Maestra.

La Misión de la Fuerza Aérea de los EEUU señala que muchos aviones de la Fuerza Aérea Cubana, particularmente el escuadrón de transporte, tienen una mezcla de subvenciones del MAP y partes reembolsables, como motores. La Misión agrega que aproximadamente el 70% de todos los oficiales de la Fuerza Aérea Cubana han recibido capacitación del MAP de algún tipo. El escuadrón de transporte participa frecuentemente en actividades de apoyo a las operaciones de Sierra Maestra.

Información precedente obtenida de los oficiales de las Misiones del Ejército de EEUU y de la Fuerza Aérea de EEUU han solicitado enfáticamente que no se divulgue esa fuente, señalando que si las autoridades toman conciencia del hecho, su eficacia personal se verá disminuida y el futuro de las misiones peligrará. La embajada está de acuerdo en este punto de vista.

La Embajada opina que las actividades de las Fuerzas Militares Cubanas en la Sierra Maestra y en otras partes de Cuba, como en el levantamiento de Cienfuegos en que participó la guarnición naval de esa ciudad, constituyen una legítima defensa del gobierno legalmente constituido de Cuba, que ha sido debidamente reconocido por los Estados Unidos, contra la rebelión armada y organizada. Si los excesos pueden haberse cometido no altera el hecho básico. Las leyes y otros documentos no clasificados de los EEUU bajo los cuales tanto la subvención como la asistencia reembolsable del MAP se han puesto a disposición de Cuba establecen que dicho equipo está destinado, entre otras cosas, para el mantenimiento de la seguridad interna.

Esos documentos no limitan el uso de dicho equipo solo para el mantenimiento de la seguridad contra la agresión comunista o similar. En consecuencia, si se critica o cuestiona el uso del equipo del MAP contra las fuerzas de Castro, el gobierno de Cuba (GDC) sin dudas mantendrá firmemente que dicho uso es completamente apropiado.

La Embajada siente que no sería realista esperar que el GDC, o cualquier otro gobierno que reciba asistencia del MAP, se abstenga de usar ese equipo contra la rebelión armada y organizada. El intento de los Estados Unidos de obligar al gobierno local a hacerlo nos expondría a la acusación de intervención abierta en asuntos internos de otro país. Si consideramos que dicho uso del equipo del MAP es inadecuado, la única forma de evitarlo es negando el suministro de equipos en primer lugar. Somos afortunados de que el GDC se haya abstenido de solicitar nuestro permiso para usar equipos del MAP contra grupos rebeldes, ya que cualquier respuesta que diéramos sería duramente criticada por uno u otro grupo en Cuba, así como por partes de la prensa Estadounidense.

Las críticas de cualquier agencia del gobierno de EEUU sobre el uso que haga Cuba de los equipos del MAP se interpretarán localmente como evidencia de nuestro disgusto con el GDC. Si se hace público y se acompaña con la terminación de la asistencia del MAP, o amenazas de tal terminación, la acción debilitará al GDC y alentará la oposición revolucionaria. Tal acción parece incompatible con decisiones recientes del Departamento sobre nuestras políticas y objetivos en Cuba. (Ver el telegrama 384.3 del Departamento)

La Embajada considera que el gobierno de EEUU debe continuar aprobando las solicitudes razonables del GDC para el equipo militar del MAP cuando lo recomienden nuestras misiones militares, siempre que el GDC proceda según las líneas aceptables. para nosotros. Además, no deberíamos plantear con el GDC la cuestión del uso de tales equipos hasta la fecha en operaciones contra grupos rebeldes armados y organizados.

9

Ese mismo 12 de Febrero le hice llegar directamente a Allan Dulles un reporte en que le daba la opinión unánime de todo el personal de la CIA destacado en Cuba bajo mi mando. El mensaje central era que...

«.. en Cuba no hay confianza alguna en los procesos electorales, cuyos antecedentes aquí han sido nefastos por los fraudes y las irregularidades que han ocurrido desde el comienzo de la República. Mucho más será en estas elecciones porque van a ser convocadas por un gobierno indigno e impopular como el de Batista. Confiar en que en Cuba se van a arreglar las cosas por medio de unas elecciones es un error.»

Mi reporte estaba en franco desacuerdo con la evaluación edulcorada del mensaje del Embajador Smith al Secretario de Estado Foster Dulles del 7 de Febrero. Por otra parte, también discrepé de las recomendaciones de Smith a Foster Dulles del 10 de Febrero, que terminaban diciendo:

El libro **Retrato de Familia con Fidel**, del escritor y **periodista Carlos Franqui**, originalmente fiel a Castro y más tarde su enemigo. Castro lo mandó a borrar de todas las evidencias fotográficas que mostraban que Franquí había existido y era Cubano; el **Diario de la Marina** con las declaraciones de Castro en el Comunismo no tenía futuro en Cuba; el Presidente **Urrutia** con **Mario Llerena**, ex-Alumno del *Princeton Theological Seminary*, fiel a Castro pero opositor cuando Castro se declaró Comunista; **Pepín Bosch**, presidente de la *Bacardí Corporation*, acérrimo enemigo de Castro.

«Por el momento, creo que no debemos tratar de persuadir a Batista para que ofrezca una amnistía más amplia. Ya ha amnistiado a varios presos políticos por su cuenta, y probablemente liberará a otros. La oposición lo está presionando en esta dirección. Parece poco probable que se convenza a Batista para que ofrezca amnistía a elementos que están en abierta rebelión declarada contra el Gobierno, y que ello podría ser contrario a nuestros propios intereses.»

Si a nuestro Embajador le parecía innecesario lo único que hubiera podido ser de interés a la oposición, yo no creía que estábamos bien representados ni que íbamos a lograr hacer algo positivo en la isla. Por supuesto, no pude hacer gran énfasis en esa conclusión por evidentes razones protocolarias y profesionales.

La respuesta de Rubottom a Smith llegó el 14 de Febrero y no dejó duda de que el Departamento de Estado en Washington tampoco compartía la visión del Embajador en La Habana:

«Infórmeme sobre el resultado de sus gestiones y de su conversación con Batista. Debe incluir sus propios puntos de vistas, las sugerencias hechas a Batista y expresar hasta dónde el Dictador ha cumplido sus promesas. Para poder dar una respuesta a los cables de la Embajada mencionados más arriba, me gustaría conocer sus comentarios acerca de lo logrado hasta ahora en la puesta en práctica de la política aprobada el mes pasado, con vista a tener aquí una visión clara de la situación.

Tengo entendido que desde el 23 de Enero no ha visto a Batista y que la cuestión de la entrega de los carros blindados no fue discutida personalmente con él sino con el Ministro Gonzalo Güell. ¿Es posible que el mensaje que queríamos transmitir al Presidente sobre el problema que enfrentamos ambos países por la venta de armas, puede haberse disipado en la transmisión? En estos momentos parece haber un aumento notable de violencia, que parece ser un esfuerzo de la oposición militante para forzar a Batista a suspender las garantías. Si lo hace, eso tendría consecuencias desastrosas.»

En mi comunicación del 12 de Febrero a Allen Dulles toqué también el tema de la profusión de críticas de la prensa Americana y del Congreso por la ferocidad del aparato represivo de Batista y la natural conclusión del público de que las autoridades Norteamericanas eran cómplices debido a que era el suministro ilimitado e irrestricto de armamento procedente de los Estados Unidos, al amparo del *Programa de Asistencia Militar (MAP)*,[28] lo que hacía posible (e *inducía*, según algunas fuentes) los brutales métodos del Ejército y la Policía de la Dictadura. Naturalmente, la visión del Departamento de Estado sobre el tema era muy inquietante.

Por otra parte, después de haber remitido a Washington varios informes exculpatorios de la CIA en Cuba sobre las acusaciones a Carlos Prío, el 19 de Febrero el Fiscal General Adjunto de los Estados Unidos, W*illiam Tompkins,* anunció una visita formal a La Habana para preparar un dossier que sirviera al Departamento de Justicia para encausar al ex Presidente Cubano Carlos Prío.

En buena parte como consecuencia de los reportes de la CIA en las últimas semanas, John Foster Dulles, oficialmente como Secretario de Estado, le escribió un cable cifrado al Embajador Smith [29] en que le comunicaba...

> «...*la mayor parte de los observadores y de los dirigentes de la oposición no revolucionaria estiman imposibles unas elecciones justas mientras Batista esté en el poder. Le recalcamos que la responsabilidad recae en Batista por su falta de iniciativa y por negarse a ofrecer garantías suficientes para llevar a cabo un proceso electoral honesto.*»

En una actitud difícil de entender, Smith respondió a ese cable el 28 de Febrero con un relato de la victoria del ejército rebelde frente a las tropas gubernamentales en el combate de *Pino del Agua,* [30]

---

[28] Según el artículo 1ro., párrafo 2do de los acuerdos firmados en 1952 bajo el **Programa de Asistencia Militar (MAP** en las siglas en Inglés), ni el armamento ni el personal entrenado, podrían utilizarse para ningún otro propósito que no fuera la defensa continental. Batista estaba desviando esa ayuda hacia las actividades de represión interna, haciendo caso omiso de esa condición. Por supuesto, la prensa y el Congreso lo sabían.

[29] Cable Número 442 del 21 de Febrero de 1958.

[30] A las 5:30 am del 16 de Febrero de 1958 comenzó el combate de **Pino del Agua**, localidad en la cima de la Sierra Maestra, a un costado del pico *La Bayamesa*, donde existía un aserradero para la explotación de la madera que se extraía de esta zona en el oriente Cubano. Allí se encontraba una compañía del ejército de Batista en lo que era su posición más avanzada en la Sierra Maestra.

Camilo Cienfuegos inició el ataque de forma tan violenta que se tomaron las postas sin ninguna dificultad. Los soldados retrocedieron y poco a poco lograron organizar una resistencia, aumentar su poder de fuego y detener los ataques, a medida que comenzaban a caer muertos o prisioneros numerosos rebeldes.

Cienfuegos fue herido en un muslo y posteriormente en el abdomen. Las fuerzas bajo el mando de Raúl Castro al recibir un fuego muy nutrido, se retira-

basado en un una entrevista a Castro por el periodista Homer Bigart del *New York Times*. El artículo estaba en franco conflicto con la visión que Smith había estado dando a Foster Dulles y coincidía con la posición del CIA y el Episcopado Cubano de que el caso de Cuba era insoluble excepto si se eliminaba la presencia de Batista en la presidencia.

Ante la falta de respuesta a las indagaciones de Foster Dulles. el 28 de Febrero el Embajador Smith recibió en La Habana, de mi mano, una nueva comunicación del Secretario de Estado en que se hacía referencia al interés Congresional por la forma en que la ayuda ofrecida por el *Programa de Asistencia Militar* estaba siendo usada por el gobierno. En esencia, el mensaje decía lo siguiente:

> «El Gobierno de los Estados Unidos ha recibido informes de que el Gobierno de Cuba puede estar incumpliendo lo previsto en el Programa de Asistencia Militar (MAP en Inglés), por lo tanto el Gobierno de los Estados Unidos apreciaría que se le informara si tales informes son verdaderos y, si ello fuera el caso, solicitara al Gobierno de Cuba que haga todo el esfuerzo necesario por cumplir con los términos ya establecidos.»

La comunicación norteamericana dejaba a Batista dos alternativas: solicitar autorización de Washington para utilizar la ayuda del *Programa de Asistencia Militar* para propósitos de seguridad inter-

---

ron bajo el constante asedio de los aviones B-26 del ejército. A continuación el puesto de mando del ejército en el poblado de Guisa movilizó una fuerte tropa que desviándose de su ruta normal ocupó cerca de **Pino del Agua** una altura favorable. Las tropas rebeldes apostadas allí debieron resistir un fuego muy nutrido desde las alturas montañosas en una posición de desventaja total, por lo que se retiraron perdiendo varios hombres.

Al concluir el combate, Fidel Castro se mostró eufórico, a pesar de que en ningún momento se había arriesgado personalmente. El periodista Homer Bigart relató -falsamente- que en el combate habían participado todos los jefes fundadores del Ejército Rebelde: Fidel Castro, Ernesto Guevara, Camilo Cienfuegos, Raúl Castro, Juan Almeida, Ramiro Valdés, Guillermo García y Efigenio Ameijeiras.

Pino del Agua, a pesar de no haber tenido importancia estratégica alguna, ocurrió en una época en que se había levantado temporalmente la censura de prensa. Fue popularizada entre los simpatizantes del M-26-7 en toda Cuba, como una gran victoria de las huestes de Castro. El M-26-7 reclamó haber perdido sólo unos cuantos hombres en una acción donde el ejército Cubano había tenido *"26 bajas, de estas 11 mortales y cinco heridos"* (cis), además de perder un *"botín de 12 fusiles"* y haber *"dejado atrás un prisionero que luego aceptó unirse a las fuerzas rebeldes."* Todo lo cual se ha comprobado que fue completamente falso.

na o no emplearla con otro objetivo que no fueran en interés de la defensa hemisférica contra el Comunismo.

El 3 de Marzo, el Embajador Smith remitió un mensaje a John Foster Dulles en el cual opinaba que si fuera de conocimiento público el contenido de la nota anterior podría tener como resultado la caída de Batista antes de las elecciones y, por esa razón, solicitaba se le autorizara a hablar con él para alertarle de que ese paso podría ser adoptado si no aceptaba sus recomendaciones. Ese mismo día el Vicesecretario de Estado Adjunto para Asuntos Interamericanos *William P. Snow*, le entregó la nota al Embajador Cubano en Washington Miguel Ángel Campa, el cual preguntó si la nota representaba un cambio en la política de los Estados Unidos hacia Cuba, a lo que el Norteamericano respondió que no.

Campa expresó la misma preocupación de Smith y sugirió que se mantuviera la mayor discreción al respecto, a lo que su interlocutor respondió que no había intención de hacer público el contenido de la nota, al menos por el momento, aunque con posterioridad *William Wieland* llamó al Embajador para decirle que *Roy Rubottom* había sido citado para comparecer ante el Congreso y podía ser necesaria alguna aclaración sobre el caso de Cuba.[31]

El 11 de Marzo de 1958, el Embajador Smith, haciendo caso omiso de sus mensajes optimistas anteriores, calificó la situación política y militar del gobierno de Batista como...

«... *deteriorada, delicada, difícil e impredecible, crítica, muy crítica...*»

en un cable,[32] en el cual informaba del fracaso de las gestiones que venía haciendo el Nuncio Apostólico, *Monseñor Luis Centoz*, en apoyo a la Comisión de la Concordia. Al día siguiente, reseñando su entrevista con el canciller cubano *Gonzalo Güell*, a quien Batista acababa de entregarle también la cartera de *Primer Ministro*, Smith afirmaba que este había calificado el estado del país de muy serio.

---

[31] Según el documento existente en los archivos del Departamento de Estado, **Miguel Angel Campa** al partir, comentó que esta nota no era de ninguna ayuda para el Gobierno de Cuba e iba a poco menos que enfurecer al Presidente Batista.

[32] **Cable** cifrado número 524, del 11 de Marzo de 1958.

Fue entonces que, en una comunicación a Washington en Febrero 16, le comuniqué a *Allen Welsh Dulles* que se comentaba en círculos oficiales Cubanos que las Garantías Constitucionales iban a ser suspendidas de nuevo y que las elecciones posiblemente serían pospuestas. El Embajador Smith, por otra parte, envió el 20 de Febrero un telegrama al hermano de Allen, John Foster Dulles, en que le comunicaba que...

«En mi reunión con el presidente Batista, anoche, Batista reiteró que estaba decidido a celebrar elecciones honestas. Considera que el candidato del gobierno puede ganar y "estamos planeando hacer todo lo posible por elegir honestamente a nuestro candidato."

Batista dijo que "los terroristas han intensificado las actividades para tratar de entorpecer las elecciones. Muchos candidatos de la oposición han recibido cartas amenazadoras y se les ha dicho que ellos y sus familias serán asesinados si participan en las elecciones."

Batista también cree que "las actividades terroristas se han intensificado para forzar al gobierno Cubano a suspender nuevamente las Garantías Constitucionales."

En lo personal, no creo que se haya contemplado ninguna consideración para renovar dicha acción. Le dije a Batista que el pueblo de los Estados Unidos esperaba elecciones libres y abiertas y sugerí (a) invitar a la prensa mundial a ser testigo de las elecciones y (b) pedir a la OEA que envíe representantes a Cuba para que sean testigos de las elecciones. Batista sea mostró receptivo y señaló que no solo esos movimientos son muy importantes sino que "los partidos del gobierno están actualmente ocupados en la búsqueda de buenos candidatos."

Batista nos informó también que Castro estaba apoyado activamente por los Comunistas, a lo cual respondí que cualquier prueba de ello debía serme comunicada con urgencia. Batista comentó que creía que la ayuda era principalmente del Partido Comunista Mexicano y que el gobierno Cubano tenía pruebas de la literatura Comunista llegada de México.

Tanto Tompkins [33] *como yo nos impresionamos por la actitud y la sinceridad de Batista en esta ocasión.»* [34]

Castro conversando con **José Pardo Llada**, periodista, político y revolucionario Cubano, partidario de Fidel Castro, que luego se exilió en Colombia durante 47 años. Fue uno de los más influyentes comentaristas radiales de la Cuba republicana; el **Embajador Earl T. Smith** paseando por las calles de la Habana con su esposa en 1958.

---

[33] El Fiscal General Adjunto **William Tompkins** estaba en La Habana para discutir con el gobierno Cubano las acciones que el Departamento de Justicia Norteamericano estaba considerando contra Carlos Prío Socarrás, ex Presidente de Cuba y residente de Miami, por su participación en el envío ilegal de armas a los rebeldes Cubanos. Tompkins le informó a Batista que Prío era un ofensor reincidente y que el Departamento de Justicia no podía prometer nada. Por otra parte cuestionó la conveniencia de que un ex-Presidente de Cuba fuera a la cárcel y se convirtiera en un mártir. Gran parte de la eficacia de Prío se desvanecería si perdiera el apoyo de la colonia Cubana de Miami, lo cual era más factible de lograr. Batista estuvo de acuerdo. Tompkins le informó que el Departamento de Justicia estaba teniendo eso bajo consideración y que se guiaría en gran medida por las opiniones del Departamento de Estado.

[34] Ver: Departamento de Estado, Archivos Centrales, 737.00/2–2058. **Confidential**. Enviado por valija y recibido el 22 de Febrero a la 1:06 p.m.

Cuatro fotos de La Habana en 1958: una vista aérea de la **Universidad de La Habana**, centro de las actividades en contra del régimen de Fulgencio Batista; la fachada del **Cabaret Montmartre** de La Habana, el único en el centro de la ciudad, donde actuaron Lola Flores, Maurice Chévalier, Edith Piaf, además de Benny Moré, Olga Guillot, Álvarez Guedes y muchos otros artistas Cubanos y extranjeros; escenas de los bomberos después de explotar una **bomba en el Paseo del Prado**; en una Cuba democrática, los **Comunistas** tenían su propio edificio y oficinas.

10

El 9 de Marzo de 1958, Castro rechazó las gestiones de conciliación y diálogo del Episcopado Cubano, expresando que las encontraba bien intencionadas pero *"claramente"* favorables a Batista. Al día siguiente, 10 de Marzo, Raúl Castro, con menos de un centenar de hombres, abrió el *Segundo Frente Frank País* de la Sierra de Cristal en la región Noroeste de la provincia de Oriente, una segunda fuente de insurrección. La columna 6 que se movió al norte contaba con sólo 67 guerrilleros y comenzó a maniobrar en una región de aproximadamente 12 mil kilómetros cuadrados. La información que teníamos en el CIA gracias a una docena de informantes que teníamos en la región, fue comunicada a Washington de inmediato con un gran sentido de urgencia.

Mi nota oficial leía:

> *«Este nuevo frente ha emprendido acciones con la ayuda de pobladores de la región que los están apoyando reuniendo víveres y dándoles información acerca de las acciones del gobierno nacional. El progreso de esas tropas rebeldes y la organización de Comités de Campesinos Revolucionarios ha comenzado a beneficiar las acciones militares. La primera acción de importancia ha sido la toma del aeropuerto de Moa, a la cual van a seguir la toma de puestos navales, derribo de aviones, ataques a cuarteles y guarniciones del área, ocupación de armas, operaciones marítimas y captura de soldados del ejército regular. También se está desarrollando la idea concebida por Raúl Castro de crear una Fuerza Aérea Rebelde. Este Frente Frank País viene acompañado de una organización de largo alcance con jurisdicciones de educación, propaganda, reforma agraria, justicia, sanidad, finanzas, construcción y comunicaciones. Castro lo considera una vista preliminar de lo que se aplicaría a partir de un triunfo inevitable de la revolución. En este territorio se está también organizando un Primer Congreso Campesino en Armas. Al presente, el acceso a la zona del norte de la provincia de Oriente está totalmente controlado por las fuerzas rebeldes. Si se van a tomar acciones al respecto deben ejecutarse a la mayor brevedad.»*

Junto a esa nota acompañé un largo despacho recibido de nuestros agentes del CIA en Santiago de Cuba, que envié también a Allen Dulles en la oficina central de la CIA en Washington.[35]

11

El Embajador Smith se entrevistó con el Presidente Batista el 13 de Marzo y en los cables cifrados números 536 y 541 que envió al Departamento de Estado al día siguiente, se notó un cambio significativo en su apreciación de la situación. Desde la restauración de las Garantías Constitucionales Batista se enfrentó a un dilema que no esperaba: las actividades terroristas aumentaban día a día. El precio político de no restringir los derechos civiles le estaba costando bastante caro en término de su prestigio y la imagen que proyectaba a los EEUU como garante de la paz en Cuba. Batista, sin embargo, había manejado con habilidad la entrevista con Smith, asegurándole que la situación creada se debía a los errores de la *Comisión de la Concordia*.[36] Tocó una cuerda que, en especial, agradaba a Smith, al sugerir que los Comunistas apoyaban e instigaban el intento de derrocamiento del Gobierno Cubano. Se mostró conciliador y aseguró que se pospondrían las elecciones, a petición de la oposición, y se darían las garantías necesarias para que ellas se realizaran de forma honesta. Batista se ganó a Smith al anunciarle que iba a extender invitaciones a la prensa internacional y a los observadores de la ONU, la OEA y los Estados Unidos, y que es-

---

[35] Por razones de espacio este detallado informe se ofrece aquí en el Apéndice A de este libro.

[36] La **Comisión de la Concordia** fue un grupo que trató de mediar en Cuba para conciliar la paz entre el Presidente Batista y los rebeldes de Castro. El grupo contaba con el auspicio del *Episcopado Cubano* y el *gobierno Español*, cuyo Embajador en Cuba Juan Pablo de Lojendio, Marqués de Vellisca, había enviado un representante a entrevistarse con Castro en la Sierra Maestra.

taba preparado a perder los comicios y entregar el poder al candidato electo, aunque fuera de la oposición.

La reacción de Smith fue enviar un cable [37] a Washington que confundió al Departamento de Estado por su contradicción con lo que estábamos reportando en la CIA.

«Batista me ha reiterado que confiaba que se superaría la crisis actual. Yo me inclino a compartir ese criterio. Si las Fuerzas Armadas le mantienen su lealtad, si el liderazgo obrero organizado continúa apoyándolo y si escapa de ser asesinado, Batista probablemente continúe en el poder hasta el fin de su mandato en Febrero de 1959. Estoy impresionado por la sinceridad del Presidente Batista, por su deseo de justicia y por su disposición de cooperar. Creo que Batista hará una retirada honorable.»

El Departamento de Estado confió más en nuestro análisis de la CIA y ese mismo día, 14 de Marzo, suspendió la entrega de 1,950 fusiles M-1 al gobierno Cubano. En un cable a Smith le informó:

«El Departamento considera que los intereses a largo plazo de los Estados Unidos están mejor servidos con una suspensión de todos los pedidos y embarques de armas de Cuba, a tenor con las instrucciones a la Embajada en Cuba al respecto y delineadas en el Memorándum de Enero 17 de Rubottom al Secretario, enviado a Embajada.» [38]

Al día siguiente, 15 de Marzo, el Ministro Cubano Gonzalo Güell protestó enérgicamente al Embajador Smith, señalando que...

«.. el equipo en manos del ejército Cubano está gastado y es obsoleto. La suspensión continuada de embarques de armas en esta crítica coyuntura de los asuntos Cubanos puede debilitar al Gobierno de Cuba y es posible que provoque su derrocamiento, probablemente acompañado de violencia y de riesgo para las vidas y las propiedades Norteamericanas.»

El gobierno Cubano no supo sino hasta varios meses después, que el 17 de Marzo tres exilados Cubanos que habían estado vinculados al *Movimiento 26 de Julio* – Manuel Urrutia (designado candidato a Presidente Provisional), *Raúl Chibás* y *Ángel Santos Buch* [39] fueron recibidos en el Departamento de Estado por Wi-

---

[37] Cable cifrado de Smith a Dulles 541 del 14 de Marzo de 1958.

[38] Cable cifrado de Dulles a Smith 492 del 14 de Marzo de 1958.

[39] **Ángel Santos Buch**, junto a **Faustino Pérez** y **Manuel Ray**, se habían unido en 1957 al *Movimiento de Resistencia Cívica* que había sido fundado por **Frank País** para movilizar el apoyo de jóvenes profesionales Cubanos a la oposición no armada contra Batista.

Iliam Wieland y su ayudante *C. Allan Stewart*. El tema principal abordado por esta delegación fue la cantidad de armamento que se le había suministrado, y aún se le suministraba, al gobierno de Batista, el cual estaba siendo utilizado para reprimir al pueblo, incluyendo el bombardeo a poblaciones civiles en la Sierra Maestra, con las consecuentes pérdidas de vidas humanas inocentes. El grupo también solicitó la retirada de las misiones militares Norteamericanas que entrenaban al Ejército de Batista. Tres días después Washington accedió a todas las peticiones de Urrutia, Chibás y Santos Buch.

En la CIA supimos, y nunca dimos a conocer, la forma en que estas decisiones fueron tomadas: el 20 de Marzo *John Foster Dulles* estaba de viaje y su principal asistente para América Latina, *Roy Rubottom*, estaba de vacaciones. Rubottom era el principal opositor en el Departamento de Estado a que se suspendieran los envíos. William P. Snow, Vicesecretario de Estado Adjunto para Asuntos Interamericanos y firme defensor de la suspensión de envíos de armas a Cuba, le envió un cable a Foster Dulles informándole de la reunión del 17 de Marzo y las peticiones de Urrutia, Chibás y Santos Buch, terminando el cable con la siguiente frase,

"...creo que debemos aceptar esas peticiones a no ser que usted estime inoportuno hacerlo ahora. Creo oportuno hacerlo a la mayor brevedad."

Dulles, aun de viaje, respondió brevemente el 26 de Marzo ...

«*Go ahead,*» en otras palabras... «*proceda.*»

Días después, Thomas G. Paterson, el aclamado historiador de la guerra fría, consideró que, a pesar de que la decisión del *"embargo de armamentos"* se tomó de forma *"nebulosa",* los motivos para tomarla estaban claros.

En efecto, el Departamento de Estado estaba consciente de que, en sentido general, el apoyo militar a Batista era mal visto por la mayoría de las fuerzas políticas y por el pueblo Cubano, sobre todo si se tenía en cuenta el carácter cada vez más sangriento del régimen de Batista.

Desde mi punto de vista como Jefe de la CIA, Batista era un líder corrupto y represivo respaldado por los Estados Unidos por sus puntos de vista anticomunistas y pro-empresariales. Washington se equivocaba al presentar una política de fuerte apoyo hacia el dictador, sin darse cuenta que su inminente colapso provocaría una búsqueda vana y apresurada de alguna alternativa moderada. La caída de Batista, en mi forma de pensar, vendría acompañada con el surgimiento de un gobierno revolucionario que vería a los Estados Unidos con sospecha y hostilidad.

Para colmo de males, Batista resultó ser un mal cliente que resistía las presiones de reforma y seguramente estaba determinado a sabotear las elecciones de 1958, sobre las cuales el Departamento de Estado nunca lo pudo convencer que era la mejor forma de apartarlo *"suavemente"* del poder.[40]

En gran parte la decisión Americana de suspender el envío de armas a Cuba se debió en parte a las informaciones que desde la CIA *"compartimos"* con el *New York Times* a finales de Febrero de 1958 y que el periódico hizo suyas en un editorial.

> «*El gobierno de Cuba no ha tomado paso alguno para asegurar unas elecciones libres en el país. En Cuba, hoy en día, hay una creciente oposición a la solución electoral. Las razones son muy sencillas:*
>
> *El fraude en el registro de votantes y el control gubernamental de las cédulas de votante (carnets de identidad);*
>
> *La suspensión de las Garantías Constitucionales durante la reorganización de los Partidos políticos;*
>
> *El aumento de la violencia a lo largo de toda la isla;*
>
> *La negativa del gobierno de otorgar a los prisioneros políticos por lo menos una amnistía parcial;*
>
> *La continua suspensión de Garantías Constitucionales en la provincia de Oriente;*
>
> *La retención y la negativa de libertad para numerosos presos políticos a pesar del recurso de hábeas corpus;*
>
> *La retirada del Partido Nacionalista Revolucionario (PNR) de Pardo Llada de las elecciones y las presiones a Grau para que se retire por los*

---

[40] Esas presiones permanecieron inconsistentes e ineficaces hasta que el derrumbamiento repentino del gobierno de Batista a fines de 1958 obligó al gobierno de Eisenhower a buscar infructuosamente una "tercera fuerza" para reemplazarlo y evitar que Castro tomara el poder. A fines de 1958 Batista estaba demasiado atrincherado para ser aliviado, los castristas eran demasiado poderosos para rendirse y ninguna tercera fuerza viable apareció por ningún lado.

miembros del Partido Revolucionario Cubano (Auténticos) en Oriente;

Las declaraciones recientes de las Instituciones Cívicas y la Juventud Católica adversas al gobierno de Cuba y las elecciones que proyecta;

Los fuertes indicios de que la Jerarquía Católica se opone contra el gobierno y no apoya las elecciones;

La falta de iniciativa de Batista para tranquilizar a los posibles votantes y enfrentar el desafío de los opositores mediante una definición clara de lo que el Gobierno considera garantías justas de elecciones honestas e invitando a contrapropuestas de buena fe como base para conferencias que buscan un compromiso, ya sea mediante conversaciones directas o intermediarios;

El hecho de que el gobierno no ha invitado al regreso de los exiliados si estos dan garantías de no hacer actividades revolucionarias mientras hacen campaña política.»

Al día siguiente de ese editorial, la *Organización de Estados Americanos (OEA)* manifestó su decisión de "...no enviar ningún observador a unas elecciones que se realizarían en Cuba bajo las condiciones presentes..."

En los últimos días de Febrero, como Jefe de las operaciones de la CIA en Cuba, envié el siguiente telegrama a Washington interpretando la actitud de la oposición al gobierno de Batista:

«El Departamento debe tener en cuenta que los grupos revolucionarios siempre están decididos a evitar todas las elecciones. Estos grupos esperan alcanzar el poder por la fuerza o la conspiración y son invariablemente los responsables del aumento del terrorismo, la violencia y el sabotaje. En el caso de Cuba, los líderes de la oposición revolucionaria en el extranjero -posiblemente con excepción del Movimiento del 26 de Julio- tienen un número insignificantes de seguidores en Cuba. Por estas razones, yo personalmente creo que es dudoso que la oposición revolucionaria pueda ser reincorporada a la escena política en este momento. Tampoco creo que sea deseable para Estados Unidos defender eso.

El Departamento también debe tener en cuenta que el gobierno de Cuba no parece estar muy seguro de ganar las elecciones, lo cual no augura otra alternativa que el fraude.

No creo que unas elecciones en este momento resuelvan los problemas políticos subyacentes. Sin embargo, creo que debemos continuar los esfuerzos para lograr elecciones libres y abiertas, en la atmósfera más favorable posible; este parece ser el único camino abierto para nosotros.»

Nunca creí que en Washington me hicieran mucho caso. La obsesión del Departamento de Estado con el *"peligro comunista"* era un pobre sustituto de un esfuerzo serio por entender el atractivo de Fidel Castro y las fallas de Fulgencio Batista. Desde 1956, el Embajador en Cuba y sus funcionarios buscaron día y noche cualquier signo de coqueteo castrista con los dogmas Comunistas. Para ellos, desafortunadamente, eso era más importante que encontrar las fuentes profundas del descontento Cubano. A pesar de lo que planteábamos nosotros en la CIA, cada vez que Washington estudiaba el asunto, concluía que Castro no era Comunista.

La principal resistencia a considerar lo contrario provenía de Earl E. T. Smith, el Embajador de los Estados Unidos en Cuba. Smith era un rico banquero de inversiones y una figura de la más alta sociedad que creía conocer bien a Cuba. Siempre respaldó ardientemente a Batista y negó que Castro era Comunista. Con un falso pavoneo de madurez política, constantemente nos daba lecciones a todos de que *"no cualquier persona que fuera anti-Americana también debía ser Comunista."* Durante los dos años anteriores a la caída de Batista se resistió a todas las presiones de Washington para empujar al *"reyezuelo Cubano"*[41] a reformarse y creyó casi hasta el amargo final que Batista tenía la situación *"bajo control."*

El Presidente Batista reunido en Palacio con Gonzalo Güell. Güell era un diplomático de carrera, Canciller de Cuba desde 1956 hasta 1959 y Primer Ministro desde el 12 de Marzo de 1958 hasta el 1 de Enero de 1959.

---

[41] La caracterización caricaturesca popularizada por la **Revista Bohemia**.

Cuatro fotos y la portada de LIFE sobre el recibimiento que le dieron los Venezolanos al **Vicepresidente Richard Nixon** cuando visitó Caracas. Al caer el dictador Pérez Jiménez, existía un ambiente poco propicio para esa visita. El momento era de extrema politización, luego de una década de censura y de rígido control de la opinión pública. El martes 13 de Mayo de 1958, al atravesar la avenida Sucre en Caracas, el automóvil del Vicepresidente fue asaltado con tal saña que se temió por su vida. El pentágono inclusive se preparó para rescatarlo con Marines procedentes de Guantánamo.

12

En 1958, sin lugar a dudas, había una confusión y desconcierto general tanto en los Estados Unidos como en La Habana, a pesar de las infiltraciones de espías y escuchas clandestinos en ambas capitales. Nuestro grupo del CIA tenía ya alrededor de 20 informantes alrededor del territorio Cubano. En el número 2630 de la Calle 16 en Washington, en el edificio que reemplazó el que Carlos Manuel de Céspedes (hijo) había inaugurado como la *"nueva"* legación de Cuba en Washington, un agente de Castro, *Ángel Saavedra*, había infiltrado las oficinas del *Coronel Delio Ferrer Guerra*, agregado Militar de la Embajada Cubana, informando a Castro sobre los detalles de futuros embarques de armas al gobierno de Cuba. Batista, por su parte, había logrado colocar a *Gabriel Suárez Fernández*, un retoño de los dueños de *P. Fernández y Cía*, la mayor casa productora de libros en Cuba, en las oficinas del Departamento de Estado Americano como auxiliar del Director del *Government Printing Office* en North Capitol Street en Washington.

Los conflictos entre las agencias, tanto en los Estados Unidos como en Cuba, eran inevitables. El *Departamento de Estado*, por ejemplo, quiso aplicarle al gobierno de Batista las cláusulas pertinentes del *Acuerdo de Asistencia Mutua (AAM)* que no permitía usar fondos del *AAM* para operaciones de seguridad interna, decisión a la que se opuso el *Departamento de Defensa* por razones ideológicas y estratégicas. En medio de esta confrontación se interpuso el coronel *Thomas B. Hanford*, director de la *Oficina de Asuntos Regionales del Pentágono*, argumentando:

> «El Gobierno Cubano ha apoyado tradicionalmente a los Estados Unidos en Naciones Unidas contra las embestidas del Comunismo en Europa y Sur América y yo soy de la opinión que no debemos subestimar las responsabilidades de defensa hemisférica que tenemos y que Cuba comparte con nosotros, por supuesto, al amparo del Tratado de Río.»

Como evidencia de que no coincidían con las decisiones que el Departamento de Estado había tomado en Marzo del 1958, los tres Jefes de Misiones de la Marina, el Ejército y la Aviación Americana destacados en La Habana, que dependían del Pentágono y del Departamento de Defensa, ofrecieron el 28 de Marzo de 1958, en el *Restaurant Puerto de Sagua* (Monserrate y Acosta, en La Habana) un vistoso almuerzo en honor del Jefe de Estado de las Fuerzas Armadas Cubanas, General Francisco Tabernilla, con motivo de su promoción a General en Jefe (cinco estrellas). [42] Unos días después, el 2 de Mayo, el Jefe de Operaciones Navales de los Estados Unidos, Almirante *Arleigh Burke*, hizo unas declaraciones al efecto de que...

> «... no ha sido explícitamente prohibido la entrega de <u>todo</u> tipo de armas a Cuba y que cualquier armamento procedente de empresas privadas o que no fuera de combate -por ejemplo equipo de comunicaciones- podía ser entregado, e incluso transportado a Cuba por las fuerzas navales de los Estados Unidos.»

La incertidumbre en el sector público en Cuba era igualmente confusa y desconcertante. El 11 de Marzo de 1958 el Juez *Francisco Alabau Trelles* procesó por asesinato a dos valiosos colaboradores de Batista, los Coroneles *Esteban Ventura Novo*, Jefe de la 5ta Estación de Policía, en la calle Belascoain, más tarde de la 9na Estación en C y Zapata, ambas en La Habana, y *Julio Laurent Rodríguez*, Jefe de Inteligencia Naval. Al día siguiente Batista suspendió las Garantías Constitucionales y *Alabau Trelles* marchó al exilio. Ese mismo día el Coronel del ejército *Pilar García García*, Jefe del Regimiento Plácido de la Guardia Rural de Matanzas fue promovido a Jefe de la División Central de la Policía Cubana. El 13 de Marzo Castro convocó a una huelga general y los Estados Unidos suspendieron el envío de más de 200 rifles *Garand* a Cuba, provocando un serio reproche del General Batista al Embajador Smith.[43]

---

[42] Inexplicablemente, en Noviembre de 1957, el hijo del General Tabernilla, **Carlos Tabernilla**, había recibido la *Legión de Mérito de los Estados Unidos*.

[43] La **huelga** no progresó debido al control de los sindicatos que tenía Eusebio Mujal. que aparte de ser el líder de *la Confederación de Trabajadores de Cuba (CTC)* y ser batistiano, estaba en la nómina (estaba recibiendo una *"botella"*) de José Suárez Rivas, Ministro de Trabajo del gobierno de Batista.

Es por esa fecha que, presionado por el Embajador Smith, el Departamento de Estado decidió echar a un lado el Artículo 1, párrafo 2 del *Programa de Asistencia Militar* y accedió a que...

> «... *el gobierno Cubano utilice las armas a su discreción, siempre y cuando haga todos los esfuerzos posibles para evitarlo y comunique a los Estados Unidos cuando no ha sido posible cumplir con el mencionado Artículo 1, párrafo 2 del Programa de Asistencia Militar...*»

En gran parte como consecuencia de esa revocación del acuerdo de no proveer armas a Cuba y en vista a las situación que imperaba en el país, el Episcopado Cubano emitió una declaración dirigida a

> "*...todos aquellos que militan en campos antagónicos para que dejen de usar la violencia y trabajen para el establecimiento de un gobierno de unidad nacional capaz de llevar a nuestra patria a una vida política de paz y normalidad*".

El 3 de Marzo, el presidente Batista, en respuesta a la apelación del Episcopado, emitió declaraciones en las que él también pedía el fin de la violencia pero sin hacer referencia a la sugerencia del Episcopado de formar un gobierno de unidad nacional. Los comentarios míos personales y los de la Oficina de la CIA destacada en La Habana sobre el llamamiento del Episcopado, se adjuntan en la traducción de ese despacho que se presenta en el Apéndice B.

En medio de la situación que vivía Cuba y sobre todo en la ciudad de La Habana, el Presidente Batista inauguró el más emblemático hotel jamás construido en la isla: el *Havana Hilton*. El evento tuvo lugar en la tarde del Miércoles 19 de Marzo de 1958. A la entrada del hotel, los lujosos automóviles de los invitados eran recibidos por porteros engalanados con vistosos uniformes y cascos de colores con plumas sugestivas. Todo encaminado a causar una impresionante majestuosidad a los visitantes. Dentro, un grandioso banquete de manjares y exóticos licores, presidido por *Martha Fernández de Batista*, esposa del Presidente, *José Suárez Rivas*, Ministro del Trabajo, *Eusebio Mujal Barniol* y otras personalidades vinculadas al gobierno, así como visitantes extranjeros y familias pudientes de la alta burguesía Cubana. El 22 de Marzo, en una festividad similar, el hotel tuvo el honor de recibir a *Conrad Hilton* en persona, que visitaba las instalaciones para presentar a los Cubanos el nuevo administrador, José A. Menéndez, su ahijado y protegido, que fortuitamente era el esposo de la hija de Conrad.[44]

En esos últimos días de Marzo, supimos en la CIA que a instancias del sector urbano del *Movimiento 26 de Julio* y principalmente en Santiago de Cuba, se estaba considerando seriamente una convocatoria a una huelga general. En la terminología que utilizaban los líderes del *M-26-7*, lo estaba pidiendo *"la gente del llano."* Tanto Castro como sus seguidores en la Sierra no consideraban oportuna esa sugerencia dadas *"las condiciones imperantes en Cuba,"* pero principalmente por el fracaso que había tenido la huelga que se había convocado el 13 de Marzo anterior, que fue impedida por un solo enemigo, el supremo líder obrero Eusebio Mujal.

Nuestros confidentes dentro de las fuerzas de Castro, de los cuales daremos algunos detalles en su momento, nos hicieron llegar la propuesta que Castro planeaba enviar a *"la gente del llano,"* en un esfuerzo por no perder la iniciativa en todo lo que se refería a la oposición contra el gobierno de Batista.

La estrategia acordada en *"la loma"* incluía apoyar la huelga en las ciudades con acciones armadas, para las cuales se había hecho llegar a Cuba una considerable cantidad de armamento.

---

[44] Nadie sospechó ese día que unos meses después, en los primeros días de Enero de 1959, se iba a aparecer a las puertas del hotel un sudoroso barbudo, **Camilo Cienfuegos**, para tomar posesión del edificio y hacerlo sede temporal del Gobierno Revolucionario Cubano.
El 8 de Enero, cuando Castro hizo su entrada en La Habana, Cienfuegos y su comitiva, se alojaron en el **Havana Hilton**. A partir de este instante la *Suite Continental*, habitación 2324, por un período de tres meses, se convirtió en el *Puesto de Mando de la Revolución*. Desde allí el Comandante en Jefe, con uno de los mejores equipos de sonido e imágenes de TV que había sido *"prestado"* por la emisora CMQ, situada frente al Hilton, ofrecía conferencias y entrevistas que se transmitían por todas las cadenas del país. Nunca en esas entrevistas se hicieron referencias a la despedida en masa de empleados del hotel o al bloqueo de la entrada a los turistas para garantizar la seguridad de los ocupantes de la habitación 2324.
El 11 de Junio de 1960, un sujeto ajeno al hotel y desconocedor del giro turístico, Alfredo Rancaño, en nombre del gobierno de Castro, confiscó el edificio, ignorando que el hotel era propiedad de la *Caja de Retiro Gastronómico Cubano*, a la cual pertenecían todos sus cocineros, mozos de restaurantes, dependientes del bar de la azotea, asistentes de las fuentes de soda, botones del lobby, camareros, cantineros, carpinteros , mucamas, electricistas, *crupiers* del casino, salvavidas de las piscinas y los encargados de disponer de la basura.

13

En esos meses de finales de Marzo de 1958, en la CIA contábamos con seis agentes situados en la Embajada de los EEUU en la Habana con funciones aparentes como Director de Operaciones de Mantenimiento, Oficial de Enlace con residentes Norteamericanos en Cuba, Director de Protocolo, Asistente Médico, Analista de Presupuestos y Director de Servicios Notariales. El gobierno Cubano sospechaba de nuestras funciones reales pero, protocolariamente, tenía que pasarlo por alto. El número total de *"confidentes"* a lo largo de Cuba era aproximadamente 23, de los cuales seis estaban infiltrados entre de las fuerzas de Castro en la Sierra Maestra.

La versión provisional de la convocatoria a la huelga general que Castro accedió a declarar a petición del *"llano"* (la guerrilla clandestina en las ciudades), llegó a nuestras manos el 2 de Marzo de 1958, y leía como sigue:

> *«Reunida en el campamento de la Columna No. 1, Comandancia General de las Fuerzas Rebeldes, la Dirección Nacional del Movimiento 26 de Julio acordó por unanimidad lo siguiente:*
>
> ***1ro.**-Considerar que por el resquebrajamiento visible de la Dictadura, la maduración de la conciencia nacional, y la participación beligerante de todos los sectores sociales, políticos, culturales y religiosos del país, la lucha contra Batista ha entrado en su fase final.*
>
> ***2do.**-Que la estrategia del golpe decisivo se basa en una Huelga General Revolucionaria secundada por una Acción Armada generalizada.*
>
> ***3ro.**-Que la Acción Revolucionaria debe irse intensificando progresivamente a partir de este instante hasta desembocar en una huelga que será ordenada en el momento culminante.»*

La organización del *M-26-7* en el movimiento obrero era el *Frente Obrero Nacional (FON)*, que Castro sabía que era minoritario entre los trabajadores. El *FON*, sin embargo, fue encargado de convocar a la huelga, mientras que la *Federación de Estudiantes Universitarios (FEN)* debía hacer lo mismo entre los estudiantes. A los Comunistas, miembros del *Partido Socialista Popular (PSP)* no se les ofreció ser incluidos entre los organizadores por dos razones:

No estaban muy interesados en impulsar la huelga y Castro, que siempre consideró ser el futuro jefe único del movimiento Marxista-Comunista en Cuba, no quería que los viejos *"ñángaras Cubanos"* [45] se anotaran tantos si la huelga resultaba ser efectiva.

La convocatoria de Castro y el *M-26-7* a la huelga, posiblemente para justificar su posible o casi seguro fracaso, no indicaba fecha ni quien *"ordenaba el momento culminante"* y se mantuvo *"secreta"* inclusive para el *Frente Obrero Nacional (FON)* y la *Federación de Estudiantes Universitarios (FEN)*.[46]

La huelga comenzó en La Habana con la ocupación de las estaciones de radio, que hicieron un llamamiento general a la huelga. En Santiago, Camagüey, Pinar del Río, Sagua la Grande y Cienfuegos la huelga logró algún éxito, pero en La Habana fracasó y ni siquiera se paralizó el transporte, debido en parte a la fuerte represión del gobierno. En respuesta a la convocatoria a esa huelga Batista lanzó una contraofensiva militar en la Sierra Maestra.[47]

El 3 de Mayo, uno de nuestros confidentes participó con Castro en una reunión en el firme de la Sierra, cerca de Minas de Frío, en la humilde casa de una familia de apellido Mompié. El objeto de la reunión fue analizar las causas del fracaso de la huelga del 9 de Abril. Allí estaban Haydée Santamaría, Vilma Espín, Celia Sánchez, Faustino Pérez, David Salvador, Ernesto Guevara, Luis M. Buch, Marcelo Fernández y el resto de la plana mayor del *M-26-7*. Fidel,

---

[45] **Ñángara** era el término utilizado en Cuba, España y muchos países hispanos, para designar despectivamente a los militantes o simpatizantes de los partidos Marxistas, Comunistas y de extrema izquierda. En Puerto Rico, sin embargo, un *ñángara* es cualquier cosa de poco valor; en Venezuela es el término que se le da a alguien que alborota a una multitud y a la novia o mujer de un *malandro* (hombre rústico y de poca clase). Los Marxistas, defensivamente, definen a un *ñángara* como *"un luchador infatigable por las causas justas, propias o de sus prójimos, sin importar su condición social, económica, raza, religión o credo político."*

[46] Varios confidentes de la CIA entre las tropas de Castro nos indicaron que mantener la fecha de la huelga en secreto fue **idea del propio Castro**, con el objetivo de evitar que Batista tomara medidas específicas. Fue precisamente la causa principal del fracaso, lo cual nadie se atrevió a decírselo al Comandante en Jefe. Castro, en ninguno de sus muchos discursos posteriormente, nunca hizo referencia alguna, buena o mala, a la huelga del 9 de Abril de 1958.

[47] En la práctica fue el **último intento** del Ejército Constitucional por quebrar al Ejército Rebelde.

me informó nuestro confidente, tomó la palabra y prácticamente no dejó hablar a nadie más. En la reunión no se examinaron con detalle las causas del fracaso de la huelga pero se tomaron cuatro decisiones importantes:

> «**Primera**: no confiar más en la capacidad del "llano" de organizar la lucha revolucionaria. Al efecto, queda organizado un Comité Ejecutivo de Dirección integrado por Castro, como centro, y Faustino, Ramos Latour, David Salvador y Carlos Franqui como consejeros, para desde la Sierra Maestra dirigir todas las acciones civiles y militares en el futuro.
>
> **Segunda**: ratificar al compañero Fidel Castro como Secretario General del Movimiento, posición que hasta el presente ha ostentado de hecho, y nombrarlo Comandante en Jefe del brazo armado de esta organización, la cual desde ese momento cambia su denominación de Ejército Revolucionario del Movimiento 26 de Julio por la de Ejército Rebelde.
>
> **Tercera**: los aparatos de acción de las ciudades, hasta ese momento con cierta independencia, quedan subordinados al Ejército Rebelde, de modo que los jefes de milicias de las provincias, municipios y regiones tienen que coordinar su actividad con los Jefes Rebeldes de sus respectivos territorios.
>
> **Cuarta**: el compañero Fidel Castro por la presente asume todas las responsabilidades, incluidas las relaciones exteriores. Toda la actividad realizada en el exilio estará desde este momento orientada por él.

Según nuestro confidente que participó con Castro en la llamada *Reunión de Mompié*, una de las dificultades que ocurrió durante las deliberaciones y era, como siempre, la mayor dificultad en las reuniones del *Comité Central del M-26-7*, fue la insistencia de Castro de que cada participante se refiriera a los demás por sus nombres de guerra, lo cual creaba confusiones constantemente.[48]

---

[48] Julio Marcelo Fernández Font, Coordinador Nacional del M-26-7, era **Zoilo**; Faustino Pérez Hernández, Coordinador en La Habana, era **Ariel**; René Ramos Latour, Jefe Nacional de Acción y Sabotaje, era **Daniel**; Octavio Louit, presente en representación de David Salvador, Jefe de la Sección Obrera, era **Cabrera**; Arnold Rodríguez Camps Jefe de Propaganda, era **Fernando**; Manuel Ray Rivero, Responsable de la Resistencia Cívica en La Habana, era **Pedro**; Luis Buch Rodríguez en su calidad de Responsable de Relaciones Públicas, era **Roque**, etc.

Los detestados Generales asociados a Batista (Primera Parte):
Pilar García García, Jefe del *Regimiento Plácido* de Matanzas, autor de la masacre del *Cuartel Goicuría* el 29 de Abril de 1956; **Manuel Ugalde Carrillo**, ex-Jefe del Servicio de Inteligencia Militar (SIM) en 1958, notable por sus crímenes en el penal de Isla de Pinos; **Jesús Sosa Blanco**, *"el asesino de Guisa,"* acusado de cometer más de 198 asesinatos; **Conrado Carratalá Ugalde**, ayudó al 10 de Marzo de 1952 desde el Cuerpo de la Policía Nacional, asociado a gánsters en La Habana, acusado de ametrallar un grupo de 500 presos en *El Príncipe*; **Lutgardo Martín Pérez**, Teniente Coronel de la Policía Nacional y Jefe de la Radio Motorizada en 1958, **José Salas Cañizares,** Teniente Coronel del ejército batistiano, acusado de numerosos crímenes en Santiago de Cuba, siendo uno sus víctimas el joven Frank País García; **Francisco Tabernilla Dolz**, Jefe del Estado Mayor del Ejército de Cuba, participante del 4 de Septiembre de 1933 y del 10 de Marzo de 1952 con Batista,

Los detestados Generales asociados a Batista (Segunda Parte):
Joaquín Casillas Lumpuy, alegado asesino del líder obrero *Jesús Menéndez* en 1948, derrotado defensor de Santa Clara en 1958; **Leopoldo Pérez Coujil,** Jefe del *Servicio de Inteligencia Militar (SIM)* e inepto militar en el frente; **Fermín Cowley Gallegos,** conocido no sólo como *"el chacal de Oriente,"* sino también por dar siempre órdenes de *"detenidos no, muertos,"* autor de las *"Pascuas Sangrientas"* de 1956; **Julio Laurent Rodríguez,** Jefe del *Servicio de Inteligencia Naval*, victimario de más de una docena de prisioneros en el *Castillo de la Chorrera*; **Irenaldo García Báez,** hijo de Pilar García, ejecutor de la *"Masacre del Príncipe"* en el Castillo de ese nombre en La Habana; **José Eleuterio Pedraza,** fiel a Batista desde el 4 de Septiembre de 1933, cuando se destacó como *"el gran sanguinario,"* llamado por Batista en 1958 para detener el asalto al tren blindado en Santa Clara, acción en la que fracasó; **Eulogio Cantillo Porras,** Jefe *del Estado Mayor Conjunto* en 1958, despojado del mando y hecho prisionero el 1 de Enero del 1959, luego exiliado en Miami después de cumplir presidio en Cuba.

14

El 12 de Mayo, cuando conocimos las drásticas decisiones tomadas en la *Reunión de Mompié*, me reuní en Washington con el agente nuestro del CIA que había estado en *Mompié* y había participado de los análisis y las discusiones con relación al fracaso de la huelga del 9 de Abril. Nuestra reunión tuvo lugar durante cuatro horas en la calle C del Noroeste, sede del Departamento de Estado en Washington, con la asistencia de *Roy Rubottom, William Wieland* y *C. Allan Stewart*. Al terminar la reunión, redactamos un resumen confidencial para el Secretario de Estado John Foster Dulles. El resumen no sólo trata de las conversaciones en *Mompié* sino también de nuestras apreciaciones personales sobre la situación en Cuba, visto desde las perspectivas de la Sierra Maestra, el CIA de la Embajada Americana en La Habana y la opinión pública Cubana. Este informe lo reproduzco en su totalidad a continuación.

INFORME CONFIDENCIAL AL SECRETARIO DE ESTADO

«Desde temprano en Marzo de 1958 Castro ya había perdido su fe en la rama urbana del movimiento y no creía que iba a contribuir nada en la lucha contra Batista. Estaba convencido que la gente del *"llano"* eran demasiado moderados o cobardes y que él no tenía control sobre ellos. Según manifestó en Mompié, siempre *"tuve dudas de la efectividad de la huelga."* No por eso Castro dejó de estar optimista. Las cosas iban bien para la revolución. La suspensión del envío de armas por el gobierno Americano, la falta de apoyo cada vez más notable que tenía Batista y las recientes peticiones de las Instituciones Cívicas, eran todas buenas noticias. El más negativo de los del *M-26-7* en La Habana era el Jefe de Milicias, *René Ramos Latour*, que se opuso a la huelga por la falta de armas y el número considerable de muertes que iba a provocar en las ciudades. No es claro que los rebeldes nunca han tenido armas suficientes. El 31 de Marzo, las autoridades Americanas confiscaron en un hotel de Miami un cargamento sustancial de armas que iban a reforzar la huelga. En Bauta, cerca de La Habana, la *Guardia Rural Cubana* interceptó un cargamento con numerosas ar mas en una finca perteneciente a un dirigente del antiguo *Partido Ortodoxo*. En la última semana de Marzo, por suerte, un transporte C-46 lleno de ametralladoras, rifles automáticos y bazookas voló de Costa Rica a México y de ahí a la Sierra. El *Movimiento de Resistencia Cívica (MRC)*, consistente de estudiantes, trabajadores y militantes del *M-26-7*, había conseguido 40 casas en La Habana para almacenar armas, principalmente cocteles Molotov, y alojar rebeldes. Se proyectaba que la violencia de la huelga iba a amedrentar a muchos trabajadores que se quedarían en sus casas, a pesar de que apoyaban al movimiento huelgario.

Uno de los fallos, de acuerdo con lo discutido en *Mompié*, fue el aplazamiento del día de la huelga, de Marzo 31 a Abril 9, debido al retraso de los envíos de armamento. En La Habana eso fue interpretado como la codicia de Castro de apoderarse de una buena parte de las armas para la Sierra. Varios líderes de La Habana sugirieron aplazar la huelga hasta finales de Abril, pero *Faustino Pérez*, el hombre designado por Castro para dirigirla, se opuso tajantemente. Eso produjo numerosas fricciones principalmente entre el *M-26-7*, las fuerzas del *Directorio Revolucionario* y los seguidores de Prío (la *Triple A*).[49]

Al final de cuentas, tanto Prío como la *Triple A* denunciaron la operación el 7 de Abril y se negaron a participar. Del *Directorio* y el *PSP* nunca se supo a ciencia cierta si iban o no a participar en lo *"proyectado"* para La Habana.

A las 10:00 am, la radio clandestina comenzó a dar órdenes de lanzarse a la calle en toda la isla.[50]

Todos los Bancos de La Habana cerraron sus puertas para evitar atracos en medio de una confusión que no resultó ser gran cosa. Las fuerzas de Batista comenzaron a tirotear a cualquiera que se asomara a una ventana. En la radio de la Policía (1160 AM, 35,000 Watts), se oían reportes alarmantes.

---

[49] El día 8 de Abril, **Agustín Capó**, miembro del M-26-7, por ejemplo, protestó repetidamente porque su misión era volar el túnel del Río Almendares (entre el Vedado y Miramar), *"y aun no me han llegado los explosivos. ¿Qué puedo hacer con menos de 30 libras de dinamita?"*

[50] Había sido acordado que la hora de comienzo sería las 12:00 meridiano, para que los obreros salieran en masa de sus talleres y lugares de trabajo y los ómnibus se paralizaran en medio de la calle. **Faustino Pérez**, sin consultar con nadie, adelantó la hora a las 10:00 am cuando le llegaron noticias de que el Servicio de Inteligencia Militar (SIM) de Batista estaba ya en la calle.

«... *POLICIA:* Tenemos detenido un hombre que dice ser abogado y andaba dando vueltas por la Habana Vieja. No sabe explicar hacia dónde iba. Tiene una pistola en el compartimento de guantes del carro, y un permiso para portar armas... *JEFATURA:* Mátalo por si acaso.... no es un día para pasear por las calles.»

«... *POLICIA:* Tenemos diez prisioneros, qué hago...
JEFATURA: No hay prisioneros. Mátalo...»

Las milicias del *M-26-7* no tuvieron apoyo alguno de la ciudadanía. Sólo creaban pánico. La *Confederación de Trabajadores de Cuba (CTC)* trasmitía por CMQ, Unión Radio, la Cadena Azul y la COCO, daban órdenes a los obreros de mantenerse en sus trabajos pero ninguno de los líderes, incluyendo *Eusebio Mujal* (Central de Trabajadores), *Ricardo Torres* (Transporte Terrestre), *Amado Cabrera* (Transporte Aéreo), *Manuel Zorrilla* (Telefónicos) y *Antonio Sánchez Mena* (Coop de Ómnibus Aliados) se atrevió a presentarse en sus oficinas. Las calles de La Habana estaban atascadas de vehículos atravesados y se oían tiros por todos lados. El único gran evento, sin embargo, fue una bomba en una planta eléctrica de Luyanó que dejó sin electricidad a una buena parte de sus clientes.

Los Comunistas, anticipando un desastre para sus competidores del *M-26-7*, comenzaron a identificarle a la Policía a los militantes Castristas. Un destacamento de la Policía Nacional sorprendió in fraganti a un grupo del *M-26-7* que trató de callar los micrófonos de la CMQ a tiros después de llamar a la huelga en vivo por la CMQ-TV. Todos fueron arrestados y dos de ellos seriamente lesionados. Ninguno dudó que habían sido los Comunistas los que dieron el soplo.

En casi ninguna ciudad de Cuba hubo tiroteos o siniestros que afectaran la propiedad, con la posible excepción de Santiago de Cuba. Allí, desde un apartamento situado en Rey Pelayo No. 160, el *M-26-7*, bajo el mando de *Belarmino Castilla Mas* (*Aníbal*) dirigió a los militantes Castristas en los esfuerzos de la huelga.

Las anticipadas acciones de guerra que el *M-26-7* se había comprometido a lanzar en apoyo de la Huelga General en las ciudades, nunca ocurrieron. ¿Fue esa una acción deliberada de Castro para establecerse como líder máximo de la oposición a Batista y eliminar cualquier reclamo por parte de los que conspiraban y peleaban en "el llano?" ¿Fue Castro tan ambicioso de poder y primacía que estuvo dispuesto a acabar con la oposición en las ciudades, a pesar de que era desde allí que se suministraba dinero y armas a la Sierra?

Desafortunadamente para las personas que estaban en el lugar equivocado a la hora equivocada, las cosas podían ser fortuitamente desagradables. El periodista Neal Wilkinson, corresponsal del *News Review* de Oregón, estaba el 9 de Abril sentado en un café al aire libre cerca de su hotel, a una cuadra del Palacio Presidencial. Un automóvil paso frente a él a gran velocidad y lanzó un coctel Molotov, que por suerte explotó a 15 pies de su mesa. Mientras se sentía agradecido por no haber sufrido lesiones se acercaron a su mesa dos Policías de las fuerzas de Batista. Wilkinson comenzó a gritar "¡Americano!, ¡Americano!," De nada le sirvió, los Policías comenzaron a darle golpes a él y a otros parroquianos, magullándolos dolorosamente. Horas después, la Embajada Americana le ayudó a llegar al aeropuerto José Martí y salir de La Habana.

FIN DEL INFORME CONFIDENCIAL AL SECRETARIO DE ESTADO

René Ramos Latour, guerrillero del *26 de Julio*, amigo de *Frank País*, al cual sustituyó a su muerte, empleado de la *Nicaro*, opositor de las ideas marxistas del grupo, murió en combate el 30 de Julio de 1958; **Jorge Masetti**, periodista Argentino, fundador de *Prensa Latina*, guerrillero con el NFL en Algeria. En 1964 desapareció misteriosamente. Dos vistas de la **violencia en La Habana** durante la Huelga del 9 de Abril de 1958.

En horas de la tarde del 9 de Abril, el Embajador Smith se comunicó con Washington informando...

«Los ómnibus están corriendo, las tiendas están abiertas, los bancos siguen manejando dinero, el teléfono tan bueno o malo como siempre, sólo el Vedado y la Habana Vieja están a oscuras, los caballos probablemente corran hoy en Marianao, no sé, sin embargo, si habrá juego de pelota en el Estadio del Cerro...».

Hemos sabido que, después de la huelga del 9 de Abril, los jefes rebeldes de las ciudades han desaparecido o murieron. Se cuenta que Castro le ha dicho en una ocasión a su "compañera" Celia Sánchez... *«Sólo quedamos nosotros en la Sierra. La salvación de Cuba está en nuestras manos...»*

En los meses siguientes Castro criticó severamente a Carlos Prío acusándolo de vivir en Miami.. *"en un despiadado lujo capitalista..."* Denunció a *Mario Llerena* y *Raúl Chibas* por *"desatender el trabajo a que se habían comprometido de suministrar armas a la Sierra."* Llegó a quejarse de Carlos Márquez Sterling por *"no mandarle calmantes para un dolor de dientes que lo atormentaba."* Culpó a los Estados Unidos por *"interrumpir los patrióticos embarques de armas que con gran trabajo compraban sus partidarios."* Se quejó del papel de Anastasio Somoza y Rafael Trujillo, que *"compraban armas a los Estados Unidos para revendérselas a Batista y hacerse millonarios."* Al periodista Argentino Jorge Massetti, en una entrevista, le mencionó *"uno a uno los inhumanos marxistas hispanos que jamás le habían ofrecido apoyo."*[51]

En la reunión del 12 de Mayo en el Departamento de Estado en Washington, con la asistencia de Roy Rubottom, William Wieland y C. Allan Stewart, surgió un tema que nunca hemos podido verificar y que a última hora decidimos no incluirlo en el reporte al Secretario de Estado John Foster Dulles:

«Nuestro agente infiltrado dentro de las tropas de Castro que había estado presente en las deliberaciones de la Reunión de Mompié, afirmó haber participado de varias reuniones en la Sierra

---

[51] **Jorge Ricardo Massetti**, aka *Comandante Segundo*, años más tarde fundó *Prensa Latina* en Cuba. En 1964 entró como guerrillero en la selva de *Salta*, al norte de la Argentina y nunca más se supo de él. Su hijo, *Jorge Massetti*, originalmente miembro del *Servicio de Inteligencia Cubano*, estuvo vinculado a los eventos que dieron lugar al fusilamiento del General Arnaldo Ochoa. Casado con *Ileana de la Guardia*, hija de Tony de La Guardia, desertó en Francia en 1998 a la edad de 44 años.

en que se estaba planeando con sumo detalle, dar un golpe militar centrado en La Cabaña y el Campamento de Columbia, que coincidiría con la huelga. Aparentemente, dada la brevedad de ésta, los oficiales militares de Batista que estaban envueltos decidieron no moverse. Varios aviones de guerra financiados por Carlos Prío que iban a partir de Costa Rica, también quedaron en tierra. No hemos podido verificar la veracidad de esa información.»

La **Embajada de los Estados Unidos** en La Habana; la **residencia del Embajador** y la primera página del New York Times presentando la entrevista de **Herbert Mathews** con Castro en la Sierra.

15

Una de las víctimas de la *Reunión de Mompié* del 3 de Mayo del 58 fue *Faustino Pérez, (Ariel),* a quien le tocó la suerte de ser designado como el culpable del fracaso de la huelga del 9 de Abril. A unas horas de la reunión fue sustituido como Jefe del *M-26-7* en La Habana por *Marcelo Fernández, (Zoilo)*. Faustino había estado a cargo del Movimiento en Cuba tras la huída de Castro y sus partidarios a México cuando recibieron el indulto de Batista. Se había reunido con Castro en México y desembarcado con él en el yate *Granma* en Oriente. Había participado en *Alegría de Pio,* [52] Había llevado a *Mathews* [53] a la Sierra a entrevistarse con Castro y fue el que secuestró en La Habana a *Juan Manuel Fangio* campeón mundial de carreras *Fórmula Uno* [54] el 23 de Febrero de 1958. Faustino volvió a la Sierra en Junio de 1958; nada lo habría librado de la furia de Castro cuando necesitó un culpable del fracaso de una huelga que había sido ignorada por las masas en Cuba. Una suerte diferente le tocó a la Coordinadora Nacional del Comité de Huelga, Vilma Espín, que en esa época estaba en vistas de casarse con Raúl Castro.

---

[52] **Alegría de Pio** fue el combate en las cercanías de Cabo Cruz, cerca de Niquero en la provincia de Oriente, que recibió a la expedición del Granma cuando Castro llegó a Cuba procedente de México en 1956. La embarcación fue detectada por las fuerzas del gobierno Cubano y los rebeldes reducidos de 82 a 12.

[53] **Herbert Mathews** fue el periodista del *New York Times* que entrevistó a Castro en la Sierra Maestra en Febrero 17 de 1957, cuando todo el mundo pensaba que no había sobrevivido el desembarco en Cuba. Durante varios años se mantuvo negando que Castro era Comunista. Hoy en día Mathews es considerado tan siniestro o más que Walter Duranty, el infame apologista de Joseph Stalin.

[54] **Juan Manuel Fangio** fue secuestrado por dos miembros del M-26-7 del *Hotel Lincoln* en La Habana, lo cual no le permitió participar en el *Gran Prix Cubano*. Estuvo 29 horas confinado en una casa en el Vedado. Al ser puesto en libertad, en un caso clásico del *Síndrome de Estocolmo*, manifestó su simpatía y amistad hacia los que lo habían secuestrado.

No había transcurrido un mes desde el fracaso de la huelga del 9 de Abril, que el Embajador Smith, apoyado por el Departamento de Defensa y por los jefes de las misiones militares Norteamericanas en La Habana, lograba que se modificara la decisión original, de aplazar el envío de armas a Cuba y comenzó a hacerse entrega de equipos de sonar para la Marina de Guerra y de cascos para el Ejército de Batista. Una definición *"cocinada"* del acuerdo, posibilitó también el envío de dos motores para aviones C-47. Smith aprovechó para enfatizar una supuesta ...

>«capacidad organizativa y determinación del gobierno Cubano para moverse de una manera rápida y segura, organizando a la Policía y al Ejército, facultades, señaló Smith, que eran imprescindibles para asegurar la paz y seguridad del hemisferio.»

El Embajador también justificó y abogó en favor de la suspensión de Garantías Constitucionales en esos términos, encuadrándola en el marco del conjunto de medidas que, según su opinión, el gobierno de Batista había tomado correctamente para frustrar la huelga del 9 de Abril

Movido por esas aseveraciones del Embajador Smith, me tomé la libertad de comunicarme directamente con Allen Dulles para informarle de algo que sabíamos en la CIA por boca de uno de los confidentes que habíamos situado en Guantánamo:

>«El coronel Cubano Delio Ferrer Guerra, en un cable fechado 13 de Marzo de 1958, le comunicó a la Jefatura de Operaciones en La Habana, haber sostenido una entrevista con un General de Cuatro Estrellas del Pentágono, el cual se comprometió a enviar armas por la Base Naval de Guantánamo, pese al embargo de armas establecido por el Departamento de Estado Americano. Más aun, en un cable del General Francisco Tabernilla Dolz a su hijo, Francisco Tabernilla Palmero, en ese momento actuando como Jefe de la Fuerza Aérea en el Campamento de Columbia, lo autorizó para desviar los aviones que vienen desde EEUU con armas para el Ejército Cubano para que hagan su aterrizaje, en horas de la noche, en el aeropuerto Coronel Batista de San Antonio de los Baños y no en el Campamento de Columbia.»

Esta comunicación, que sugerí a Allan Dulles que compartiera con el Presidente Eisenhower, pareció dar lugar a que los EEUU comenzaran a considerar otras alternativas distintas a la de una salida electoral para el problema de Cuba.

Una de las consecuencias de mis informaciones a Eisenhower vía Allen Dulles fue renovar el interés del Departamento de Defensa en una comunicación que había sido recibida a fines de Marzo del 1958 por *C. Allan Steward*, segundo a bordo de William Wieland Director de la *Oficina de Asuntos de Centroamérica y el Caribe*.

El autor de esa comunicación había sido el *Dr. Carlos Piad*, un exiliado Cubano simpatizante del grupo opositor que estaba bajo la dirección del ex-Presidente Carlos Prío. Dr. Piad era el representante en Washington del *Concilio Revolucionario Cubano* (Cuban Revolutionary Council), amigo íntimo de los Dres. Carlos Prío y Manuel Antonio de Varona. [55] El mensaje general trasmitido a *C. Allan Steward* era que *"había suficientes personas de prestigio en Cuba y el exilio que respaldarían un golpe militar contra Batista auspiciado por el Departamento de Estado de los EEUU."* Tal movimiento, comentaba el mensaje, *"produciría muchos menos riesgos de bajas civiles y derramamiento de sangre que una huelga general que Batista trataría de reprimir en forma despiadada."* A un golpe militar le seguiría el establecimiento de una *Junta Civil o Cívico-Militar* que, a su vez, nombraría un Presidente Provisional, preferiblemente por vía Constitucional.[56] Para formar esa Junta se sugerían nombres como los indicados en la nota 55 al pie de esta página.

A mediados de Abril de 1958 se trató por primera vez el tema Cubano en una reunión del Consejo de Seguridad Nacional que se celebró con la asistencia del Presidente Dwight Eisenhower. Allen Dulles leyó allí, *verbatin*, nuestra nota del 12 de Abril:

>«El intento de las fuerzas de Castro de provocar una huelga general en Cuba ha fracasado. Castro tendrá ahora que regresar a la guerra de gue-

---

[55] En la carta de Piad se incluían los nombres de varias personalidades civiles y militares que podrían formar parte de la Junta Cívico-Militar que sustituiría a Batista, a saber: los generales **Eulogio Cantillo** y **Martín Díaz Tamayo**, los coroneles **Ramón Barquín** y **Enrique Borbonet**, y los doctores **Gustavo Cuervo Rubio, José Miró Cardona, Raúl de Velazco** y **Manuel Urrutia**. Este último nombre daba a entender que había cierto acercamiento entre el *Movimiento 26 de Julio* y la *Organización Auténtica*, encabezada por el ex presidente Carlos Prío.

[56] Existía el precedente en Cuba, a la caída de la dictadura de Gerardo Machado en 1933, que un **movimiento popular iniciado por una huelga general** tenía como resultado un caos y un baño de sangre.

rrillas desde sus bases en la provincia de Oriente, de donde será muy difícil desalojarlo. Tiene un núcleo central de alrededor de 1,200 hombres, y su imposibilidad de montar un movimiento exitoso contra Batista se deriva del hecho de que el Ejército Cubano mantiene su lealtad a Batista.»

Sin previa consulta con el CIA, el Vicesecretario Ejecutivo del Consejo, *Sarell Everett Gleason*, añadió el 15 de Abril, al final de la nota de la CIA, una coletilla que creía completaría nuestro mensaje. Dicho párrafo fue presentado en la reunión como si fuera la parte final del mensaje de la CIA.

«No se ha descubierto evidencia alguna de inspiración o apoyo Comunista directo a la revuelta de Castro. El Gobierno tiene la situación bajo control, por el momento, y Castro tendrá que ensayar un rumbo diferente.»

La situación en Cuba lucía tan riesgosa a finales de Abril de 1958 que *Roy Rubottom*, el Subsecretario de Estado para Asuntos Interamericanos, en nombre de *Christian Herter*, Secretario de Estado, le envió un telegrama confidencial al Embajador Smith en La Habana en los siguientes términos:

«*Favor de preguntarle al presidente Batista si, en vista de la necesidad de volver a imponer restricciones Constitucionales, cree que el gobierno es capaz de proteger las vidas y la propiedad de los Estadounidenses. Le invito a revisar el Plan de Emergencia y Evacuación para Cuba que fue expedido con fecha del 15 de Febrero de 1956. Estoy seguro de que usted conoce las responsabilidades de la Embajada a este respecto y dejo a su discreción el tiempo para cualquier acción requerida. Sus comunicaciones recientes plantean serias dudas en el Departamento sobre si el régimen de Batista puede sobrevivir. Si bien es cierto que Estados Unidos no desea intervenir en los asuntos internos Cubanos, creemos que la relación especial de EEUU con Cuba requiere que busquemos por todos los medios posibles nuestra influencia constructiva con ambos, el Gobierno y la Oposición, para ayudar a encontrar una solución pacífica al problema. No sabemos si usted comparte la opinión de la CIA de que el régimen de Batista ha fracasado en su intento de convencer al pueblo Cubano y, desde luego, al público Estadounidense de su intención de llevar a cabo elecciones libres. Ejemplo es la declaración de Marzo 10 expresando confianza de que el candidato del Gobierno va a resultar ganador en la electoral. Esa declaración parece invalidar la promesa de celebrar elecciones libres.*»

Parcialmente en respuesta a esa comunicación, Batista lanzó el 24 de Mayo una ofensiva masiva de infantería y carros blindados, con apoyo aéreo y naval, al mando de los Generales *Eulogio Cantillo* y *Alberto Río Chaviano*. Desafortunadamente, de los 24 batallones proyectados (alrededor de 30,000 soldados), por razones desconocidas para *Miguel Ángel de la Campa*, Ministro de Defensa Cubano, solo participaron seis (menos de 6,000 soldados), con el resultado de que la *Operación Verano* resultó ser un completo fracaso.[57]

La situación en Cuba era cada vez más confusa y, a sugerencia de mis superiores en Langley,[58] convoqué el 30 de Mayo a los agentes de la CIA en la Embajada y a nuestro agente en el Palacio Presidencial, una dama Cubana que servía en la Secretaría de la Presidencia, a reunirse conmigo en uno de los *"reservados"* del *Restaurant La Zaragozana* en Monserrate y Obrapía, en La Habana vieja.[59] La reunión resultó importante y en los círculos de la CIA fue humorísticamente conocida como la "*Convención de La Zaragozana.*"

Las conclusiones que reportamos a Allen Dulles al concluir la reunión las puedo resumir en los siguiente términos:

Primero. Batista se prepara a una lucha a muerte bajo presiones de sus consejeros y generales de la cúpula, principalmente *Francisco Tabernilla (Pancho)* [60], Habanero, ex-alumno *de La Salle Institute* de New York y LSU; *Eulogio Cantillo Porras*, pinareño, primer

---

[57] En el ejército Cubano de 1958, un **Pelotón** consistía de 25 a 50 hombres al mando de un *Sargento*; una **Compañía** tenía de 80 a 220 hombres al mando de un *Capitán* o un *Comandante*; un **Batallón** contaba con 300 a 1,200 soldados bajo el mando de un *Teniente Coronel* o un *Coronel*; y un **Regimiento** o **Brigada** tenía entre 3,000 y 5,000 hombres con un *Coronel* o un *General de Brigada* al frente.

[58] La palabra **Langley** es un *metonimio* (conceptualmente el equivalente de *sinónimo*) de la CIA. Langley es una comunidad situada en el condado de Fairfax en el Estado de Virginia donde se encuentran las oficinas centrales de la CIA. Ha sido siempre, al igual que *Quántico*, el término que la TV usa para designar al CIA.

[59] El restaurante **La Zaragozana** había sido fundado en 1830 y era famoso por facilitar conversaciones íntimas en sus *"reservados,"* pequeños salones privados donde podían reunirse y almorzar o cenar varias personas que preferían no ser vistas juntas en público.

[60] **Tabernilla** tenía antecedentes penales por haber estado preso en La Habana bajo el delito de agresión violenta en 1916, cuando tenía 28 años.

expediente de la Escuela de Oficiales de Cuba en 1940 y Jefe de Aviación en el gobierno de Carlos Prío; *José Eleuterio Pedraza*, villaclareño, brazo derecho de Batista desde el 4 de Septiembre de 1933, ex-Jefe de la Policía Nacional y Gobernador de La Habana; *Alberto del Río Chaviano*, también Villareño, casado con una hermana de Tabernilla, conocido como "*el Chacal de Oriente*," nombrado por Batista al frente del *Cuartel Moncada* en 1953 y como tal, asesino de 10 asaltantes una vez terminado el combate; *Francisco Tabernilla Palmeiro (Silito)*, hijo de Tabernilla Dolz, Guanabacoense, secretario personal de Batista en Daytona, acompañante de Batista en el golpe del 10 de Marzo; *Pilar García y García*, nativo de San José de las Lajas, procesado en 1927 por delitos de prevaricación y desobediencia, conspirador del 10 de Marzo, nombrado por Batista Jefe del Regimiento No. *4, Placido*, del Cuartel Goicuría en Matanzas; *Luis Robaina Piedras*, Artemiseño, encausado en 1945 por delitos de encubrimiento, chofer del automóvil en que entró Batista en Columbia el 10 de Marzo, *"dueño"* de *Cemento Santa Teresa*, una empresa privilegiada por Batista con multimillonarios contratos; *Martín Díaz Tamayo*, Pinareño, tres veces encausado por el delito de represión y por el extravío de equipos militares, ascendido el 10 de Marzo a General de Brigada, acusado por crímenes cometidos el 26 de Julio en Oriente; *Roberto Fernández Miranda*, Habanero, hermano de Marta, la esposa de Batista, enviado de Cuba a las fiestas de Coronación de Isabel II en Londres, dueño de enormes tierras mal habidas en el *Reparto Barlovento* y varios de los casinos de juego en los hoteles y cabarets de La Habana; *José Manuel Rodríguez Hernández*, Villaclareño, Comodoro de la Marina de Guerra Cubana y propietario de extensas tierras en los alrededores de la finca *Kuquine* de Batista, dueño de la casa del *Reparto Siboney* donde fue torturado y muerto *José Dionisio San Román*, el pundonoroso militar que se alzó contra la dictadura de Batista en Cienfuegos el 12 de Septiembre de 1957; [61] *José Eduardo Rodríguez Calderón*, Santiaguero, que fue uno de los conspiradores

---

[61] Después de muerto **San Román**, su cadáver fue trasladado en un auto hasta el yate *"4 de Septiembre"* de la Marina de Guerra Cubana, atracado en las márgenes del río Almendares, y desde ese yate fue lanzado al mar su cadáver.

del golpe del 10 de Marzo de 1952, amigo íntimo de Batista, padrino de su cuarto hijo, autor intelectual de los asesinatos de Septiembre 5 de 1957 en Cienfuegos; [62] *Juan Rojas González*, Pinareño, acusado en 1945 en una causa jurídica por faltas en la custodia de presos, desde 1956 Jefe Militar de la fortaleza de La Cabaña, Director de Logística del ejército Cubano; *Pedro Rodríguez Ávila*, Matancero, sin grandes distinciones militares fue nombrado Jefe del Estado Mayor del Ejército en 1958. Al igual que su íntimo amigo *Rafael Salas Cañizares*, fue famoso porque constantemente portaba una ametralladora Thompson calibre 45.

Segundo. La conveniencia personal de Batista prevalece sobre su filosofía política, prueba de lo cual es que, a pesar de sus discursos decididamente anticomunistas, fue él quien estableció por primera vez relaciones diplomáticas y comerciales entre Cuba y la Unión Soviética en 1942 y el primer Presidente Cubano en incluir Comunistas en su gobierno.

Tercero. El Departamento de Estado carece de analistas competentes que entiendan la situación Cubana e ignora muchos de los reportes de la CIA. Es por eso que ha informado a la presidencia que Castro es *"un gánster que va a apoderarse de las industrias Americanas"* al mismo tiempo que reporta que *"no hemos tenido nunca mejor amigo que el Presidente Batista."*

Cuarto. El verdadero sentir político del Embajador Smith, aun desconocido en Washington, ha sido enviado varias veces al Departamento de Estado según transcrito *verbatim* por el personal de la CIA dentro de la Embajada Americana en La Habana.

> «*Batista es un dictador sin el apoyo de la mayoría del pueblo de Cuba, pero su gobierno ha sido amistoso hacia Estados Unidos y ha seguido una política económica generalmente sana que ha beneficiado a los inversionistas Estadounidenses. También ha sido un partidario leal de las políticas de Estados Unidos en los foros internacionales.*»

---

[62] El **5 de Septiembre de 1957**, se llevó a cabo un levantamiento popular bajo la dirección del oficial *José Dionisio San Román*, en la ciudad de Cienfuegos que comenzó por la toma de la Base Militar de Cayo Loco. La ciudad quedó en manos de los revolucionarios por espacio de 24 horas. Posteriormente el gobierno de Batista lanzó sobre la ciudad cientos de tropas que ametrallaron y bombardearon indiscriminadamente los barrios, y causaron decenas de muertos, heridos y mutilados entre la población.

Quinto. A pesar del apoyo político, económico y militar Estadounidense a Batista, los 20,000 soldados con que cuenta el ejército Cubano y la superioridad logística que han ofrecido los Estados Unidos desde 1953, Batista no ha podido ni podrá vencer, hoy, en el verano de 1958, a una guerrilla que escasamente cuenta con 300 hombres más o menos mal armados.[63]

Más de un Batallón se enfrentó al ejército rebelde y fue humillado. El 24 de Junio las tropas del Comandante *Ángel Sánchez Mosquera* fueron derrotadas y desbandadas. Durante el resto de Junio y el mes de Julio los rebeldes hicieron un buen papel en los llamados combates de *Merino*, *El Jigüe*, *Santo Domingo*, *Las Vegas de Jibacoa* y *Las Mercedes*.

---

[63] El fracaso de la **Ofensiva de Verano** en 1958 fue probablemente la acción decisiva que desanimó a Washington y elevó la moral del Ejército Rebelde en Cuba. El plan fue bautizado (Plan FF, fase final) y aprobado el 27 de Febrero de 1958. La misión principal fue la captura o muerte de los Castro y la total desintegración de las fuerzas rebeldes. El ejército Cubano dispuso que participaran 14 Batallones de Infantería, 7 Compañías independientes con tanques y artillería y el apoyo directo de la Fuerza Aérea del Ejército y la Marina de Guerra. El total de efectivos a participar, eran aproximándose 10,000 militares de carrera (no "*casquitos*," como se llamaba a los nuevos reclutas). El propósito del ejército era forzar a Castro y sus hombres hacia el oeste de Oriente, y allí, en una zona que se había designado como "*el triángulo Pilón–Niquero–Cabo Cruz*," aniquilarlos.

Al final, la **Ofensiva de Verano** no marchó como se esperaba. Después de la primera semana de ataques (25 de Mayo de 1958) tres de los Batallones del ejército Cubano habían quedado inmovilizados por emboscadas del ejército de Castro y solo un Batallón del gobierno había logrado tender una trampa a las fuerzas de Castro causándole más de 70 muertes, entre ellas varios líderes rebeldes como René Ramos Latour. Castro logró salir de la trampa de las tropas del gobierno iniciando negociaciones con el *General Cantillo* del ejército Cubano, que abrió el cerco de la emboscada y permitió huir a los castristas. Los oficiales jóvenes del ejército no concibieron ni perdonaron la forma en que Cantillo había no solo accedido a negociar sino a abrir el cerco, particularmente cuando por primera vez el ejército regular había peleado tan valientemente. Eso desmoralizó las tropas del gobierno, que de ahí en adelante lucieron débiles e inefectivas.

Castro, por supuesto, presentó a la prensa mundial la **Ofensiva de Verano** como...

«... *76 días de incesante batallar en la Sierra Maestra, cuando rechazamos y destruimos virtualmente a la flor y nata de las fuerzas de la Tiranía, ocasionándole uno de los mayores desastres que pueda haber sufrido un ejército moderno, adiestrado y equipado con todos los recursos bélicos, frente a fuerzas militares no profesionales circunscriptas a un territorio rodeado de tropas enemigas, sin aviación, sin artillería y sin vías regulares de abastecimiento de armas, parque y víveres.*»

Desafortunadamente para Cuba, no estuvo muy lejos de la verdad.

Un grupo de **Oficiales el Ejército Cubano** reunidos con Batista en el Polígono del *Campamento de Columbia* en 1958; **Marcelo Fernández (Zoilo)**, fundador y Coordinador Nacional del *Movimiento 26 de Julio*, asistente a la *Reunión de Mompié*; **Raúl Chibas**, ex-Director de la *Havana Military Academy*, Ortodoxo, fotografiado durante su visita a la Sierra Maestra; **Faustino Pérez**, médico revolucionario, pasajero del Granma, organizador de la lucha clandestina en las ciudades;

16

En Washington no sabían qué hacer ante el desastre Cubano. El desconcierto se extendía desde cosas importantes como el fracaso de la *Ofensiva de Verano* hasta cosas de relativa poca importancia como la repercusión pública que tendría en Cuba el incidente ocurrido en Caracas durante la visita del Vicepresidente Norteamericano Richard Nixon.

A penas unos meses después de haber sido derrocado el dictador *Marcos Pérez Jiménez*,[64] cuyos estrechos vínculos militares con los Estados Unidos eran similares a los que *Fulgencio Batista* tenía en Cuba, en cuanto el Vicepresidente Nixon se hizo ver en las calles de Caracas el día 13 de Mayo de 1958, una turba descargó su ira sobre él y la comitiva que lo acompañaba. La manifestación popular tomó un carácter tan violento que se llegó a temer por la integridad física de Nixon y sus acompañantes. Ante ese riesgo, el presidente Eisenhower ordenó que se preparara una operación militar de rescate y se mantuviera en alerta en la Base Naval de Guantánamo. Más de 1,000 Infantes de Marina tenían la misión, si fuera necesario, de extraer al Vicepresidente y a su comitiva de las calles de la ciudad de Caracas.

Naturalmente, la prensa mundial reportó el incidente de Nixon en Caracas. En un desliz inexplicable de ingenuidad, en el mismo día que estos reportajes ocupaban todos los periódicos del mundo, una nota hacía notar que el Departamento de Estado Americano

---

[64] Unos días antes de la caída de **Pérez Jiménez**, en la Ciudad Universitaria de Caracas se había celebrado la *X Conferencia Interamericana*. Al final de la Conferencia Pérez Jiménez fue condecorado por Estados Unidos con su máxima distinción y Eisenhower, en el pergamino que le otorgaba la condecoración, lo calificó como *"un gobernante ideal para América Latina."*

había aprobado la venta de diez aviones T-28 a Cuba, aclarando que se trataba de *"equipo de entrenamiento y no de combate."*

Unos días después la prensa reportaba sobre una reunión el 27 de Junio en el Departamento de Estado, con la asistencia del Secretario de Estado John Foster Dulles en la cual el Almirante *Arleigh Burke* del Departamento de Defensa, insistió en que ningún Departamento del gobierno Federal siguiera mencionando ni objetando el uso del personal y equipo brindado por el *Programa de Asistencia Militar* a Cuba ya que, *"apoyando militarmente al ejército Cubano, se estaba luchando contra elementos aliados al Comunismo."*

En esa reunión, *C. Allan Stewart*, en representación del Departamento de Estado, dio a conocer que en la tarde del día anterior, las fuerzas de Castro habían hecho prisioneros a 11 empleados técnicos Norteamericanos de la *Moa Bay Mining Company*, 24 marinos pertenecientes a la dotación de la *Base Naval de Guantánamo*, y a otros ciudadanos Norteamericanos y Canadienses, hasta hacer un total de 50 individuos. Stewart reveló que el secuestro fue organizado por el *Segundo Frente Oriental Frank País*, al mando del comandante Raúl Castro, para detener los bombardeos que la Fuerza Aérea Cubana llevaba a cabo contra la guerrilla con el apoyo logístico de las tropas Norteamericanas establecidas en la Base Naval de Guantánamo.[65]

Para incrementar la confusión, el Contralmirante *Robert B. Ellis*, desde la base Naval de Guantánamo, envió el 30 de Junio un mensaje al Almirante *Arleigh Burke*, respaldando una erróneamente interpretada *sugerencia* del Embajador Smith para que Guantánamo emitiera un *ultimátum* a Castro en el que se dejara claro que las fuerzas acantonadas allí...

> *«abandonarían su posición de neutralidad y se unirían a las fuerzas del Gobierno Cubano en acciones contra un enemigo común...»*

---

[65] Ingenuamente, el Departamento de Estado dio a la publicidad el 3 de Julio un parte de prensa que declaraba que los ataques con protectiles desde aviones habían sido causados por un *"error"* del Pentágono, que había enviado **cohetes activos** en lugar de los de entrenamiento que habían sido comprados por el gobierno de Batista.

Por recomendación del propio Allen Dulles y aprovechando la presencia en La Habana de uno de nuestros hombres destacados en la Sierra Maestra, me reuní con él en las oficinas de la CMBF en Mazón y San Miguel el 2 de Junio para grabar una entrevista y explorar detalles de la situación en la Sierra Maestra. La entrevista fue grabada profesionalmente en un *audiocassette* y quinientas copias fueron enviadas a cada uno de los Representantes y Senadores de los Estados Unidos y un buen número de sus ayudantes. Por el interés histórico que tiene, una transcripción íntegra se ofrece a continuación.

PRINCIPIO DE LA ENTREVISTA

Entrevistador: *aunque es evidente que no podemos revelar su nombre, me gustaría que hablara un poco sobre quién es usted.*

Respuesta: Estoy destacado como miembro de la CIA en la Sierra Maestra, donde formo parte de las fuerzas de Castro en la columna madre, la Número 1, conocida en la Sierra bajo el nombre de Columna José Martí, bajo el mando personal de Fidel Castro.

E: *¿Qué otras columnas hay en este momento?*

R: El 19 de Julio se desprendió de nuestra columna la llamada Columna No. 4, al mando de Ernesto Guevara, que partió hacia el este del Pico Turquino. No sé nada de las Columnas 2 y 3.

E: *¿En qué acciones se han visto envueltos ustedes los de la Columna No. 1?*

R: Hasta ahora en tiroteos sin importancia en lugares poco conocidos como Estrada Palma, Bueycito, Palma Mocha, El Hombrito, Pino del Agua en dos ocasiones, Mar Verde, Alto de Conrado, El Salto, Gabiro, Mota y Chapala.

E: *¿Estaba usted familiarizado con la Sierra antes de unirse a las ropas de Castro?*

R: Yo había estado en el Turquino en 1955 en una excursión organizada por mi Colegio, los Escolapios de la Víbora, para colocar una imagen de la Virgen de la Caridad del Cobre en el punto más alto de Cuba. La Sierra en esa época tenía fama de ser un gran refugio para bandidos y criminales.

E: *¿Cuántos participaron en esa excursión y quien los ayudó a subir al Pico Turquino?*

R: Éramos cinco estudiantes, dos profesores del Colegio, uno de ellos Presidente de la Sociedad Espeleológica de Cuba, y en la montaña se nos unieron un guía y tres vecinos que cargaron agua, cemento, la placa conmemorativa y la imagen de la Virgen del Cobre.

E: *¿Cómo consiguieron al guía y cuál era su nombre?*

R: El guía era un guajiro de la zona, muy experto en todos los trechos por donde se podía subir al Pico, de nombre Crescencio Pérez.

E: *¿El mismo Crescencio Pérez que es ahora uno de los líderes rebeldes?*

R: El mismo.

E: *¿Qué sabes de él? Hubo una declaración reciente de Faustino Pérez, el ex-líder de la resistencia en La Habana, en la que señaló que sin la ayuda de ese hombre, un viejo de unos sesenta años, ninguno de los que desembarcaron en Diciembre de 1956 en la playa de Las Coloradas hubiera sobrevivido al hambre.*

R: Aparentemente Crescencio había sido un luchador contra la Guardia Rural durante el Machadato y era querido por unos y temido por otros. Fue Celia Sánchez la que se lo presentó a Fidel. El padre de Celia, Manuel Sánchez Silveira era algún tipo de socio de Crescencio. No sé cómo nosotros lo conocimos.

E: *¿No has oído nada de negocios sucios ligados a Crescencio?*

R: Todo el mundo sabía en la Sierra que Crescencio era dueño del monopolio de producción y venta de marihuana en Oriente. Se decía que había tenido 80 hijos ilegítimos y que bajo su mando había un grupo de casi 100 campesinos, todos prófugos de la justicia. Dos de sus hijos, Sergio e Ignacio, estuvieron por varias semanas buscando sobrevivientes del desembarco de Castro.

E: *Camilo siempre dijo que eran ocho, Ameijeiras decía que habían sido nueve y Ernesto Guevara que eran diecisiete, aunque luego redujo el número a quince. Pero Fidel y Raúl Castro aseguraron que eran doce. ¿Por qué crees que había esa disparidad?*

R: Los hermanos Castro querían que fueran doce en alusión a los apóstoles de Cristo o a los hombres de Carlos Manuel de Céspedes en el grito de Yara.

E: *¿Es cierto que Crescencio le suministró parte de sus hombres a Castro?*

R: Crescencio le propuso a Fidel poner a sus campesinos bajo sus órdenes, pero Castro sólo aceptó a unos veinte, alegando que no todos estaban armados. A propósito, la leyenda que numerosos campesinos se habían sumado a la guerrilla nunca aclaró que eran los bandidos de Crescencio. Tampoco se menciona que Fidel le dio a Crescencio el grado de Comandante y Fundador de la Revolución Cubana.

E: *Hoy no se habla nada de Crescencio. ¿Por qué?*

R: Castro ordenó silenciar todo lo referente a Crescencio cuando supo que había records de su bandidaje en las Cortes de Santiago.

E: *De los hombres que Crescencio le dio a Castro tampoco se habla nada.*[66]

R: Varios pelearon en Alegría del Pio y, según Guevara "habían huido como conejos porque les faltaba un espíritu forjado en la lucha, una conciencia ideológica clara." Lo cierto es que en la Sierra todos los considerábamos como una caterva de cobardes. Uno de ellos, Eutimio Guerra, poco después fue fusilado como traidor.

E: *Cuéntame ¿qué sabes de los fusilamientos en la Sierra decretados por Fidel, Raúl y el Ché Guevara?*

R: Yo creo que en la Sierra, hasta ahora, ha habido casi más muertos por fusilamientos, que hombres que han sido bajas debido a acciones militares.[67]

E: *¿Por qué se fusilaba en la Sierra?*

R: Muchos fusilados eran acusados, con razón o no, de desertores, informantes o cobardes También se aplicaba la pena capital por asesinato, robo o violación. Hubo por ejemplo el caso del "chino" Chang, que asesinó a varios campesinos, el fusilamiento de Dionisio y Juan Lebrigio, ladrones de víveres y reses, el "bizco" Echevarría, que hacía robos a mano armada en territorio rebelde, y el guajiro Arístidio, ejecutado por haber vendido su revólver y amenazar -sólo amenazar- con hacer contacto con el ejército "en momentos en que el enemigo arrecia su acometividad y no se puede permitir ni el asomo de una traición."

E: *¿Es cierto que para estimular a que pelearan más enérgicamente se amenazaba de fusilamiento a las tropas?*

R: Al Ché Guevara le gustaban las "ejecuciones simbólicas." Tres muchachos que participaron en las tropelías del chino Chang, por ejemplo, fueron vendados y sujetos al rigor de un simulacro de fusilamiento. Pero entre todos los fusilamientos de la Sierra, tal vez el más sangriento y cruel fue el de un campesino apodado "el maestro." A este guajiro lo fusilaron por hacerse pasar como asaltante del Moncada y tripulante del Granma, con el fin de seducir guajiritas del área. "¿Quieren cosa más grande,? decía Fidel. Fue directo al paredón, no se le hizo juicio. Lo fusilamos."

---

[66] **Crescencio Pérez** vivió por muchos años, sin funciones oficiales de ningún tipo, en una de las mansiones confiscadas del reparto *El Vedado* en La Habana. Murió como Comandante en 1986, sin que se viera en ningún tribunal penal de Cuba la acusación de asesinato que tenía pendiente desde antes del desembarco de los rebeldes en Playa Colorada.

[67] Esa apreciación no es cierta. De Diciembre de 1956 hasta Junio de 1958, habían muerto **409 rebeldes en acciones militares** y Castro había fusilado **49** de sus rebeldes por diversas causas.

E: *¿Qué se dijo en la Sierra Maestra sobre el fusilamiento de Eutímio Guerra?* [68]

R: Sus compañeros pensaron que la mejor respuesta a esa pregunta fue la frase de Guevara: *"Estoy en la manigua Cubana, vivo y sediento de sangre."*

E: *¿Fue esa la única vez que Guevara mostró una crueldad excesiva?*

R: No, más tarde mató a Aristidio, un campesino que expresó el deseo de abandonar la causa cuando los rebeldes siguieron avanzando. Cuando alguien le preguntó a Guevara si esta víctima "era de verdad suficientemente culpable como para merecer la muerte", Guevara contestó con un enfático Sí. Pocos días después no tuvo reparos para ordenar la muerte de Echavarría, hermano de uno de sus camaradas, a causa de "... crímenes no especificados por los cuales tenía que pagar un precio." En muchas ocasiones simulaba ejecuciones sin llevarlas a cabo, como método de tortura psicológica. Jaime Costa Vázquez, un ex comandante del ejército revolucionario conocido como "el Catalán," siempre sostuvo que muchas de las ejecuciones atribuidas a Ramiro Valdés, quien más tarde se convertiría en ministro del Interior de Cuba, fueron responsabilidad directa de Guevara, porque Valdés estaba bajo sus órdenes en la Sierra. Las instrucciones del Ché eran: "Ante la duda, mátalo." [69]

E: *¿Conociste en la Sierra a un sujeto llamado Sergio González López?*

R: Si, a ese lo llamábamos *"el curita."* Llegó a la Sierra huyendo de La Habana, donde tenía fama de ser el más renombrado terrorista de la capital. Se cuenta que el 8 de Noviembre de 1957, colocó cien bombas que hicieron explosión por toda ciudad. Era el Jefe de Acción y Sabotaje del *M-26-7* en La Habana. El relato dice que llamó

---

[68] **Eutímio Guerra**, era un guía del ejército campesino que admitió, cuando fue descubierto, que había aceptado la promesa de diez mil pesos si revelaba, para facilitar un ataque de la fuerza aérea Cubana, la posición del grupo rebelde. Mientas se consideraba como castigar a Eutímio, sorpresivamente Guevara dio un paso adelante y le disparó en la cabeza, comentando... *"la situación no era cómoda ni para mí ni para Eutímio, así que terminé el problema matándolo con un tiro de mi pistola calibre .32 en el lado derecho del cerebro, con orificio de salida en el lóbulo temporal derecho. Sus pertenencias pasaron a mi poder.»*

[69] Es conocido que **Ernesto Guevara**, en camino hacia La Habana a principios de Enero de 1959, ordenó la ejecución de 22 personas en Santa Clara, adonde había llegado su columna como parte del ataque final sobre la isla. Varios de ellos fueron fusilados en la terraza de un hotel en el Parque Leoncio Vidal, tal como ha escrito Marcelo Fernández Sayas, otro ex-revolucionario que se hizo periodista, y quien agregó que entre los ejecutados ese día había campesinos no muy encantados con la revolución que se habían unido al ejército sólo para escapar al desempleo. La *"fría máquina de matar,"* como Guevara se describía a sí mismo, no manifestó todo el alcance de su rigor hasta que, inmediatamente después de la caída del régimen de Batista, Castro lo puso a cargo de la cárcel de La Cabaña.

por teléfono al jefe de la Policía, y le dijo:

"Cobarde, prepara el oído esta noche... vamos a estallar 100 bombas en tus propias narices." El 18 de Marzo lo detuvieron y al día siguiente apareció muerto, torturado y baleado en el reparto *Alta Habana*. [70]

E: *¿Hubo alguna reacción en la Sierra a esos abusos?*

R: El Ché llevó a cabo tantas ejecuciones en la Sierra Maestra que llegaron a indignar a las tropas rebeldes por la injusticia en que las realizaba. Varias fuentes le atribuyen el asesinato de al menos una docena de hombres en la Sierra, en la gran mayoría de los casos sin pruebas incriminatorias, resaltando la personalidad cruel y despótica de alguien que consideraba amigos sólo a quienes pensaban como él. Mientras los fusilamientos se multiplicaban, los hombres a su mando sabían que el Ché, pesar de haber sido designado por Castro como jefe de una de las columnas guerrilleras, era en realidad un militar inexperto e inútil a nivel táctico. Sus ex compañeros aseguraban que no estaba capacitado militarmente; eso lo había confesado él mismo, reconociendo que de acciones militares sabía poco o nada, que no tenía la menor idea de cómo desplegar una estrategia de posicionamiento táctico de tropas, ni cómo armar una trinchera y túneles, ni mucho menos determinar por dónde debían desplazarse los tanques. Su rol en la Sierra era de ejecutor de gente.

E: *Volvamos a Eutímio Guerra. Cuéntame brevemente lo que pasó.*

R: Según se cuenta en la Sierra, Eutímio era sospechoso de estar en tratos con alguien del ejército de Batista. Fidel decidió confrontarlo el mismo día que Herbert Mathews había estado en la Sierra por primera vez. Tan pronto como terminó la entrevista con Mathews, Almeida recibió la orden de encontrar a Eutímio y tomarlo prisionero. Julito Díaz, Ciro Frías, Camilo Cienfuegos y Efigenio Ameijeiras se unieron a la patrulla. Fue Ciro Frías quien encontró a Eutímio, y lo trajo en presencia de Fidel. Se le encontró una pistola .45, tres granadas y un pase firmado por *Joaquín Casillas Lumpuy*, un jefe Batistiano originalmente de Colón, Matanzas. Una vez capturado con esta evidencia incriminatoria, no se podía dudar de su destino. Eutímio cayó de rodillas ante Fidel y simplemente le pidió que lo matáramos. Dijo que sabía que merecía morir. Parecía haber envejecido; había muchos canas en su sien que nunca antes nadie había notado.

---

[70] **El Curita** también participó en el incendio de la refinería de la *Esso Standard Oil Company* en Vento, La Habana, la voladura de los cables de la *Estación de Ferrocarril de Bejucal* , el ataque armado a la *Estación de Ómnibus Nacionales* en la Avenida de Rancho Boyeros y la explosión del *Acueducto de Albear* en el canal de Vento en Palatino. La revolución premió todas esas hazañas dándole su nombre a la antigua Plaza del Vapor de La Habana.

El momento fue extraordinariamente tenso. Fidel lo reprendió con dureza por su traición, y Eutímio solo insistía en ser fusilado, reconociendo su culpa. Nadie, excepto *Ciro Frías*, un amigo cercano de Eutímio, se atrevió a hablar. Le recordó a Eutímio todo lo que los Castro habían hecho por él, los pequeños favores que él (Ciro) y su hermano habían hecho por la familia de Eutímio, y cómo Eutímio los había traicionado, primero al causar la muerte del hermano de Ciro, a quien Eutímio había entregado al ejército y que había sido asesinado por ellos, y luego tratando de destruir a todo el ejército rebelde. Fue una diatriba larga y emotiva, que Eutímio escuchó en silencio, con la cabeza baja. Le preguntaron si quería algo y respondió que sí, sólo que la revolución, o mejor dicho, Castro en persona, cuidara a sus hijos. Fue entonces que Guevara extendió su brazo y le dio muerte. Fue entonces que el grupo se dispersó sin hacer ni juicios ni comentarios.

E: *¿Conociste alguna vez un desacuerdo serio entre Fidel y Raúl Castro?*

R: Solamente una vez. Castro era el campeón, Raúl un pelagatos en la opinión de todos. Pero una vez en Mayo de 1958, los gritos de Fidel Castro resonaban en el campamento rebelde de la Sierra Maestra: "¡En cuanto llegue lo fusilo! ¡Me importa un carajo que sea mi hermano! ¡Lo fusilo!", decía Fidel refiriéndose a Raúl, su hermano menor. Al parecer, Raúl Castro y el 'Ché' intercambiaban por aquellos días una prolífica correspondencia sobre teoría Marxista, al grado que una de las cartas cayó en manos del Ejército de Batista, que posteriormente la utilizó como prueba de que los revolucionarios planeaban imponer un régimen Comunista en la isla. Luego de una tremenda discusión, Fidel convenció a Raúl a cortar por lo sano el intercambio de cartas con el 'Ché', que remató con una frase contundente con la que quiso olvidar a los presente de sus verdaderos sentimientos comunistas: *"¡Odio tanto el imperialismo Yanqui como el Soviético! ¡No estoy rompiéndome el culo luchando contra una dictadura para caer en otra."* Quedó a cargo de Celia Sánchez calmar a Fidel y hacerlo cambiar de parecer.

E: *¿Qué se comentaba en la Sierra sobre la calidad del Ché como Médico? Se oye frecuentemente que nunca atendió a nadie en la Sierra.*

R: Es bien conocido en la Sierra que, viendo las exigencias de los planes de estudios de la Universidad de Buenos Aires y contrastándolas con los paseos en motocicleta, las reuniones clandestinas con revolucionarios y las múltiples reuniones íntimas de las que él alardeaba, no era posible que Guevara hubiera podido terminar sus estudios y recibir el título de Médico. Hubiera sido una flagrante violación de las regulaciones de la Facultad de Medicina Bonaerense; ese otorgamiento no pudo haber ocurrido en las fechas que el señalaba y que en varias ocasiones confundía o trastocaba.[71]

E: *¿Cómo pasaba el día Fidel Castro en la Sierra Maestra?*

R: El Comandante en Jefe pasaba sus días dormitando, leyendo o comiendo. Su tienda de campaña, lujo que no compartían sus seguidores durmiendo a cielo abierto, siempre estaba montada de antemano previo a su llegada a cualquier zona que nos dirigiéramos. Fidel no conversaba con la tropa, solamente con los jefes. Nunca participó en ninguna clase de adiestramiento de sus fuerzas. Muy pocas veces esgrimió un arma, a pesar de tener a su mano las más modernas del ejército rebelde.[72] Algunos de sus colaboradores más cercanos le indicaron que estaba engordando y necesitaba hacer ejercicios, pero nunca los hizo con gusto ni regularidad. Jugaba sus cartas en solitario y mantenía un tablero de ajedrez que sólo lo sacaba y disponía las fichas cuando recibía una visita, como las de Herbert Mathews del *New York Times* o Enrique Meneses del *Paris Match*. Raramente fusiló personalmente a nadie, como lo hacían el Ché frecuentemente y Raúl ocasionalmente. Sin embargo, fue él el autor de la frase "*...en la duda no hace falta más nada, hay que fusilar,*" que erróneamente se le ha atribuido al Ché.

FIN DE LA ENTREVISTA

A pesar de toda esa incertidumbre, el Presidente Batista se sentía confiado en que las cosas en Cuba se arreglarían. En varias ocasiones invitaba a periodistas a visitarle en su finca de *Kuquine* y pasar allí un fin de semana. Una limousine del gobierno los iba a buscar a La Habana y los llevaba de vuelta cuando ellos lo pidieran. Toda la prensa Americana destacada en Cuba recibió esas cortesías, el *New York Times*, el *Washington Post*, el *Miami Herald*, el *Chicago Sun Times* y muchos más. Sobre esas visitas y sus resultados hablaremos con más detalles en unos momentos.

---

[71] La Facultad de Medicina jamás ha podido presentar copia de las notas o el título de Médico de **Ernesto Guevara de la Serna**; el expediente académico fue aparentemente *"robado"* de los archivos. Luce poco comprensible que el expediente académico de un estudiante tan trascendental haya desaparecido.

[72] En el ataque al **Cuartel Moncada**, una vez hecho prisionero, Fidel Castro se negó a que le hicieran una prueba de parafina que podría confirmar que había disparado la ametralladora que portaba al comenzar el ataque. Aparentemente su rol fue simplemente de organizador y observador. Su hermano Raúl accedió a la prueba de parafina, la cual resultó negativa, demostrando que no había disparado ningún arma.

Cinco fotos de **fusilamientos en la Sierra Maestra**, que muestran la participación asesina de **Fidel Castro, Raúl Castro, Ernesto Ché Guevara y Juan Almeida**, los cuatro más altos líderes de la revolución. **Para más detalles y datos sobre estos crueles e inhumanos hechos,** ver el <u>Apéndice A</u> de este libro.

17

En Junio de 1958, el asesor soviético *Nikolai Leonov*[73] aconsejó a Raúl Castro, Jefe del frente rebelde recién establecido en la Sierra Cristal, que podía anotarse un gran tanto en la política internacional y darse a conocer mundialmente si secuestraba un buen número de militares y civiles Estadounidenses que trabajan en Cuba. El propósito era lograr expulsar a Estados Unidos de Cuba tras una consiguiente negociación. El 22 de Junio, Raúl Castro emitió la Orden Militar # 30 que ordenaba el secuestro de ciudadanos Estadounidenses y Canadienses.

El Embajador Smith y su equipo determinaron que los inesperados secuestros tenían como objetivos...

> «... obtener publicidad en todo el mundo, recuperar el prestigio que el M-26-7 había perdido por el fracaso total del paro general de Abril 9, forzar a la Fuerza Aérea de Batista a detener el bombardeo del territorio rebelde para evitar lesiones o muerte de los rehenes y, finalmente, obtener reconocimiento público en los EEUU, por lo menos por parte de los izquierdistas.»

Inteligentemente, Castro dio órdenes el 30 de Junio de hacer un alto al fuego para permitir llevar a cabo negociaciones con el presidente Batista, ocasión que también le sirvió para reagrupar sus tropas y recibir armas que Carlos Prío tenía listas en un aeropuerto del sur de la Florida.

Muchos estudiosos de la historia de Cuba piensan que el secuestro fue un plan magistral. En Marzo de 1958, el II Frente Oriental comandado por Raúl Castro se había establecido en una zona montañosa, más o menos poblada, con terrenos de cultivo y centrales

---

[73] **Nicolai Sergueyevich Leonov** era un ejecutivo de la KGB Rusa, experto en asuntos Latinoamericanos que había conocido a Raúl Castro en México. Hablaba Español perfectamente y sin acento. Por muchos años acompañó a Anastas Mikoyan como su principal traductor e intérprete al Español. Algunos observadores de la situación Cubana piensan, sin embargo, que fue Manuel Piñeiro *(Barbarroja)*, el que le dio la idea de los secuestros a Raúl Castro.

azucareros, que con la llegada de los guerrilleros comenzó a ser bombardeada, provocando el descontento de la población civil que, con los alzados entre ellos, sintió los efectos de la guerra.

Como las bombas eran Americanas y los aviones eran abastecidos por los Americanos en la base naval de Guantánamo, según contara Barbarroja, jefe de Inteligencia de ese II Frente, Raúl Castro dio órdenes de que, a partir del 27 de Junio de 1958, serían *"detenidos"* todos los ciudadanos Estadounidenses que se encontraran en los lugares designados en un anexo que se mantuvo secreto. Las órdenes incluían llevarlos a un lugar, también secreto, en la zona *"controlada"* por el II Frente. Para fines de Junio, 50 Norteamericanos; de los cuales alrededor de 20 eran civiles, empleados y ejecutivos de la planta de extracción de níquel de la *Moa Bay Mining Company*, propiedad Estadounidense, y 30 eran Marinos e Infantes de Marina que estaban basados en la base de Guantánamo. Entre los rehenes se encontraban *Sherman Avery White* y *J. Andrew Poll*, Administrador General y Jefe de Operaciones de la *Nickel Prospecting Company,* una subsidiaria de la *Moa.* Una gran alarma cundió, por supuesto, en la Embajada de Estados Unidos en La Habana, y, sobre todo, en Washington.

Fidel Castro desaprobó airadamente los secuestros, según supimos en la CIA. Según nos informó uno de los agentes de la CIA destacado en el grupo de Fidel, éste le envió un mensaje a Raúl diciéndole...

«¿Qué carajos estás haciendo? Eres el más grande comemierda de este ejército. ¿A quién con un grano de arena por cerebro se le puede haber ocurrido esta mierda?...»

El 3 de Julio de 1958, por órdenes del jefe máximo, el Embajador de Estados Unidos en La Habana y Park Wollam, Vicecónsul Americano radicado en Santiago de Cuba, negociaron por onda corta con Raúl Castro para devolver inmediatamente a cuatro Estadounidenses y un Canadiense que estaban enfermos. Dos días después, un hombre de Fidel entró en la zona adonde estaba Raúl Castro. Traía un ejemplar del *New York Times*, donde se reportaban las órdenes de Fidel Castro para que los ciudadanos Estadounidenses fueran liberados inmediatamente. Desde Washington, John Foster Dulles hacía declaraciones:

«*Los Estados Unidos jamás pagarán ningún rescate que represente ceder ante un chantaje o coerción de unos bandidos en el exterior. Utilizaremos todos los medios apropiados y necesarios para obtener la devolución de los rehenes Norteamericanos que se encuentran en Cuba.*» [74]

Los Americanos y los Canadienses fueron finalmente liberados por los Castro sin intervención militar Americana y la *Moa Bay Mining Company* no solo continuó sus operaciones sino estimuló a sus empleados a traer sus familiares a vivir en las relativamente cómodas instalaciones que la empresa comenzó a construir cerca del pueblo de Nicaro.

Terminada la huelga y el caso de los rehenes, Cuba brevemente pareció volver a la normalidad en Julio de 1958. Los esfuerzos represivos de Batista continuaron, pero sin incrementarse. El Presidente Eisenhower seguía ajeno a las informaciones diarias sobre Cuba y no sabía del anti-Americanismo que crecía por el apoyo aparente del Embajador Smith al gobierno Cubano. Smith seguía abogando por la reanudación de embarques de armamentos a Cuba, a pesar de las críticas que eso ocasionaba en la prensa y la opinión pública, tanto en los Estados Unidos como en la América Hispana.[75] En Cuba, los ataques terroristas disminuyeron. Los partidos políticos parecían entusiasmarse para las elecciones que Batista había señalado para Noviembre. La CTC organizó su *rally anual* del 1º de Mayo "*que se llevó a cabo con orden y entusiasmo,*" de acuerdo a los comentarios de Smith a Foster Dulles. El ejército Cubano comenzó a recibir equipo de guerra comprado en Londres. Batista ofreció amnistía condicional a cualquier rebelde que no

---

[74] En ese momento se encontraban **secuestrados** cuatro Americanos en la *China Comunista*, nueve en *Alemania del Este*, nueve en la *Unión Soviética*, la famosa periodista *Ingrid Betancourt* y tres periodistas Norteamericanos en *Colombia* y casi 50 rehenes en *Cuba*.

[75] El ex-Presidente de Costa Rica, **José Figueres**, se refirió en una ocasión a los eventos en Caracas durante la visita de Nixon diciendo: "*Hay un gran sentir anti-Americano en el continente. La gente escupió a Nixon por que no sabían cómo escupir la política exterior de los Estados Unidos.*" Una de las medidas de cómo el Pentágono no estaba de acuerdo con la Casa Blanca en la política de apoyar gobiernos militaristas y déspotas en la América Latina fue el nombre despectivo que le dieron a la operación que estaba lista a rescatar a Nixon en Caracas: "*Operation Poor Richard.*"

hubiera cometido crímenes y se presentara con su armamento. *Otto Meruelo Baldarraín*, el *alabardero* preferido por Batista,[76] desde su casa en Miramar pero en cadena con la CMQ, comentó casualmente que cientos de insurrectos se estaban acogiendo a la amnistía ofrecida por Batista. El Embajador Smith aumentaba su confianza en que Batista iba a llevar a cabo elecciones libres. Castro pedía insistentemente a los del *M-26-7* de las ciudades *"armas y más armas para el momento definitivo..."* En la Sierra Maestra comenzaron a aparecer cientos de kilómetros de cables telefónicos adquiridos por los rebeldes en Canadá; las fuerzas del gobierno los cortaban constantemente. Batista tenía colocados en la Sierra 14 Batallones con casi 10,000 hombres bien armados. Los reportes que recibíamos en la CIA era que, a pesar del gusto que les daba portar armas intensas y heroicas, no tenían entusiasmo para pelear.

Desde los Consulados Americanos en Santiago de Cuba y Manzanillo, la CIA era la fuente principal de noticias sobre los rebeldes, ya que los periodistas dispuestos a subir a la montaña habían casi desaparecido. Jules Dubois, de la *Sociedad Interamericana de Prensa (SIP)*, el *Chicago Tribune* y el *Herald Tribune* de New York, era uno de los pocos. Otros, como *Robert Taber, Wendell Hoffman, Andrew St. George* and *Herbert Mathews*, por supuesto, dejaron de ser visitantes frecuentes una vez habían conocido a Castro y compartido una breve fama en el mundo político.[77]

A falta de armas provenientes del gobierno Americano, Castro desarrolló grupos clandestinos en los Estados Unidos que recogían

---

[76] **Alabardero** era un término utilizado frecuentemente en Cuba para designar a un sujeto a quien se le pagaba para enaltecer o exaltar a alguien. También una persona encargada de aplaudir en un espectáculo a cambio de dinero, favores o entrada gratis. Originalmente un *alabardero* era un soldado que llevaba *albarda* (en Inglés *harberd*, un asta de madera de seis pies de longitud con una punta de lanza en la parte superior) y formaba parte de la guardia de honor del Rey de España.

[77] Casi todos esos y otros **periodistas** se deslumbraban ante la figura de Castro, que en el fondo era el principal actor de una rara fantasía aventurera que les permitía sentirse homéricos por unos cuantos días.

Fotos de **los secuestros** de un ciudadano Canadiense y 50 Estadounidenses, entre ellos 30 Infantes de Marina destacados en la base naval de Guantánamo, a manos de fuerzas del II Frente Oriental al mando del entonces comandante Raúl Castro. No se sabe a quién se le ocurrió hacerlo; algunos mantienen que Fidel Castro calificó el plan como *"una estupidez continental."* Ocurrió en una zona montañosa, pero relativamente poblada, con terrenos de cultivo y centrales azucareros, que con la llegada de los guerrilleros comenzó a ser bombardeada, provocando el descontento de la población civil. Raúl Castro liberó los rehenes cuando dos diplomáticos Americanos entraron en la zona de guerra llevando un ejemplar de *The New York Times*, donde se reportaban las órdenes de Fidel Castro para que los ciudadanos Estadounidenses fueran liberados. A la izquierda se muestra el **reportaje en LIFE**, y a la derecha **la reunión para hacer las negociaciones**, en la cuales participaron *Vilma Espín (Deborah)*, Delegada de la Dirección Nacional del *"26 de Julio"*, Raúl Castro (de pie), el Comandante *Belarmino Castilla*, el Capitán *Augusto Martínez Sánchez* y el abogado *Lucas Morán Arce* y, por la parte norteamericana, el *Cónsul Park Wollam* (a espaldas de la cámara) y el *Vicecónsul Robert Wiecha*.

fondos, adquirían armas y las enviaban a Cuba vía México o Centro América.

El 26 de Mayo un grupo de detectives de la DEA, en busca de traficantes de narcóticos, allanó un apartamento en el lado oeste de la ciudad de New York. Para sorpresa de ellos, además de narcóticos encontraron ametralladoras, pistolas, rifles M-1 Garand y numerosas otras armas que ya habían sido desarmadas para enviarlas en cajones aparentemente inofensivos a México. Dos Cubanos fueron apresados y sometidos a juicio.

En Lynwood, California, agentes del Departamento del Tesoro de los Estados Unidos ocuparon el 14 de Junio lo que uno de los oficiales del Departamento calificó como *"el mayor arsenal ilícito confiscado desde antes de los tiempos de John Dillinger."*

Nuestros agentes encubiertos en la Sierra, reportaron que el 8 de Junio de 1958, un avión Cesna, al mando de un civil llamado Pedro Díaz Lanz, [78] que era un piloto de *Aerovías Q*, propiedad personal del Presidente Batista, había aterrizado en una pista clandestina en la Sierra Maestra con un cargamento de fusibles eléctricos para detonación de minas, más de 50 carabinas Italianas adquiridas en Canadá y cerca de 25,000 balas para fusiles Springfield M1903A1, que eran los preferidos de los rebeldes y por el ejército de Batista. A cargo de este cargamento estaba Carlos Franqui, editor del periódico clandestino *Revolución* en La Habana y futuro responsable de *Radio Rebelde*, la emisora AM que trasmitió a toda Cuba desde la Sierra.

Comenzó en ese mes de Julio lo que serían las últimas oportunidades del ejército nacional de acabar con Castro. Las fuerzas de Batista, poco entrenadas y compuestas principalmente de soldados jóvenes e inexpertos, avanzaron furiosamente contra los rebeldes. Estos se intrincaron cada vez más adentro de la selva, pero antes de hacerlo acosaban a las tropas enemigas con francotiradores, emboscadas y explosiones de granadas a larga distancia. Los soldados

---

[78] **Pedro Díaz Lanz** fue posteriormente Jefe de la Fuerza Aérea Revolucionaria y Piloto personal de Castro. Defraudado con el tono Marxista-Comunista de la Revolución, en Junio de 1959 se exilió en los Estados Unidos.

de Batista en muchas ocasiones se dispersaban perdidos en la selva y dejaban las armas pesadas detrás. Muchas de las armas del ejército regular en esos meses eran carabinas San Cristóbal, calibre .30, de fabricación manual en República Dominicana.[79]

Por otra parte, Batista había logrado algunos éxitos económicos y políticos en Cuba. La industria de la construcción estaba en su más fuerte apogeo del siglo XX; La *Telefónica Cubana* había decidido invertir fuertes sumas en modernizar los equipos y plantas. Igualmente ocurría con la industria de electricidad. *General Electric* estaba invirtiendo millones de dólares en una fábrica de equipo telefónico. La *US Rubber* inauguró en el 1958 una planta de considerable inversión cerca de La Habana. Robert Klebers, magnate del *King Ranch* había comenzado frenéticamente a adquirir tierras en Las Villas y Camagüey. Las cosechas de azúcar, a propósito, resultaron ser en esos meses las mejores en muchos años.

En medio de la crisis de los rehenes, la nueva ofensiva del ejército nacional y los suministros clandestinos de armas a Castro, un grupo de Cubanos anti-Batistianos se reunieron el 20 de Julio en Caracas para formar el *Frente Cívico Revolucionario*. Según informó la CIA en La Habana, Castro le había dictado a Manuel Antonio de Varona las bases y principios del Frente en una larga conversación por radio. El Frente integraba ocho grupos distintos de contrarios al régimen de Batista e incluía al *Directorio*, los *Auténticos*, la *Resistencia Cívica* y el Grupo *Montecristi* de Márquez Sterling; no así el *Partido Socialista Popular (PDP)*, los Comunistas. El 20 de Julio también fue el primer día en que había rumores que decían que el juez Manuel Urrutia había sido escogido como futuro Presidente interino a la hora de reemplazar a Batista.

---

[79] Las **carabinas San Cristóbal** habían sido diseñadas por un ingeniero húngaro de apellido Kirâli que llegó expatriado a la República Dominicana. El nombre lo adquirió en honor del lugar de nacimiento del Dictador Rafael Leónidas Trujillo. Las *San Cristóbal* eran de calibre 9 milímetros aunque las que compró Batista eran de calibre 7.62 milímetros. Aparte del ejército Dominicano, los únicos compradores de las San Cristóbal fueron los dictadores Gustavo Rojas Pinillas en Colombia y Fulgencio Batista en Cuba. La carabina era un arma potente, que muchos comparaban favorablemente con la M1 Americana.

Por primera vez las disímiles opiniones en los Estados Unidos sobre cómo lidiar con Castro alcanzaron los oídos del público. El Embajador Smith renovaba su apoyo a la continuación del suministro de armas al gobierno de Batista. *C. Allan Stewart*, Director Asociado de la *Oficina de Asuntos Latinoamericanos del Departamento de Estado*, declaró en una charla en el *Colegio de Abogados de La Habana* que las tropas rebeldes *«estaban creciendo y siendo cada vez más populares porque el pueblo estaba firmemente contra Batista y los EEUU no debían seguir apoyándolo.»* El Pentágono coincidía en sus preferencias con el Embajador Smith. A los hombres de negocios de Cuba les daba igual cualquier cosa excepto no perder la protección de los Americanos.

Esas diversidades de pensamiento también comenzaban a observarse entre los grupos que se oponían a Batista. El grupo del *Frente Cívico Revolucionario* tácitamente aceptaba el liderazgo de Castro como la primera figura en la lucha contra el Dictador. Prío, sin embargo, resentía ser marginado a pesar de haber sido Presidente y haber financiado la resistencia. Una de las publicaciones de la *Resistencia Cívica* se quejaba abiertamente de que había un exceso de confianza y pleitesía a Castro y que las fuerzas de oposición en Cuba *"habían creado un Frankenstein que no iba a ser posible controlar."* Tan confusos y despistados estaban los Cubanos como los Americanos. Cuba, como país independiente, estaba a punto de desaparecer, varando a ciegas por un mar de desórdenes, anarquía y desconciertos, sin sentido claro de su futuro, y los Cubanos no se daban cuenta.

El 13 de Julio el Embajador Smith envió al Departamento de Estado su informe sobre las entrevistas con Batista de unos días antes. El gobierno Cubano no se olvidaba de la suspensión de entregas de los aviones T-28. En una entrevista con Güell, el Ministro de Estado Cubano, éste se lo volvió a recordar. Smith, indeciso y equívoco con lo que era su papel como Embajador de los Estados Unidos, comenzó de nuevo a hacer gestiones en Washington para restablecer de una vez por todas las entregas de armamento pesado a la Dictadura. Para él, lo de Cuba parecía tener una sola solución.

Otto Meruelo, comentarista de la TV que con sus epítetos insultantes a los opositores de Batista -forajidos, saqueadores- se ganó el desprecio del pueblo Cubano; **Fabio Gobart**, conocido agente soviético, convertido en asesor estratégico de los Castro; el edificio de **Unión Radio** y **COCO** en Mazón y San Miguel, sede de las dos emisoras democráticas enemigas de Batista; **Luis Gómez Wangüemer**, un popular periodista radial que defraudó a sus admiradores al convertirse en un fiel defensor de Batista; **Nikolai Sergueyevich Leonov**, el agente secreto de la KGB en una foto con Castro y otra con Guevara. En 1960 acompañaría a *Mikoyan* a La Habana y durante la Crisis de los Cohetes en Octubre de 1962 espió en Miami a la comunidad Cubana exiliada.

18

En Washington el panorama de Cuba se veía cada vez más borroso. El 2 de Julio el Departamento de Estado envió un cable confidencial a la Embajada en Cuba escrito por *Leonhardy*, revisado por *Hill* y aprobado por *Wieland*, que puso sus iniciales en ausencia de Foster Dulles:[80]

> *«El Departamento está cada vez más preocupado por los informes de que los Comunistas y otros grupos anti-Americanos se están movilizando para asumir un papel importante en Cuba en cualquier gobierno que suceda al del presidente Batista. Estas fuerzas buscan atrincherarse particularmente en posiciones de liderazgo potencial en los movimientos revolucionarios, los partidos políticos, los círculos estudiantiles e intelectuales, el movimiento obrero y los medios de comunicación.*
>
> *El objetivo principal de estos elementos parece ser controlar el M-26-7 y sus afiliados, colaboradores y simpatizantes. El reciente secuestro de ciudadanos Estadounidenses en Cuba por parte de las fuerzas rebeldes, el tono anti-Americano de las recientes emisiones de Radio Rebelde y la creciente indiferencia por parte de las fuerzas de Castro por los ejecutivos y las propiedades Norteamericanas en Cuba indican que han logrado un progreso considerable en su intento de influenciar a los grupos pro-Castro.*
>
> *El Departamento solicita a la Embajada que realice un estudio especial de esta situación y su potencial, en la medida en que se pueda determinar en este momento y, en consulta con las agencias Estadounidenses apropiadas en Cuba, prepare sus recomendaciones para un contraprograma a la mayor brevedad posible para mejorar el prestigio e influencia de los Estados Unidos entre el pueblo Cubano y particularmente entre los segmentos de población mencionados anteriormente.»*

---

[80] **Terence George Leonhardy**, era el *Encargado de Asuntos Cubanos en el Departamento de Estado en Washington*, **Robert C. Hill** era el *Secretario Auxiliar del Departamento de Estado para Asuntos Congresionales*, **William Wieland** era el *Director de la Oficina de Asuntos Inter-Americanos del Departamento de Estado* y, por supuesto, **John Foster Dulles** era el *Secretario de Estado*.

En menos de 24 horas la Embajada en La Habana respondió brevemente ese cable, a reserva de hacerlo más extensamente con posterioridad:

«Park Fields Wollam, Cónsul de los Estados Unidos en Santiago de Cuba, ha reportado lo siguiente:

Los rebeldes del Segundo Frente' bajo Raúl Castro actuaron sin consultar a ningún otro grupo rebelde o al jefe Fidel Castro cuando secuestraron Estadounidenses. Al parecer, cuatro hombres fueron responsables, aunque Raúl Castro dijo que asumía toda la responsabilidad y que iba personalmente a responder a la dirección nacional. Fidel Castro es la autoridad final para todas las decisiones. De acuerdo con el Sr. Anthony Chamberlain, quien ha tenido más contacto con el grupo, los que incitaron a Raúl Castro fueron el Dr. Lucas Moran, un abogado de Santiago, el Comandante Aníbal (nombre real no conocido)[81] y un Cubano cuyo nombre nunca se obtuvo pero que había venido recientemente de España y Hungría. Según Chamberlain, él sí es Comunista y ha sido adoctrinado en el Comunismo.

Los rebeldes culpan a Estados Unidos por proporcionar armas y apoyo a Batista y están tratando de hacer de la situación un éxito publicitariamente. También tienen supuestas pruebas de que el ejército de Batista ha utilizado equipos del MAP contra ellos, algunos de los cuales yo he visto personalmente.

La fuerza militar rebelde de esta área, y posiblemente la de otros lugares, ha sido subestimada. No veo cómo el Ejército puede haber hecho incursiones en estas áreas y, hasta el momento, se les ha rechazado en cada prueba. Los rebeldes aparecen armados pobremente, pero tienen armas suficientes para atacar y llevar a cabo incursiones o emboscadas en posiciones preparadas. Parecen estar cortos de municiones. Los rebeldes están bien organizados teniendo en cuenta las limitaciones y el terreno.

Todavía siento preocupación por nuestro futuro. Las fuerzas Cubanas de aire y tierra probablemente harán toda la ofensiva que puedan, ligados o no a la ayuda de los Estados Unidos y con una gran propaganda. Los rebeldes sospechan que puede haber una gran ofensiva cuando los Estadounidenses recuperen sus prisioneros. No dudo que los secuestros y los ataques contra Estadounidenses se renueven en el futuro.»

---

[81] "Comandante Aníbal" era el nombre de guerra de **Belarmino Castilla Mas**, Santiaguero, compañero de Frank País, José Tey, Vilma Espín, René Ramos Latour y otros revolucionarios. Alcanzó el nombramiento de Jefe Alterno del Segundo Frente cuando estaba ausente Raúl Castro. En la Cuba Castrista desempeñó el cargo de *Ministro de Educación* y *Vice Presidente del Consejo de Ministros*, a pesar de no haber nunca terminado el Bachillerato (*High School*).

Unos días más tarde Smith hizo llegar a Foster Dulles un mensaje adicional por manos de uno de nuestros agentes del CIA destacados en La Habana:

> «Wollam está preocupado por los soldados que encontró en las fuerzas rebeldes: "niños que no se dan cuenta" de lo que están haciendo, que pueden ser "cautivados" y "engañados" por los Comunistas. El grupo con el que se reunió Wollam, (las fuerzas de Raúl) son severamente anti-Americanos.
>
> El Jefe de las operaciones del CIA en nuestra Embajada me ha informado que conocen, por conversaciones de onda corta que han interceptado, que las fuerzas de Fidel Castro pronto podrían seguir el ejemplo de Raúl y secuestrar a más Estadounidenses. Los hombres de Fidel están impresionados por la efectividad de ese paso para causar el cese de los bombardeos. Las fuerzas de Fidel lo necesitan pues no están funcionando bien en el terreno.
>
> Durante el secuestro de los Americanos los rebeldes han disfrutado de un respiro de los bombardeos y probablemente serán reacios a renunciar a esa protección; inclusive nuevas condiciones para la liberación de rehenes pueden ser ingeniadas; los rebeldes están aislados, son jóvenes irresponsables, emocional e intelectualmente inestables y están sujetos a cambios repentinos de opinión y decisión. La reanudación de una ofensiva militar contra ellos puede muy bien conducir a nuevos secuestros.
>
> La Embajada ha recibido equipos de walkie-talkie traídos a La Habana por el CIA y Wollam estará equipado con ese equipo, para usarlo si es necesario para establecer nuevos contactos con los rebeldes.
>
> Recordamos a todos la necesidad de evitar dar la apariencia de que estamos accediendo a las demandas de los rebeldes.»

Un memorándum de *Robert D. Murphy*, Asistente del Secretario de Estado en Asuntos Políticos, dirigido a *Christian Herter*, Sub Secretario de Estado, ofreció importantes conclusiones a Washington:

> «No hay un plan de intervención militar bajo consideración activa. Se requeriría una fuerza sustancial. Nuestra gente cree firmemente que la intervención militar debe ser un último recurso y, por supuesto, sólo se llevaría a cabo con la invitación del Gobierno Cubano. En el pasado la CIA ha informado que no hay evidencia de infiltración Comunista en Cuba. Sin embargo, los informes recientes indican una gran posibilidad de que haya influencias Comunistas que operan en los grupos rebeldes, especialmente en el elemento más joven encabezado por el hermano de Fidel Castro, Raúl Castro, que tiene 27 años y es políticamente inmaduro. Estas informaciones pueden renovarse bajo nuevas circunstancias.»

Un serio informe nuestro de la CIA en La Habana al Secretario *Christian Herter* y los ocupantes del séptimo piso del Departamento de Estado en Washington resumió, a finales de Julio de 1958, la percepción de una buena parte del pueblo Cubano *vis a vis* su relación con los Estados Unidos. Este informe fue compartido por Herter con la Casa Blanca, y el Pentágono:

> «Los de la CIA percibimos una confusión, incertidumbre y desaliento en los más altos niveles del gobierno de los Estados Unidos debido a la creciente posibilidad de que se frustre el objetivo perseguido por nuestros diplomáticos, espías y militares a todo lo largo de 1958: impedir el triunfo del movimiento revolucionario encabezado por Fidel Castro.
>
> Los elementos radicales en Cuba están popularizando el concepto de que pocos pueblos en el mundo han sufrido una intromisión tan pertinaz, penetrante y perniciosa en sus asuntos internos como la que Cuba ha tenido que soportar entre 1898 y 1958, sesenta años durante los cuales el gobierno de los Estados Unidos ha ejercido sobre Cuba y sobre todo su entramado social un tutelaje de tal naturaleza, que no ha habido proceso o resultado político o económico que escapara a un contumaz escrutinio y detestable injerencia.
>
> Los Cubanos inteligentes reconocen que en vísperas del centenario del nacimiento de José Martí en 1952, la crisis estructural de la República fue notoria, agudizada por la venalidad y corrupción de gobiernos de turno, electos en comicios de dudosa respetabilidad. Existía entonces una esperanza de que la consulta electoral fijada para 1952, pudiera encauzar al país por la vía de una solución reformista. Esa esperanza se frustró en la madrugada del 10 de Marzo de 1952 cuando Fulgencio Batista y Zaldívar rompió el sistema Constitucional Cubano con un Golpe de Estado. Su única defensa de la ambición de Batista de ser Presidente fue creerse ser un hombre fuerte capaz de asegurar la tranquilidad necesaria a Cuba. A pesar de tratarse de un movimiento castrense, la administración de Dwight D. Eisenhower abrazó a Batista con ostensible entusiasmo.
>
> Desde entonces, la colaboración de los Estados Unidos con las fuerzas armadas y el aparato coercitivo de la dictadura Batistiana ha alcanzado niveles inmorales e injustificados.
>
> El deseo de la mayoría de los Cubanos, que no son Marxistas, ni de extrema izquierda, ni simpatizantes Comunistas, es que hubiera habido una acción más enfocada por parte de los Estados Unidos para encontrar de común acuerdo una solución política en Cuba que mantuviera a Castro fuera del poder sin una intervención abierta. [82]

---

[82] En numerosas ocasiones durante los meses Febrero a Agosto de 1958, el **grupo de análisis de la CIA** le informó al Departamento de Estado que...

En una decisión desacertada e inconsulta, el Departamento de Estado no ha encontrado otra estrategia para ayudar a los Cubanos que utilizar el embargo de armamentos como el único instrumento para mover a Batista a la acción, cuando en realidad ha debido de ser desde el principio un simple, discreto y temporal instrumento de presión.

En Cuba se percibe que la mayoría de los funcionarios Americanos del Departamento de Estado, Earl Smith, Roy Rubottom, Christian Herter o John Foster Dulles, tienen un aire de procónsules cuando conversan con oficiales Cubanos.

En su totalidad, los líderes de la América Latina están al margen o equivocados de lo que está ocurriendo en Cuba. Los Estados Unidos no han invertido tiempo ni fondos para afectar la opinión pública en esos países, con la creencia, tal vez cierta pero exagerada, de que el mundo Hispano tiene una visión muy particular sobre lo que es ayudarse unos a otros. Prueba de ello fue el desdén histórico y la falta de ayuda a Cuba para independizarse que mostraron a todo lo largo del siglo XIX todos y cada uno de los países ya independizados de las Américas.» [83]

En los días finales de Julio de 1958, en la CIA de Washington se interceptó y grabó una llamada telefónica del Dr. Carlos Piad con el Director de la Oficina de Asuntos Latinoamericanos William Wieland. El Dr. Piad le informó haber recibido una llamada del Dr. Manuel Antonio de Varona a su casa la noche anterior. Varona había hablado con Fidel Castro durante media hora esa misma noche. La información prestada por Piad a Wieland fue importante:

«Un pacto de unidad entre toda la oposición Cubana, a partir de ahora conocido como Frente Cívico Revolucionario (FCR), estaba a punto de ser firmado. Castro firmaría por el 26 de julio; el Dr. Varona por el grupo de Carlos Prío (el PRC Auténtico); El Dr. José Miro Cardona a nombre de las Resistencia Civil, y Lincoln Rodón por el Partido Demócrata, entre otros.

Todo ha sido acordado sin el conocimiento de los llamados "líderes del 26 de Julio en los Estados Unidos."

«Si el Movimiento 26 de Julio tiene éxito en su intento de derrocar al gobierno de Batista, hay poco acerca de su más alto liderazgo que inspire confianza en demostrar las cualidades de integridad, moderación y responsabilidad que son necesarias e indispensables para restablecer el orden y la tranquilidad en Cuba.»

[83] En una conversación que el Secretario Interino de Estado de los Estados Unidos, **Douglas Dillon**, sostuvo en 1959 con el gobernador de Puerto Rico, **Luis Muñoz Marín**, por ejemplo, éste estaba tan poco informado de lo de Cuba que le dijo a su interlocutor Norteamericano: «hay una gran revolución social teniendo lugar en Cuba... una revolución que está dándole a Cuba un gobierno honesto por primera vez en su historia.»

Mario Llerena, Ernesto Betancourt y otros líderes del 26 de Julio en los Estados Unidos no han sido ni serán investidos con ninguna autoridad real en el movimiento.

El juez Manuel Urrutia es un desconocido intrascendental, y por lo tanto no es un buen candidato para presidente provisional.[84] Piad dijo que consideraba solo tres Cubanos de alto nivel dignos de ser consideradas para la presidencia provisional, a saber, Felipe Pazos, el Dr. José Miro Cardona y el Dr. Manuel Antonio de Varona.

Hay rumores vigentes en La Habana de que la Embajada Americana estaba involucrada en un plan para organizar un Golpe de Estado en el que habría un cambio en el poder pero sin que nadie saliera lastimado, es decir, un asunto "organizado" que pondría a Fidel Castro al margen..

Un desconocido Coronel Gajate, líder de la Marina muy respetado, que fue forzado a renunciar a su puesto por Batista, tenía programado visitar la Embajada en los próximos días. Él no sabía por qué razón.

El Tribunal de Urgencia de Santiago de Cuba que juzgó a los expedicionarios del *Granma* y condenó a 22 miembros del *M-26-7* a penas de prisión de uno a ocho años. Uno de los tres magistrados del Tribunal (**Manuel Urutia Lleó**, al centro de la foto) disintió y emitió una opinión particular, sosteniendo que todos los acusados eran inocentes, ya que la insurrección era un derecho protegido por la *Constitución de 1940*. En esta foto los jueces **Cutié, Urrutia y Segrera**.

---

[84] **Manuel Urrutia Lleó** era un juez de la *Audiencia de Santiago de Cuba* que, tras el asalto al *Cuartel Moncada*, defendió la causa revolucionaria. Fue seleccionado por Castro para ser su candidato presidencial cuando rompió con la *Junta de Liberación de Cuba* en Diciembre de 1957. Desde temprano se opuso a la infiltración Comunista en la lucha contra Batista, lo que le costó a Urrutia irse al exilio.

Dr. Manuel Antonio de Varona, ex-Primer Ministro Cubano, miembro del *Cuban Revolutionary Council* en 1961; **Christian Herter,** ex-Gobernador de Massachusetts y Secretario de Estado Americano a partir de 1959; **Park Wollan**, Asistente de Personal del Secretario Adjunto de Estado para Asuntos Interamericanos y Consul en Santiago de Cuba en 1958; **Terence George Leonhardy**, Oficial del Departamento de Estado Americano a cargo de Asuntos Cubanos; **Belarmino Castilla Mas**, Comandante del Ejército Rebelde, escritor e historiador, miembro del Comité Central.

19

El 26 de Julio de 1958, un grupo de viejos agentes del CIA en Cuba, de La Habana, Santiago y Cienfuegos, nos sentamos en el restaurant *El Jardín*, en Línea y C en el Vedado, para compartir ideas y experiencias durante los primeros seis meses del año en Cuba. Todos coincidíamos que en 1958, la revolución de Castro representaba para muchos Cubanos un gran romance, lleno de caracteres cinematográficos, unos héroes, otros villanos, empeñados en una lucha que, si hubiera sido anunciada en el cine como una película a exhibirse esa semana, la cartelera diría... "*...las aventuras de un grupo de guerrilleros sin experiencia militar, muchos de ellos recién salidos de la Universidad, que lograron derrocar a una de las dictaduras más brutales de América Latina.*"

De haber sido una película cinematográfica, una de las escenas cumbre hubiera sido la batalla en *El Uvero*, que se llevó a cabo en Mayo de 1957, en medio del hasta entonces más ambicioso y mejor preparado esfuerzo organizado de las Fuerzas Armadas del régimen de Fulgencio Batista para derrotar al Ejército Rebelde. Este hubiera sido el libreto:

> «*Fue el 28 de Mayo de 1957, cuando los guerrilleros, que ahora sumábamos menos de 30 hombres, separados en dos grupos, nos acercamos a un puesto militar en el adormecido pueblo costero de El Uvero. Eran las 5:15 de la tarde cuando en nuestro grupo escuchamos unos primeros disparos. Pensamos que era el entrenamiento de la Guardia Rural de Batista. ¡No teníamos idea! Pronto nos dimos cuenta de que eran los del otro grupo, comandados por Fidel en persona, que mostraba un talento inesperado como táctico y una imprudente indiferencia hacia su propia seguridad personal. Desde ese día, hicimos lo que pudimos para ayudar a Fidel Castro a cumplir la misión que el destino le había deparado.*»

Nuestro infiltrado en la Sierra comentó lo que había oído muchas veces de boca de Raúl Castro...

> «*...esa fue la victoria que marcó nuestra mayoría de edad. A partir de esa batalla, la moral creció enormemente. Las guerrillas nos envalentonamos y comenzamos a disfrutar éxito tras el éxito, descendiendo en los puntos débiles de las*

fuerzas de Batista, mucho más numerosas, y luego fundiéndonos en las intrincadas selvas de la Sierra. Nuestras estrategias fueron a menudo improvisadas. Fidel dijo que siempre recurría a las estrategias que Ernest Hemingway le enseñó en su novela sobre la Guerra Civil Española Por Quién Doblan las Campanas (For Whom the Bell Tolls), que describe numerosos combates detrás de las líneas del enemigo.»

¿Cuánto de eso era verdad? El ejército de Batista reclamó que los rebeldes habían sufrido 7 bajas y 8 heridos; de ser cierto casi el 50% de los guerrilleros quedaron fuera de combate en *El Uvero*. Por su parte, Fidel Castro reclamó haber comenzado la batalla disparando un tiro con su fusil equipado con mira telescópica, a la planta de telegrafía del cuartel de Uvero. La batalla, según él, terminó cuando el Teniente Pedro Manuel Carreras, jefe del cuartel de El Uvero, sacó su pañuelo del bolsillo en señal de rendimiento.[85] La historia oficial del gobierno Comunista de Cuba no menciona un solo disparo adicional hecho por Fidel Castro; simplemente dice...

> *«Terminado el combate de Uvero, la tropa rebelde se retiró. A la mañana siguiente, fueron enterrados con honras militares los combatientes caídos en la acción.»*

Los rebeldes, sin embargo, convirtieron a *El Uvero* en una famosa batalla que la historia reportaría como la primera victoria decisiva de las tropas rebeldes sobre el Ejército Constitucional de Cuba.

El *New York Times* reportó *El Uvero* en los siguientes términos:

> *«La batalla tuvo lugar en Uvero, en la provincia de Oriente, en la costa sur, a unas treinta y cinco millas de Santiago de Cuba. Quince rebeldes murieron y 21 resultaron heridos. Las fuerzas rebeldes habían huido en grupos a las montañas llevando consigo a los heridos en cuatro camiones. El ejército dijo que seguía persiguiendo a los grupos dispersos.*
>
> *El General Tabernilla negó un informe que circuló diciendo que otro grupo de insurgentes había aterrizado en Playa Chivirico, cerca de Santiago de Cuba. También dijo que el Ejército no tuvo más encuentros con el grupo rebelde que desembarcó en la costa norte de la Bahía de Cabonico,*

---

[85] Según la historia forjada por la revolución, el **Teniente Carreras** fue marginado por el ejército por sus superiores. En 1970 ya se había incorporado al 26 de Julio y participó en la zafra azucarera de ese año como machetero voluntario, al cual Fidel saludó en el medio de un cañaveral al reconocerlo, diciendo, *–¡Teniente Carreras, cará! ¡Déjeme darle un abrazo!*

cerca de Holguín, y huyó a la Sierra del Cristal. El general Tabernilla dijo que consideraba que la rebelión allí había terminado.

El ejército dijo que veintisiete insurgentes aterrizaron, de los cuales cinco fueron capturados, dieciséis muertos, dejando solo seis desaparecidos. Los informes de la Provincia de Oriente, sin embargo, ponen el número de atacantes cerca de 150.»

Continuando en la misma línea, la historia del *Times* informó por primera vez que Castro era comunista, pero de una manera un tanto equívoca:

«Si bien el Gobierno sostiene consistentemente que el señor Castro es un Comunista, los partidarios del joven líder rebelde declaran que es una persona profundamente religiosa. Se observa que asistió a Colegio de Belén en La Habana, que es conducido por los Jesuitas, y que su amigo más cercano durante la escuela en la clase de 1945 fue el reverendo Arturo Cherino, que ahora sirve con la Orden de los Jesuitas en Japón.

Se dice que los primeros viajes del joven Castro a la Sierra Maestra fueron como miembros de grupos estudiantiles llevados allí por sacerdotes Católicos en viajes de campamento como recompensa por una buena beca.

Recuérdese que en 1953, cuando el señor Castro encabezó un ataque al puesto militar de Moncada de Santiago de Cuba en el que murieron 100 hombres, su vida se salvó gracias a los esfuerzos del arzobispo Pérez Serantes de Santiago.»

La acción de *El Uvero*, tuvo lugar un mes antes de uno de los mayores golpes para el *M-26-7* y para los rebeldes de Castro el 30 de Julio de 1957. *Frank País García*, el coordinador urbano del Movimiento, fue apresado en el *Callejón del Muro*, en Santiago de Cuba, y muerto en plena calle en manos del Coronal José Salas Cañizares de la Policía de Santiago de Cuba.[86] Su padre, Francisco País Pesqueira, había sido uno de los fundadores de la *Primera Iglesia Bautista* de Santiago de Cuba en la esquina de Carnicería y Enramada, donde su hijo Frank, un muchacho profundamente religioso, tocaba el órgano todos los Domingos.

---

[86] **José María Salas Cañizares** era el hermano menor de Rafael Salas Cañizares, Jefe de la Policía Nacional durante la presidencia de Fulgencio Batista y autor físico de la *Masacre en la Embajada de Haití* el 29 de Octubre de 1956. En una refriega en la Embajada, Rafael Salas fue herido mortalmente y falleció dos días después en el Hospital Militar de Columbia.

La muerte de Frank provocó una reacción popular espontánea de tal magnitud que la ciudad quedó virtualmente paralizada durante varios días. El entierro del joven luchador se convirtió en la manifestación de rebeldía más masiva de la historia santiaguera hasta ese momento, y una expresión elocuente del repudio generalizado contra el régimen y el sentimiento de rebeldía de la población de Santiago.

Al terminar la reunión en el restaurant *El Jardín,* todos pensábamos que, en ese momento, nadie podía negar, incluso los fanáticos furiosos de Batista, que los rebeldes estaban ganando el control de Oriente. En los primeros dos meses del verano, Batista había ordenado que 10,000 soldados ingresaran a la Sierra respaldados por apoyo aéreo; luego de esos dos tortuosos meses, el ejército se retiró frustrado. Cuando los rebeldes revelaron cuántos civiles estaban siendo asesinados y mutilados por el bombardeo de *napalm*, el gobierno Americano decidió impedir que los vuelos de la Fuerza Aérea Cubana tomaran combustible en la base naval de Guantánamo. El Congreso terminó con los suministros de armas de los Estados Unidos y nosotros en la CIA estábamos considerando comenzar a establecer contactos con Fidel.

Días después de la reunión en *El Jardín,* el Dr. Manuel Antonio de Varona se entrevistó con Fidel Castro por la radio, en circunstancias que no queremos divulgar en la CIA. Varona le dijo a Castro que el secuestro de los Estadounidenses organizado por Raúl había creado una mala situación para el *M-26-7* en los Estados Unidos y en otros lugares y que la detención por tan largo tiempo de los prisioneros había empeorado más aún las cosas. Varona también le dijo a Castro que había estado tan convencido de ese malestar que había considerado ir a Cuba para subir a la Sierra y hablar personalmente con Fidel en lugar de hacerlo por radio. Fidel le aseguró a Varona que no hubiera sido necesario que Varona regresara a Cuba a riesgo de su vida, y le reiteró que había dado órdenes categóricas para liberar urgentemente los Estadounidenses pero se dio cuenta que Raúl quería demostrar su poder y no iba a obedecerle.

Mientras tanto, en una conversación posterior con Ernesto Betancourt, representante registrado en el Departamento de Justicia como agente del *M-26-7* en Washington y asiduo informante de la CIA, éste me dijo que Castro y Varona habían tenido *"frecuentes conversaciones, principalmente sobre negociaciones actuales para un pacto de unidad entre los grupos revolucionarios".* [87]

Betancourt, en Washington, supo por sus contactos con Fidel en la Sierra, sobre la batalla de *Altos de Espinosa*, un encuentro mantenido confidencial por *Radio Rebelde* y confirmado a mi por Carlos Franqui cuando, ya en el exilio, vivía en un modesto apartamento en Montecatini, Italia, con su esposa Margot. Franqui había transcrito unas palabras de Castro que tenía pensado decir en *Radio Rebelde* pero que nunca lo hizo.

> *«...cuando el ejército rebelde comenzó a dar nuevamente señales de vida, después de lo que Batista había pensado era su segunda liquidación, en los **Altos de Espinosa**, el 9 de Febrero de 1957, a la 1:30 de la tarde, un pequeño grupo de 24 hombres estuvo a punto de ser totalmente liquidado con todos sus comandantes: Raúl, Jefe del Segundo Frente Oriental; el Ché, Jefe del frente al este del Turquino y de la Columna Invasora Ciro Redondo; Camilo Cienfuegos, Jefe de la vanguardia de nuestra columna; Efigenio Ameijeiras, de la retaguardia de la misma, y tres de los expedicionarios del Granma, dirigidos por mi [Fidel], tratábamos de asestar un fuerte golpe al enemigo. Contábamos en causarles numerosas bajas a los paracaidistas de Mosquera y a las tropas de Casillas, sin sufrir una sola baja. Conmigo, [dijo Fidel] en los **Altos de Espinosa**, el enemigo estuvo a punto de eliminarnos a todos por la traición de Eutimio Guerra, nuestro guía, que en la noche anterior, sabiendo yo que tenía una pistola calibre .45, lo había dejado dormir en nuestra tienda de campaña. Allí murió solamente Julio Zenón, uno de los campesinos del área que se había incorporado a nuestro grupo. Tres días después nos reagrupamos en un lugar llamado Derecha de Caridad, cuando ya sabíamos de la traición de Eutimio.»*

---

[87] **Ernesto Betancourt** tenía 31 años en 1958; era hijo de ciudadanos Americanos que se habían establecido en Washington hacía largo tiempo. Estaba estudiando para una Maestría en Asuntos Internacionales en la *Universidad de Pittsburgh*. Fue el principal actor de la toma de la Embajada Cubana en Washington el 1 de Enero de 1959 y acompañó como intérprete y consejero a Castro en su viaje a New York en Abril de 1959.

Una de las frases que tuvo que traducir en una reunión de banqueros en New York fue: *"Dile a los Americanos que si nos mandan los Marines a Cuba a mi no me importa. Van a tener que matar entre 300,000 y 500,000 Cubanos y yo voy a tener un monumento nacional más grande que el de José Martí."* Al concluir el viaje con Fidel, Betancourt salió de Cuba con su familia en un exilio voluntario.

El **Cuartel Moncada en Santiago de Cuba**, escena del asalto del 26 de Julio de 1953; El **entierro de Frank País** en Santiago de Cuba, la tarde del 30 de Julio de 1957, después de velado en su casa, en la calle San Bartolomé entre Habana y Maceo; **Fulgencio Batista y Francisco Tabernilla** visitando las tropas del ejército Cubano en Columbia en 1958; El **Batey del Uvero** antes del combate. El cuartel del ejército nacional era la casa de madera a la izquierda, delante de las demás, identificada por un círculo..

20

En 1958, lo que ocurría en la Sierra era tan novelesco y hasta cierto punto irreal, que opacaba todo lo demás que estaba ocurriendo política y militarmente en Cuba.

José Antonio Echeverría, Matancero, presidente de la *Federación Estudiantil Universitaria (FEU),* fundador del *Directorio Revolucionario Estudiantil (DRE),* asaltante al Palacio Presidencial en Marzo 13 de 1957, muerto por la policía de Batista a unos pasos de la entrada de la Universidad de La Habana, había sido una figura mucho más popular entre la juventud, y evidentemente mucho más seria, sana, prestigiosa y honrada, que Fidel Castro. [88] Sin embargo nunca alcanzó la fama y popularidad que Castro logró desplegar.

Las innumerables participaciones estudiantiles en la vida política Cubana, de las cuales era Echeverría su máximo exponente en 1958, se remontan a la década de los 1930s. No siempre, desafortunadamente, fueron virtuosas. El pensamiento joven estudiantil en Cuba, más que inspirado por el liberalismo Europeo clásico que iluminó a los estudiantes e independentistas de otros países hispanos, estuvo primero fuertemente influido por el pensamiento Martiano y posteriormente por el sentimiento Marxista.

El movimiento estudiantil de la Universidad de La Habana se había completamente olvidado de José Martí y sufría en 1958 una profunda crisis debido a la corrupción y politiquería de sus dirigentes. Lo mismo podría decirse del profesorado universitario. Los cargos estudiantiles y los títulos profesorales eran utilizados para escalar posiciones políticas. Algunos estudiantes se oponían a la situación imperante y se esforzaban por recuperar una clara

---

[88] Pocos Cubanos saben que el poeta Ruso **Yevheny Yevtushenko**, famoso por su lucha contra Stalin, su cine , su poesía y su defensa de la libertad de palabra, le dedicó a *José Antonio Echeverría* un poema titulado "Tres minutos de Verdades," que hace referencia a la exhortación de Echeverría por la CMQ unas horas antes de morir.

honestidad para el mundo universitario. Por otra parte estudiantes como Fidel Castro, Alfredo Guevara, Lionel Soto, Julio Antonio Mella, Antonio Guiteras, Manolo Castro, el Chino Esquivel, Baudilio Castellanos, Eufemio Fernández, Justo Fuentes y muchos otros, vieron en su mundo universitario una oportunidad de mandar en Cuba a cualquier costo. En general, la Universidad de La Habana sobrellevaba con inmensa paciencia una minoría muy visible de maestros y estudiantes deshonestos, deshonorables, indignos e innobles.[89]

El cacique estudiantil en la Universidad de La Habana en 1958 era *Faure Chomón Mediavilla*, que a la edad de 29 años era el líder del *Directorio Revolucionario* que organizó, junto a *Carlos Gutiérrez Menoyo*, el ataque a Palacio el 13 de Marzo de 1957. Chomón era un líder gris, sin carisma, alto, corpulento, y de rasgos duros, pero un buen conversador, sobre todo bajo la influencia del alcohol. Sus amigos le llamaban *"el Bebo"* y aseguraban que siempre caminaba con pasos inseguros, mirando a todos lados como quien huye de alguien sin tener claro de quién. Fidel Castro lo mandó a ejecutar en su penthouse de Calzada y C en el Vedado [90]

---

[89] En los días de la lucha contra Batista, por ejemplo, el mayor almacén de armas, petardos, mimeógrafos, porras y machacas para que un revolucionario pudiera luchar violentamente contra sus enemigos políticos, era la oficina privada del **ex Presidente de la República Ramón Grau San Martín**. La Universidad de La Habana se regía por unos estatutos caducos que reconocían un solo *"Profesor Titular"* en cada asignatura. Los demás de esa especialidad que enseñaban eran *"Profesores Auxiliares,"* por muy conocedores y reconocidos que fueran. Grau San Martín era el *Profesor Titular de Fisiología* en la Escuela de Medicina. Era una garantía para los estudiantes revoltosos y revolucionarios que podían utilizar la oficina de Grau San Martín a su antojo, porque nunca iba por allí. Los estudiantes construyeron unas facilidades adecuadas para *"hacer la guerra,"* que eran conocidas por todos para editar panfletos y almacenar armas, pero nunca llegó a conocerlas el Titular de Fisiología de la Universidad.

[90] A **Camilo Cienfuegos** también Fidel Castro le condenó al olvido y a una muerte espectacular y mística, por no cumplir las órdenes de fusilar a Huber Matos el 21 de Octubre de 1959. Camilo se presentó en Camagüey para arrestar a Matos con una escolta inadecuada, cuya jefatura estaba en manos de Ramiro Valdés, un hombre sin escrúpulos ni formación. Fidel confiaba que Huber Matos se resistiera y, según comprobó con lujo de detalles la CIA, en la confusión Ramiro iba a matar a Camilo y culpar a las tropas de Huber. El plan fracasó cuando Huber no se resistió y accedió a ser detenido por Camilo. Camilo fue muerto una semana después, el 28 de Octubre, cuando en horas de la madrugada un avión de la Fuerza Aérea Cubana derribó el avión de Camilo, que lo traía de Camagüey hacia La Habana. El periódico Granma declaró que el avión había *"desaparecido."*

después del triunfo del 1 de Enero de 1959, por ser uno de los *"revolucionarios sobrevivientes pero indeseables."* Nadie pudo conocer la razón por la que Fidel canceló la orden a último minuto.[91]

Faure Chomón fue siempre una espina en el costado de los Castro, que se empeñaron en sacarlo del camino y coronarse ellos como *"neo-líderes estudiantiles."* [92] Chomón, sin embargo, había puesto su parte en la lucha contra Batista.

En el Verano de 1958, cuando las cosas iban de mal en peor para el gobierno Cubano, en el Escambray, donde se había abierto un frente guerrillero a cargo de Faure Chomón, se habían congregado numerosos estudiantes miembros del Directorio Revolucionario, bien armados y apertrechados por armas traídas de la Universidad. Allí estaban con Chomón, Rolando Cubela, Eduardo García Lavandero, Enrique Rodríguez Loeches, Alberto Blanco, Armando Fleites y otros más, que habían desembarcado meses atrás por Nuevitas y se habían instalado en la Sierra del Escambray. A diferencia de los grupos de Castro, el Directorio contaba con carabinas Italianas, ametralladoras Stein Inglesas, M-3s y Thompsons, fusiles Garand,

---

[91] Con el cursar de los años, entre los **"revolucionarios sobrevivientes pero indeseables,"** estuvieron Ernesto (Ché) Guevara, el **General Arnaldo Ochoa** y los **hermanos Antonio y Patricio de la Guardia,** (las tres figuras que Castro escogió para echarles la culpa por la complicidad de su régimen en el trato de drogas), **Osvaldo Dorticós Torrado** (que nunca le perdonó a Castro que hubiera permitido al Ché matar a los sobrinos de la familia Dorticós), **los dos hijos de Armando Hart** (muertos en un extraño accidente en Miramar que nunca se investigó), el ex-Ministro **Roberto Robaina** (que se salvó cuando iba en un auto a gran velocidad hacia Varadero al que le habían cortado las mangueras de los frenos), **Celestino Hernández Robau,** viejo militante Comunista de la generación del 33 (envenenado en Centro América tras haberse unido a la *Microfracción*), el Vice Presidente **Carlos Lage Dávila** ("cometió" suicidio después de criticar a Raúl Castro) y el ex canciller **Felipe Pérez Roque** (acusado por Fidel de "indigno" por dar esperanzas a los enemigos de la revolución de conspirar contra Castro) y, por supuesto, muchos otros menos conocidos.

[92] No por gusto Fidel, en lugar de dar su discurso de entrada a La Habana en la **Plaza Cadenas de la Universidad** lo hizo en el Campamento Militar de Columbia. Allí le volvió a dar un pescozón a Faure cuando reprochó a los universitarios por haber adquirido el armamento que tenían en su poder... **¿Armas, para Qué?**

Para minimizar su primacía entre los luchadores contra Batista e ignorar todos los protagonistas de las organizaciones guerrilleras y urbanas y los partidos políticos que habían luchado por restablecer la Constitución del 1940, el 23 de Enero, aun cerrada la Universidad, Fidel partió a Venezuela en lugar de reunirse con la FEU.

M-1s y rifles Remington semiautomáticos con mirillas telescópicas y un buen número de parque para las esas armas. No carecían de «*Walkie-Talkies, uniformes, tiendas de campaña, cantimploras, mochilas, nylons, armas blancas y linternas,*» de acuerdo con un informe de la CIA de Julio de 1958.

El trayecto hasta el pueblo de *Fomento*, en la base del Escambray, los había llevado desde México, pasando por Miami, a los montes de Michelena en las serranías de Banao. Por varios meses fueron acosados infructuosamente por más de 200 soldados del *Tercio Táctico del Regimiento Leoncio Vidal de Santa Clara*. Faure Chomón, ciertamente un líder sin carisma,[93] demostró primero que podía adentrar hombres en Cuba sin necesidad de tiroteos o escaramuzas y, más tarde, podía pelear en la Sierra del Escambray y que era capaz de inspirar, entrenar y dirigir una guerrilla, en igual forma o superior, que lo que hacían las tropas de los Castros y el Ché en las Sierras Maestra y Cristal en el norte de Oriente [94]

---

[93] **Una vez terminada la república** con el triunfo de la revolución, Chomón fue reconocido con el grado de Comandante y designado Embajador de Cuba en la Unión Soviética. Sirvió como Ministro de Comunicaciones y Transporte y, de nuevo, enviado como Embajador a Vietnam, Bulgaria y Ecuador. Chomón sospechó con razón que era enviado a postas, cargos, y embajadas en el exterior para sacarlo de Cuba y que no le hiciera sombra a los Castro, que hasta jocosamente lo apodaron "*una golondrina tullida.*" Chomón aparentemente se conformó con poderse poner su uniforme verde olivo, tener una estrella en el hombro y que la gente creyera que él era "alguien." En el proceso, se convirtió en uno de los más acaudalados millonarios Cubanos, con enormes propiedades en Chile.

[94] Una de las acciones del **Directorio Estudiantil Revolucionario (DRE)** que estableció el **frente del Escambray** como una fuerza que el ejército de Cuba no podía descontar, ocurrió en los alrededores de la cresta de una loma conocida por *La Diana* en los montes de Michelena, en los primeros días de Julio de 1958. Las fuerzas de Chomón habían hecho un alto ahí para descansar cuando los escuchas anunciaron una avanzada de las tropas del ejército de Batista. A un lado de *La Diana* había una cuesta tan inclinada que la consideraron como un abismo. Los soldados subían por el lado contrario, cautelosos pero *"apiñados."* Chomón ordenó silencio absoluto a sus hombres mientras colocaban estratégicamente una ametralladora de fabricación Checoslovaca calibre .30 en su trípode. El trillo por donde avanzaban los soldados los llevó directamente a las fauces de la ametralladora y, en cuanto se asomaron los cascos color beige, comenzaron a oírse los retumbes de fuego concentrado. En el reporte del CIA sobre este encuentro el redactor escribió que *"los soldados enemigos fueron cayendo como las hojas de un árbol."* En la retaguardia de las tropas del ejército, los soldados se dieron a correr o dispararon muy inexactamente desde la distancia. Las tropas de Chomón no sufrieron bajas.

21

Mientras los estudiantes se enfrentaban a riesgosas operaciones en el Escambray, más cerca de La Habana y del Campamento de Columbia que los dos frentes rebeldes que los Castro habían establecido en Oriente, el CIA, la Embajada Americana en La Habana y el Departamento de Estado en Washington sólo prestaban atención a lo que creían era una amenaza frágil pero difícil de aplastar centrada en Fidel Castro. Era una de esas situaciones donde aparentemente había muchas opciones de cómo actuar, pero en realidad no había ninguna.

Ciertos elementos importantes del Departamento de Estado veían la situación en Oriente simplemente como una amenaza para los intereses económicos y políticos de los Estado Unidos. Llegaron inclusive a sugerir que era posible *"comprar"* a Fidel Castro para que abandonara la Sierra como parte de una solución negociada.

Allen Dulles, el Director de la CIA, recogió muchas opiniones de sus analistas Washingtonianos proponiendo una ficticia *"tercera fuerza"* que diera un aparente Golpe de Estado dirigido contra Batista e hiciera que los esfuerzos rebeldes en Oriente ya no fueran necesarios. Ni yo, ni ninguno de mis agentes en Cuba recomendó tal tontería a nuestro Director.

Christian Herter, Secretario de Estado interino cuando John Foster Dulles enfermó de gravedad, sugirió... «*fomentar, por todos los medios disponibles sin llegar a una intervención abierta, una solución política en Cuba que mantenga al movimiento de Castro fuera del poder*». Nunca explicó cómo, dónde, con quién, ni cuándo.

Nuestra opinión en la CIA infiltrada en Cuba era que el ejército de Batista no iba a poder derrotar a la guerrilla mientras siguiera pensando y vaticinando que tarde o temprano los rebeldes iban a cansarse. Ese criterio confiaba en la astucia y perseverancia de los militares del ejército regular, sin percatarse de hasta qué punto había llegado la desmoralización de los mandos, los soldados y los famosos *"casquitos."*

Fue entonces que los oficiales Americanos de la *Junta Nacional de Inteligencia*, integrada por la CIA y otras instituciones de la *"comunidad de inteligencia"* de los Estados Unidos, presentaron al Presidente Eisenhower un documento clasificado SNIE 85-58, [95] en el que aseguraban que...

> *«En Cuba hay un callejón sin salida político y militar... la campaña de guerra de guerrillas probablemente no pueda derrocar al gobierno en los próximos meses... las fuerzas armadas no pueden aniquilar el movimiento a no ser que sean mejor entrenadas, avitualladas, equipadas y más fuertemente motivadas, y a no ser que las fuerzas rebeldes sean efectivamente aisladas de fuentes externas de suministros...»*

El documento hacía énfasis en las siguientes conclusiones:

> *«Si Castro asume el poder habrá un largo período de desorden en Cuba... Hay una gran probabilidad que el ejército deponga a Batista y se establezca una Junta Militar... Para lograr que el ejército derrote a Castro es necesario un gran aporte militar de los Estados Unidos... Al remover a Batista del poder decrecería significativamente la popularidad y el momento de Castro...»*

SNIE 85-58 cándidamente terminaba diciendo...

> *« No hemos podido identificar un liderazgo en ciernes en el ejército Cubano capaz de derrocar al régimen de Batista en el período que cubre este estimado.»*

Una de las maniobras sometidas a la consideración del Presidente Eisenhower, estudiada y rechazada por la CIA, tuvo como principal figura a W*illiam D. Pawley*, un aventurero devenido millonario que había sido Embajador en Brasil durante la administración de Truman y que tenía excelentes relaciones con el Presidente Eisenhower.

La *«Estrategia Pawley»* consistía en retirar de La Habana momentáneamente al Embajador Smith y enviar en su lugar a Pawley, que era también amigo de Batista, en una misión de *«buenos oficios extraoficiales»* para que lo convenciera de que abandonara el país y dejara en su lugar una Junta Militar que pareciera que le había

---

[95] **Special National Intelligence Estimate (SNIE) 85-58** fue un documento titulado *"La Situación en Cuba,"* originado por el CIA pero con alteraciones introducidas por otras agencias de inteligencia. Este tipo de documento no recibía las opiniones de niveles bajos sino solo del tope de las agencias. La designación 85-58 simplemente se refiere a fechas e instrucciones para catalogación.

dado un golpe de Estado, pero cuyos integrantes serían aprobados por el propio dictador. Se trataba de resolver el problema con una maniobra «*contra Batista*», aprobada por el propio Batista. [96]

En el maratón de consejeros que dieron su opinión para resolver el caso de Cuba en 1958, figuraban figuras diplomáticas del calibre de *Mons. Luis Centoz*, Nuncio Apostólico del Vaticano y *Arnulfo Arias*, ex-Presidente de Panamá, todas las cuales insistían en la formación de un gobierno de transición y la garantía de que Batista podría salir de Cuba con su familia.

Christian Herter resumió las opiniones de todos ellos en la siguiente forma:

> «*En resumen, no creemos que Batista tiene posibilidad alguna de establecer a su sucesor firme y pacíficamente en el gobierno en 1959. Por tanto, estamos tratando de fomentar, por todos los medios disponibles, sin llegar a una intervención abierta, una solución política en Cuba que mantenga al movimiento de Castro fuera del poder, garantice la exclusión efectiva del poder de los odiados elementos del régimen batistiano, permita al presidente Batista y su familia retirarse de la escena Cubana de una forma protegida, y que resulte en un gobierno basado ampliamente en el consentimiento y el apoyo populares. Por sobre todas las cosas, queremos ayudar a evitar la pavorosa violencia de masas que acompañó a la caída de Machado en 1933, y que los Cubanos creen que ocurrirá inevitablemente.*»

Mientras tanto la prensa Cubana, en uno de los períodos *"sin censura"* que Batista ofrecía de vez en cuando, publicaba comentarios como los que aparecieron en varios periódicos y revistas:

> «*...En una reunión en Julio de 1958 en Caracas, los grupos de oposición, con la excepción de los Comunistas y dos facciones que están listas*

---

[96] Aparentemente Batista consideró seriamente, con la *Estrategia Pawley* o sin ella, la idea de ceder su mandato a una **Junta Militar** cuyos integrantes fueran escogidos por él mismo. El *Departamento de Estado* estaba dispuesto a apoyar la formación de una Junta Militar pero le dejaron saber bien claro que jamás hubieran accedido a integrarla con militares escogidos por él. Otro punto al que se opusieron en el *Departamento de Estado* fue una condición que Batista añadía, sugerida por su amigo Pawley, que era que se le permitiera irse de Cuba y establecerse en su casa de Daytona Beach, a lo que Smith objetó informándole que el gobierno Americano prefería que se fuera para España con su familia.

Lo interesante de estas conversaciones y de estos temas es que los archivistas del Departamento de Estado y de la Biblioteca del Congreso nunca han podido localizar ningún registro o documento contemporáneo que refleje el contenido exacto de esas conversaciones.

para las elecciones que Batista quiere convocar en Noviembre, han formado un Frente Cívico Revolucionario Democrático. Urrutia, escogido por Castro, fue designado presidente, José Miró Cardona Coordinador y Castro en persona como Comandante Militar...»

«...El Pacto de Caracas de Julio de 1958, estableció a Fidel Castro como el principal líder del movimiento anti-Batista y el ejército rebelde como brazo principal de la revolución. Al momento de la conferencia en Caracas, Batista lanzó su ofensiva más formidable contra los guerrilleros en la Sierra Maestra...»

«...El Movimiento del 26 de Julio también llevó a cabo una amplia estrategia de alianzas que culminó en una reunión en Julio de 1958 en Caracas, Venezuela, donde se organizó el Frente Cívico Democrático Revolucionario que abarcaba casi todas las fuerzas anti-Batista. El Frente, unido al debilitamiento militar de Batista, erosiona el apoyo del gobierno de Estados Unidos para el régimen...»

«...A fines de 1958, ahora que la posición de Batista se ha deteriorado y las presiones de la resistencia han crecido, Estados Unidos ha comenzado a preocuparse por el derramamiento de sangre y los desórdenes que asolan la isla y por el futuro de Cuba después del colapso inminente de Batista. En algún momento de 1958, el Departamento de Estado decidirá presionar por una solución en Cuba sin Batista ni Castro, es decir, tratando de encontrar una tercera fuerza entre lo que los funcionarios de los EEUU sienten que eran dos extremos ... Mientras tanto, a Castro le preocupan la interferencia de los extranjeros y la imposición de una junta militar. Durante mucho tiempo ha estado expresando esta preocupación...»

«...La ofensiva del gobierno ha colapsado, esto es el comienzo de la desintegración de las fuerzas armadas Cubanas... Los guerrilleros han lanzado su contraofensiva a fines de este verano... el PSP, que había sido proscripto durante el segundo gobierno de Batista, se ha aliado con el Movimiento 26 de Julio. Esta conversión al Fidelismo le ha ganado al partido varios puestos clave... esas posiciones serán la base de la expansión de la autoridad del PSP en la Cuba posrevolucionaria...» [97]

«...El Ejército Rebelde y el Movimiento 26 de Julio no serán los únicos responsables del derrocamiento de Batista, pero Fidel Castro y los 'rebeldes' han sido líderes del movimiento de oposición desde este verano de 1958...»

---

[97] El **Pacto Político-Militar** del *Partido Socialista Popular (PSP)*, los Comunistas, y el *Movimiento 26 de Julio (M-26-7)*, fue firmado el 10 de Agosto de 1958 en la Sierra Maestra por Fidel Castro como líder del M-26-7 y Carlos Rafael Rodríguez y Luis Más Martín por el PSP.

Las acciones miliares en la Sierra el verano de 1958 favorecieron todas al movimiento Castrista.

El 24 de Junio los rebeldes declararon haber derrotado al Batallón 11 del ejército de Cuba bajo el mando del Teniente Coronel *Ángel Sánchez Mosquera*.[98] A esa acción le siguieron anuncios de derrotas del ejército durante Julio y Agosto en *Merino*, *El Jigüe*, *Santo Domingo*, *Las Vegas de Jibacoa* y *Las Mercedes*.

El 29 de Agosto dos Columnas comandadas por Camilo Cienfuegos y Ernesto Ché Guevara iniciaron una marcha forzada hacia las montañas del Escambray en Las Villas.

Ante la negativa de los EEUU de venderle aviones de combate al ejército Cubano, Batista adquirió y recibió 15 cazas *"Sea Fury"* del gobierno de la Gran Bretaña en el mes de Septiembre. Harold Macmillan, Primer Conde (Earl) de Stockton y Primer Ministro de la Gran Bretaña, recibió de Christian Herter una sonada protesta.

Ese verano, previendo la cosecha de 1958-59, todos los ingenios azucareros en el territorio bajo el control de Castro recibieron notificación de que tendrían que pagar un impuesto de US$ 0.15 por cada 250 libras de azúcar producidas en las fábricas. En La Habana, la *Resistencia Cívica* pidió a todos que no asistieran a fiestas, los cines, la playa y los parques, y que no compraran los periódicos fieles al gobierno de Batista.

El 27 de Septiembre, en una pequeña encrucijada de caminos al sur de Camagüey, los rebeldes de la *Columna 8 Ciro Redondo*, comandada por el Ché Guevara, y la *Columna 2 Antonio Maceo*, comandada por Camilo Cienfuegos, perdieron 19 de sus hombres en una emboscada donde el ejército de Batista hizo 26 prisioneros en un lugar llamado *Pino Tres*.

A pesar de esa derrota, las Columnas enviadas desde la Sierra se unieron a las fuerzas del *Directorio*, del *Segundo Frente* y del *PSP* en el Escambray y en Yaguajay, Las Villas, a principios de Octubre.

---

[98] **Ángel Sánchez Mosquera** era considerado como uno de los más osados oficiales castrenses por Batista y uno de los más criminales y ladrones por Castro. En realidad, Ángel Sánchez Mosquera era uno de los mejores y más honestos oficiales del ejército Cubano y sus tropas nunca lo vieron caer en la corrupción; eran las tropas Cubanas que más alta tenían una íntegra moral combativa.

Un mapa de la **zona inicial del levantamiento** de Castro y sus aliados; **William Pawley**, hijo de un millonario hombre de negocios Americano que vivía en Cuba, diplomático, envuelto con la CIA para sacar a *Jacobo Arbenz* de la presidencia de Guatemala, trató de persuadir a Batista a renunciar en 1958; **Santo Traficante**, notorio gánster Americano retratado en la barra del *Sans Souci* en La Habana; el Presidente Batista cenando con el mafioso **Meyer Lansky** en el *Hotel Capri* en 1958; el Teniente Coronel **Ángel Sánchez Mosquera**, Jefe del *Batallón 11* en la Sierra, trasladado de Oriente sin poder apresar a Castro y sus rebeldes.

22

Los primeros relatos que se cuentan de cualquier evento histórico son invariablemente escritos por los ganadores. Casi siempre, años después, perdido ya el fragor del combate, los analistas, historiadores y archivistas serios vuelven a estudiar con ojo crítico los hechos y producen un estudio más ponderado y verídico. Ese es ahora, más de medio siglo después de los hechos que se narran en este libro, lo que está ocurriendo con los sucesos del año 1958, cuando la República de Cuba perdió su genio y su condición y cayó en manos del Comunismo.

En el caso de Cuba en 1958, los primeros compendios que pretende relatar el triunfo militar de la revolución Castrista han sido *La Victoria Estratégica* y *La Contraofensiva Estratégica,* dos voluminosas producciones escrita en primera persona en el año 2010 y *"atribuidas"* al propio Fidel Castro. Ambos textos son bastante difíciles de leer por el exceso de exageraciones, adjetivaciones y subjetividades que caracterizan los discursos y escritos del ahora difunto Comandante en Jefe. La copiosa información que se presenta en esos dos volúmenes es tan tendenciosa, deformada y unilateral que, fuera del círculo de los fanáticos de la revolución Cubana, no es posible que se cite en ningún trabajo serio de historia Cubana.

Un ejemplo típico de la pretensión de precisión cronométrica de estos textos escritos al gusto de Castro, pero no por Castro, lo presentamos a continuación.[99] La cita que ofrecemos se refiere a lo

---

[99] *La **Victoria Estratégica*** y ***La Contraofensiva Estratégica*** son dos ejemplos de propaganda destinada a tratar de esterilizar el régimen Comunista de Cuba y ensalzar y glorificar los líderes Comunistas de Cuba. Los dos volúmenes parecen haber sido escritos por oficiales del aparato de propaganda del Ministerio del Interior o por uno de los *"intelectuales"* al servicio del régimen como Ciro Bianchi que escribe en *Juventud Rebelde* o Jorge Ibarra que lo hace en presentaciones a la *Academia Cubana de la Historia*. En un exceso de avenencia y pleitesía al publicarse esos dos tomos, la Unión Nacional de Historiadores de Cuba, concedió a Fidel Castro el *Premio Nacional de Historia* del año 2010.

sucedido al Batallón 11 del Ejército Nacional, que comandaba el *Coronel Ángel Sánchez Mosquera*. Según Castro, Sánchez Mosquera iba a ser derrotado pues se encontraba en una *"trampa mortal y la única interrogante era qué vía decidiría utilizar para huir."*

La Derrota de Sánchez Mosquera.
Capítulo 20 del libro **La Victoria Estratégica**
SUPUESTAMENTE UN RELATO PERSONAL DE FIDEL CASTRO

«*... El 20 de Julio al mediodía, cuando todavía no se había rendido la tropa de Jigüe, escribí en un mensaje al Ché: "Manda a la zona de la Plata, donde está el hospital, a los que quieran armarse. Pienso recoger todos los rifles Mendoza; armar de Springfields, Garand y Cristóbals a la gente; distribuir automáticas entre los más viejos y cortar de inmediato la retirada a los guardias de Santo Domingo y las Vegas.*

Mi plan, en efecto, era proseguir inmediatamente después de la victoria en Jigüe, casi sin solución de continuidad, con las acciones destinadas a liquidar las amenazas aún planteadas por la presencia de las otras dos agrupaciones enemigas en el interior de nuestro territorio, las tropas del Batallón 11 de Sánchez Mosquera en Santo Domingo y las dos compañías del Batallón 19 del comandante Suárez Fowler, todavía estacionadas en las Vegas de Jibacoa, maniobras que después del desenlace de la Batalla de Jigüe estábamos en condiciones de desarrollar de manera simultánea...

En el caso de Santo Domingo, desde el mismo momento de mi regreso a La Plata el 23 de Julio, comencé a organizar el cerco del Batallón 11 de Sánchez Mosquera, y a preparar el dispositivo para el rechazo y la destrucción de los refuerzos que seguramente enviaría en su auxilio el mando enemigo...

Como se recordará, durante el desarrollo de la Batalla de Jigüe habían permanecido en la zona de Santo Domingo las pequeñas fuerzas rebeldes de René Ramos Latour, Félix Duque, Leonel Rodríguez, Zenén Meriño, Huber Matos y Dunney Pérez Álamo. Estas fuerzas habían sido suficientes, ya que después del Combate de El Naranjo, el 9 de Julio, el batallón enemigo, estacionado en Santo Domingo, no intentó ningún movimiento....

Finalmente, en cuanto a otras órdenes para el cerco en Santo Domingo, envié instrucciones a Félix Duque para que ocupara con su escuadra posiciones en Leoncito, sobre el río Yara, unos dos kilómetros aguas abajo del campamento enemigo. Esta sería la primera fuerza con la que chocaría el Ejército si intentaba escapar por el camino del río...

A estas alturas, yo no tenía la menor duda de que los siguientes movimientos del enemigo serían: **uno**, enviar un refuerzo a la tropa encerrada en Santo Domingo para ayudarla a salir; y dos, el intento de Sánchez Mosquera de escapar de la trampa mortal en que se hallaba. La única interrogante era qué vía decidiría utilizar el jefe enemigo para huir. La ruta natural era la del río, pero un jefe como Sánchez Mosquera seguramente vería con anticipación que esa sería la que nosotros tendríamos mejor preparada para impedírselo.... Igualmente, la vía del río era la más natural para el envío de refuerzos procedentes de Estrada Palma al Batallón de Sánchez Mosquera en Santo Domingo. En este caso, Paz y Daniel tendrían la misión de detener el refuerzo a la altura de Casa de Piedra, mientras Suñol y Pinares debían posicionarse en El Salto, aguas abajo, y cortar la retirada de la tropa de refuerzo que chocaría con la emboscada en Casa de Piedra. Esta segunda parte de la operación resultaba decisiva, pues de nuevo mi intención era no solamente detener el refuerzo, sino coparlo y destruirlo...

El mismo día que llegué de regreso a La Plata después de la Batalla de Jigüe, instruí a Pinares de su misión y lo envié a cubrir sus nuevas posiciones, al tiempo que en un mensaje a Suñol le indiqué que se trasladara a El Salto y se uniera a la tropa de Pinares. Recuérdese que Pinares había asumido el mando del pelotón de Cuevas a la muerte de este en Purialón. Eran muy buenos combatientes....

Al amanecer del 27, las fuerzas de Guillermo y Lalo continuaron la persecución del Batallón 11 que luchaba desesperadamente por escapar. Ellos no podían conocer que el jefe de la unidad que perseguían había sido herido en la cabeza, lo que supe por la microonda ocupada el día anterior a la Compañía P de Abón Li. No fue posible informarles la noticia aquella misma tarde, lo que habría sido de gran importancia para ellos....

Mientras tanto, los restos del Batallón 11 trataron de salir por el río Yara. Pero no fue sino hasta después del repliegue de los hombres de Paz cuando finalmente pudieron avanzar sin peligro de caer bajo el fuego guerrillero. El grupo con la camilla de Sánchez Mosquera se detuvo del otro lado del caserío, y cuando el camino *quedó libre siguió en dirección al río, cruzó al otro lado del firme de Providencia y continuó poco más de un kilómetro hasta El Guineal, ya en pleno llano, donde se posó el helicóptero enviado por el puesto de mando de Bayamo a recoger al herido y transportarlo a Santiago de Cuba para recibir las primeras atenciones...*

Según supimos después, Sánchez Mosquera quedó parapléjico como consecuencia de su herida, pero con el tiempo logró recuperar alguna movilidad. El 1ro. de Enero de 1959 se fugó hacia Miami, donde los criminales de Cuba siempre encuentran refugio seguro...»

Fidel Castro en este fabuloso recuento de la historia *"a su manera"* planteó algo difícil de creer: un parapléjico, herido en la cabeza, tiene éxito al tratar de fugarse de Cuba. La historia, contada por testigos presenciales pero de todas maneras difícil de comprobar, dice que Batista expresamente ordenó ir a buscar a Ángel Sánchez Mosquera al Hospital Militar de Columbia en la madrugada del 1ro. de Enero de 1959 y lo montó en uno de sus aviones. Presumiblemente, Sánchez Mosquera había sido herido en la cabeza el 27 de Julio de 1958. ¿Estaba cinco meses después todavía en el hospital pero en disposición de montarse a la carrera en un avión militar?

Es interesante notar con relación a las serias heridas de Sánchez Mosquera que, en 1960, ya con avanzados planes de invadir a Cuba por Bahía de Cochinos, en la CIA comenzamos a reclutar voluntarios para la acción, desde nuestras oficinas en 1601 Biscayne Boulevard, frente de lo que más tarde fue el Hotel y Centro Comercial Omni de Miami. Literalmente anunciamos que *"... las fuerzas invasoras serán entrenadas por el Teniente Coronel Ángel Sánchez Mosquera, un hombre de pasado heroico cuando combatió en las montañas a los rebeldes Castristas."* Casi de inmediato los reclutados pasaron de mil. ¿Puede un parapléjico, recuperado de una herida en la cabeza entrenar militarmente a un numeroso grupo de fuerzas invasoras en las selvas de Guatemala?

En un reportaje publicado en el *Herald* de Miami, la historia se reportó -y pudo verificarse- en términos muy diferentes:

«... A mediados de Agosto de 1958, el ejército regular no se podía acercar a las áreas marginales de las montañas del Escambray. Sin em-

bargo, durante el otoño de 1958, el ejército intentó cortar el frente guerrillero a la mitad avanzando simultáneamente desde la ciudad de Cienfuegos hacia el Norte y desde Santa Clara hacia el Sur. La repentina decisión del ejército de luchar contra la guerrilla probablemente se debió a la llegada del Batallón N° 11, cuyo jefe, el coronel Ángel Sánchez Mosquera, fue trasladado desde Oriente a la provincia de Las Villas. En teoría, el objetivo principal era aislar a los guerrilleros que habían estado operando en el sector occidental de las montañas y habían atacado varios puestos del ejército en la zona, acercándose demasiado a la ciudad de Cienfuegos. Sin embargo, después de dos semanas de marcha fútil, el ejército se retiró, dejando algunos muertos, algunos heridos y muchas armas y municiones. Esta operación breve e inútil permitió a los guerrilleros capturar docenas de rifles automáticos, cantidades sustanciales de municiones, códigos secretos e incluso un tanque.»

Huber Matos, uno de los héroes no-Comunistas de la revolución en dos fotos, cuando era conducido preso de Camagüey a La Habana por criticar la tendencia marxista y años después, en el exilio, después de haber cumplido una larga una condena en Cuba; los dos tomos de la **historia de la campaña revolucionaria**, llenas de fantasía, supuestamente escritos por Castro; un **tanque blindado T-17** del Batallón 23 del ejército Cubano, uno de los pocos que escasamente podía penetrar en la selva de la Sierra Maestra; **un avión B-26**, seguido atrás por un F-47 Thunderbolt, que no podían hacer gran cosa dada la espesura de la arboleda en la Sierra.

23

En el mundo irreal de amenazas, provocaciones y alardes en que Cuba se encontraba sumergida en el Otoño de 1958, ocurrió a principios de Agosto un incidente digno de un teatro *Kabuki* a la criolla.[100] Batista, al parecer para provocar una intervención Americana, retiró la guarnición militar que custodiaba *el Acueducto de Yateras*, de donde se abastecía de agua la Base Naval de Guantánamo. El Departamento de Defensa de los EEUU ordenó al *Almirante Robert B. Ellis*, jefe de la Base Naval, que enviara a Yateras un comando de *Marines* para asegurar que no hubiera un *boicot* o una acción terrorista. Los Castro protestaron; al igual lo hizo Miró Cardona en nombre del *Frente Cívico*. El 1 de Agosto los *Marines* se retiraron y las tropas de Batista retornaron. *"Mucho ruido y pocas nueces,"* comentó *Carlos Prío* unos días después. Batista, haciendo *"de tripas corazón,"* sugirió que si los EEUU le suministraban 2,000 fusiles pondría 1,000 hombres en cualquier lugar que los Americanos se sintieran amenazados.

A raíz de ese incidente de *Yateras*, el Embajador Smith, sin que viniera al caso, pero sorprendido al creer que Washington le estaba dando la misma importancia a Batista que a Castro, envió un cable al Departamento de Estado diciendo:

> «En mi opinión, el Movimiento 26 de Julio carece ahora del apoyo de la mayoría del pueblo Cubano. Creo que antes de que el régimen de Batista caiga, elementos militares intervendrán para impedir una victoria de elementos del Movimiento 26 de Julio. La Embajada considera que de aquí en adelante, ningunas negociaciones serían del mejor interés de los Estados Unidos.»

En la opinión de los analistas del Pentágono, el Departamento de Estado y el CIA, el Embajador Earl E.T. Smith perdió mucha de su

---

[100] Kabuki (歌舞伎) es un drama de danza japonesa clásica, cuyos orígenes se remontan a 1600. El **teatro Kabuki** es conocido por la estilización de su drama y por el elaborado maquillaje usado por algunos de sus intérpretes.

credibilidad al analizar las fuerzas que chocaban en Cuba. En un informe enviado en esos días a Washington, Smith erróneamente y sin base alguna informó:

> «*El total de militantes y simpatizantes con que cuenta el Partido Socialista Popular (PSP) en Cuba, que antes considerábamos como 12,000 afiliados y 25,0000 seguidores, debe ser revisado, pues de acuerdo a mis fuentes, el Partido tiene al menos 50,000 ó 60,000 miembros, y, más o menos, entre 150,000 y 160,000 prosélitos.*» [101]

La veracidad de las informaciones de Smith y sus facultades analíticas sufrieron otro golpe cuando informó que...

> «*Debe recordarse que Mujal es un ex-Comunista confeso, con una larga experiencia en el terreno de las organizaciones obreras, y durante años ha estado en contacto casi diario tanto con Comunistas abiertos, como con simpatizantes Comunistas. Para hablar sobre la pujanza aproximada del PSP, no hay dos personas más calificadas que Eusebio Mujal y Fulgencio Batista.*»

Sin lugar a dudas, motivados por la desconfianza de las fuentes de información y el sentido común de Earl E.T. Smith, el Secretario de Estado decidió enviar a Cuba un nuevo Tercer Secretario de la Embajada, *Wayne S. Smith*. En su primera reunión informativa, el Ministro Consejero de la Embajada, *Daniel M. Braddock* le comunicó:

> «*... las elecciones prometidas por Batista ofrecen la mejor oportunidad para inducir un cambio positivo... el Embajador E.T. Smith está convencido de que Batista cumplirá con sus promesas de que las elecciones serán limpias e imparciales, por lo que todo el personal de la Embajada debe mostrar un frente unido apoyando esa esperanza... las elecciones señaladas para el 3 de Noviembre serán honestas y va a resultar electo Andrés Rivero Agüero...*»

El escenario que se contemplaba en la mente de Smith no podía ser más absurdo e inverosímil. Estaba convencido que el régimen de Batista continuaría en el poder. Afirmaba que el Dictador estaba determinado a efectuar elecciones honestas el 3 de Noviembre y

---

[101] Esas **cifras eran sumamente problemáticas**; se basaban en un reportaje preparado por el *Diario de la Marina* y en un par de conversaciones de Smith con Batista, Carlos Márquez Sterling y con el Secretario General de la *Confederación de Trabajadores de Cuba*, Eusebio Mujal. En Washington no podían creer que Smith reportara esos números como información de "*sus fuentes,*" y comenzaron a dudar de la veracidad y confiabilidad de todo lo que Smith reportaba desde Cuba.

daba por seguro la elección de Andrés Rivero Agüero como próximo Presidente Cubano. Daba por hecho que una victoria de Rivero Agüero significaba, en términos prácticos, la continuación del régimen de Batista y no dudaba que esa fuera la mejor solución para la crisis Cubana. No se daba cuenta que si Rivero Agüero era electo, no habría disminución alguna en la oposición revolucionaria existente contra el Gobierno. Aparentemente todo el mundo, menos Smith, consideraba a Rivero Agüero como un muñeco en las manos de Batista. Es más, Smith creía que si Rivero Agüero no daba la talla como Presidente, Batista podría hacer que Rivero Agüero lo nombrara General en Jefe de las Fuerzas Armadas Cubanas, desde donde podía ejercer un control efectivo del Gobierno.

Ya para Septiembre de 1958 el Embajador *Earl E.T. Smith* había dejado de consultarnos en la CIA y formulaba opciones y cursos de acción basados en sus informaciones personales y las del otro Smith, el recién nombrado Tercer Secretario de la Embajada, *Wayne S. Smith*.[102] Juntos definieron cinco cursos de acción posible:

1) *Adherirse a una política de estricta neutralidad.*

2) *Trabajar a favor de la unificación de los partidos políticos de la oposición y por condiciones que posibiliten la celebración de elecciones libres, en un esfuerzo por reemplazar al gobierno de Batista a través de medios constitucionales.*

3) *Alentar a elementos moderados dentro de las Fuerzas Armadas y la oposición legal para que depongan a Batista y establezcan un Gobierno Provisional.*

4) *Apoyar al gobierno de Batista hasta el punto de cumplir con nuestros compromisos y acuerdos contractuales y no dar apoyo moral a la oposición revolucionaria.*

5) *Alentar a la oposición revolucionaria con asistencia moral y material.*

---

[102] **Wayne S. Smith** era un diplomático tejano, ex-combatiente como *Marine* en la guerra de Corea, que se unió al Departamento de Estado Americano en 1957. Sus credenciales al llegar a Cuba incluían haber servido en las Embajadas de la Unión Soviética y Argentina. Su historial diplomático, nada impresionante, lo llevaría en 1979 a ser Segundo Jefe de Misión de la *Sección de Intereses de los Estados Unidos en La Habana* durante tres años y más tarde a una Cátedra de Profesor Distinguido en SAIS (*School of Advanced International Studies*) de Johns Hopkins University en Washington, DC, donde se ha destacado por su oposición y prédica contra el embargo Estadounidense al gobierno de los Castro.

Los dos Smiths eran de la opinión que la primera alternativa era la mejor; la segunda era difícil de lograr debido a obstáculos abrumadores; la tercera era muy riesgosa; la cuarta era interesante pero irrealista; la quinta era incompatible con los intereses Americanos.[103]

En una reunión en Palacio a fines de Septiembre con la presencia del embajador Smith, el Ministro Güell, el Presidente Batista, y algunos funcionarios de la Embajada[104] y de la Presidencia, Batista expresó sin modestia ni duda alguna:

>*«Mi intención es hacer unas elecciones honestas; admito que no voy a restaurar las Garantías Constitucionales, debido a la actividad de los rebeldes. Creo en el triunfo de Andrés Rivero Agüero, porque sólo va a votar el 60% del electorado, y eso favorece a nuestros partidos del Gobierno, que están mucho mejor organizados.*
>
>*Debo ser sincero con usted señor Embajador. Mis intenciones reales son quedarme en Cuba, ya retirado, después de las elecciones. No quiero parecer un bravucón diciendo que me voy a mantener leal a mis seguidores y voy a luchar hasta el final, aunque ello me cueste la vida. Usted puede estar seguro, señor Embajador que no voy a pedir asilo en ninguna Embajada. El "peligro Comunista" es real. El Primer Ministro Soviético, Nikita Jruschov, es una "víbora;" la Unión Soviética es enemiga de Cuba y de los Estados Unidos. La expansión Comunista amenaza al mundo, incluyendo toda la América Latina y ustedes siguen sin darse cuenta.»*

En la CIA supimos que Batista le entregó ese día al Embajador Smith, en sus propias manos, un informe pormenorizado de la influencia Comunista en varios países Latinoamericanos. En ningún

---

[103] **No hay evidencia alguna** de que Washington considerara, estudiara o hiciera caso alguno a esas cinco alternativas *vis a vis* las elecciones de Noviembre de 1958. El Departamento de Estado decidió continuar con el embargo de armamentos al gobierno de Batista. Eso incluía la NO entrega de los aviones T-28. Earl E.T. Smith continuó insistiendo que los aviones fueran entregados, alegando tener la promesa directa y personal de Batista de que esos equipos serían utilizados sólo con fines de entrenamiento.
Mientras tanto, el gobierno Cubano, que ya había pagado los equipos por adelantado, comunicó a la Misión de la Fuerza Aérea Norteamericana en Habana que estaba buscando un comprador para revender a un tercer comprador los aviones que no habían recibido. Por supuesto, para esa fecha ya estaban en combate contra los rebeldes en la tres Sierras (Maestra, Cristal y Escambray) los aviones *Sea Fury* adquiridos en la Gran Bretaña.

[104] Entre los oficiales de la Embajada Americana en Cuba estaba yo y otro de los miembros de la CIA en La Habana, gracias a lo cual las palabras de Batista están aquí reproducidas *verbatim*.

archivo del Departamento de Estado o de la Biblioteca del Congreso ha aparecido hasta el día de hoy ese informe, posiblemente por ser considerado inadecuado para archivarse por el Embajador Smith y haber sido descartado.

Ese mismo Septiembre viajó a Cuba por tercera vez el inspector General de la CIA *Lyman B. Kirkpatrick*. A diferencia de las ocasiones anteriores, esta vez no se reunió con Batista. El objetivo de su visita fue reunirse con el personal del BRAC,[105] revisar sus trabajos y fortalecerlos en todo lo posible si algo necesitaban para *"hacer que su trabajo contra los Comunistas fuera más efectivo."* Kirkpatrick terminó su visita informándole al Ministro de Gobernación Santiago Rey que *"... había evidencia de que el BRAC usaba tortura durante sus interrogatorios."* Nunca se tomaron medidas al respecto.

---

[105] El BRAC, **Bureau de Represión de Actividades Comunistas**, fue una especie de Policía Secreta que Batista organizó al llegar al poder en 1952. Su director era *Mariano Faget*, que había ganado fama durante la Segunda Guerra Mundial persiguiendo espías Nazis y Fascistas en Cuba. Faget, entre 1940 y 1944, fue ascendido a Coronel por Batista y nombrado Director de la *Oficina de Investigación de Actividades Enemigas (OIAE)* durante los años de Batista como Presidente Constitucional electo de Cuba.

En 1943, el Director del FBI, *J. Edgar Hoover*, felicitó calurosamente a Faget por su trabajo en la detección y captura de *Heinz August Luning*, un espía Alemán destacado en La Habana que reportaba movimientos de barcos en el Atlántico. Luning fue responsable del hundimiento de varios barcos Cubanos y Norteamericanos y fue arrestado y fusilado. *Mariano Faget*, como buen investigador, vio venir el triunfo de los rebeldes y fue uno de los primeros del gobierno de Batista en irse de Cuba. Su sucesor en el BRAC, un teniente de apellido *Castaño*, fue apresado y fusilado en 1959.

En el año 2000, el hijo mayor de *Mariano Faget*, del mismo nombre, sirvió en el *Departamento de Inmigración y Naturalización de los Estados Unidos* como Asistente del Director por 34 años, y fue encontrado culpable por divulgar secretos oficiales y encubrirse mintiendo cuando estaba clandestinamente asociado a la empresa *América Cuba, Inc.*, haciendo negocios con la Cuba de Castro. El Presidente de *América Cuba, Inc.* había sido amigo y colaborador de *Faget Sr.* en los días de la BRAC durante la presidencia no-Constitucional de Batista en 1957.

Mapa de la zona de **Guantánamo** que muestra las posiciones de la Base Norteamericana y el **Acueducto de Yateras**, al Norte, la única fuente disponible de agua potable para la base; **Andrés Rivero Agüero,** distinguido político Cubano, electo Presidente en las elecciones espurias de 1958; **Wayne S. Smith**, diplomático Americano desde 1958 a 1982 en Cuba, luego profesor universitario; **Lyman B. Kirkpatrick**, ex-Director Ejecutivo de la CIA en 1958 y luego profesor de Ciencias Políticas en *Brown University;* la escena en **Humboldt 7**, La Habana, cuando un grupo del *Directorio Revolucionario* fue supuestamente delatado por Marcos Rodríguez Alfonso y fueron asesinados por policías bajo el mando de *Esteban Ventura Novo* el día 20 de Abril de 1957l, una semana después de fracasar un asalto al Palacio Presidencial. En el suelo, Fructuoso Rodríguez; a la derecha, debajo, **Los cuatro jóvenes asesinados en Humboldt 7 por la policía de Batista.**

Rafael Salas Cañizares, Jefe de la Policía Nacional, fiel servidor de Batista y asesino sin escrúpulos; **Orlando Piedra Negueruela**, Jefe *del Bureau de Investigaciones* de Batista; el **Sello** del *Bureau para la Represión de Actividades Comunistas (BRAC)*; **Mariano Faget**, célebre activista anti-Comunista; **Ernesto Betancourt**, delegado del *26 de Julio* en Washington, luego exiliado en EEUU; **Gonzalo Güell** ante las cámaras de TV.

24

Si bien el Inspector General de la CIA *Lyman B. Kirkpatrick* no se reunió con Batista en su viaje de Septiembre de 1958, [106] si lo hizo con el Embajador Earl E.T. Smith, que se quejaba de que...

> «... el CIA destacado en la Embajada quiere acabar con Batista, es partidario de la gente del Movimiento 26 de Julio y están influenciados por ellos y constantemente le dan apoyo y aliento a los revolucionarios.»

También manifestó el Embajador que discrepaba con ellos (la CIA) sobre la fuerza de los Comunistas en la sociedad Cubana. Smith criticó abiertamente a la Agencia por dar un estimado muy bajo de los efectivos del *Partido Socialista Popular (PSP)*, y culpó a la CIA de la política que se estaba siguiendo con respecto al suministro de armamentos, afirmando que *"al suministrar informes favorables sobre el Movimiento 26 de Julio, estaban desalentando la asistencia al gobierno de Batista."* Smith llegó a sugerir, sin afirmarlo categóricamente, que la CIA no sólo mantenía contactos con miembros del *M-26-7* en La Habana y Caracas con fines informativos, sino que *"había rumores de que le estaban suministrando dinero o sostén de algún tipo."* [107]

El 25 de Septiembre tuvo lugar en Washington una reunión regular del *Consejo de Seguridad Nacional*, con el presidente Dwight D. Eisenhower. En ella el Subdirector General de la CIA, General *C.*

---

[106] Según un libro titulado "**Cuba, la guerra secreta del CIA,**" publicado en 1993 por Fabián Escalante Font, oficial del Ministerio del Interior Cubano en 1958, *Lyman B. Kirkpatrick* no sólo se había reunido con Batista en Septiembre de 1958 sino que también estaban en esa reunión el Jefe del Estado Mayor de Cuba, *Francisco Tabernilla*, el Coronel *Mariano Faget*, Director del BRAC, uno de los miembros de la CIA en la Embajada, *James A. Noel* y un agente encubierto de la CIA que posaba como gerente de una agencia de relaciones públicas en la calle 23, cerca de *Radiocentro*, de nombre David Atlee Phillips.

[107] Con los años, ninguna de esa información ha podido ser confirmada por medio de la **Ley de Libertad de Información**, (*Freedom of Information Act, FOIA*), por medio de la cual se han encontrado numerosas referencias que permiten precisar las posiciones de los Departamentos de Estado y de Defensa de los Estados Unidos en relación a Cuba en 1958.

P. Cabell, informó sobre los principales acontecimientos mundiales que afectaban a la Seguridad Nacional de los Estados Unidos e hizo amplias referencias a Cuba, constatando que el movimiento revolucionario de los Castro estaba más fuerte que nunca y refiriéndose por primera vez al desagradable hecho del pago de impuestos *(chantajes)* a las autoridades rebeldes por parte de las Compañías Norteamericanas en los territorios ocupados por los Castristas. [108]

A la luz de la prohibición del Departamento de Estado de que ninguna Compañía Norteamericana con operaciones en un país extranjero pudiera efectuar ninguna contribución a algún Partido Político local, la exigencia planteada en Cuba era difícil de juzgar.[109]

Sobre este escabroso asunto *William Wieland, C. Allan Stewart y Terrance G. Leonhardy*, del Departamento de Estado, habían estado en conversaciones con el representante del *M-26-7* en Washington, *Ernesto Betancourt*, quien estaba en contacto casi permanente con ellos. Betancourt era una persona bien vista por los funcionarios Norteamericanos, que estaban convencidos de que era un buen contacto con los hermanos Castro. El 30 de Septiembre, Leonhardy lo recibió para abordar el de la seguridad y protección de las propiedades Norteamericanas y las exigencias de pagos a las compañías con operaciones en territorios controlados por los Castro. El 8

---

[108] El día 22 de Septiembre, la Embajada Norteamericana había informado a Washington haber recibido una consulta al respecto por parte de los ejecutivos de la **United Fruit Company**. La reacción del Embajador Smith fue indicarles que no pagaran un centavo a los rebeldes y que debían solicitar a la Embajada que emitiera una declaración en la cual se reflejara la oposición del Gobierno Norteamericano ante tal proceder. El 26 de Septiembre, tres ejecutivos de la *United Fruit Company* visitaron en Washington al secretario de Estado Adjunto *Roy Rubottom*, quien les explicó que el Departamento de Estado estaba preparando un comunicado oficial sobre el tema.
En definitiva, el Departamento de Estado enfocó el problema entendiendo la situación de la compañía y prometiendo desalentar a los rebeldes de pedir estos "impuestos." Añadió, sin embargo, que "*...la decisión sobre pagar o no pagar un tributo bajo esas circunstancias debe ser tomada por la propia compañía... las fuerzas Castristas en Oriente obviamente tienen la capacidad de tomar represalias si los pagos no se hacen, y es muy poco lo que podríamos hacer, excepto expresar nuestra inconformidad.*"

[109] A penas unos meses antes el Departamento de Estado había establecido una clara norma a su **Embajada en Tegucigalpa**, pero en este caso se refería a contribuciones voluntarias a Partidos Políticos en las Elecciones Nacionales de Honduras.

de Octubre *Betancourt* habló por teléfono con *Wieland* sobre el tema, una vez que había transmitido la preocupación de Leonhardy a la dirección del *M-26-7*. Wieland le comunicó a Betancourt que el *Director de la Oficina de Asuntos del Caribe y México* del Departamento de Estado Americano había consultado con la Oficina de *Herter*, el Secretario de Estado, el cual le respondió diciéndole:[110]

> *«Deje saber a los delegados del M-26-7 que si el Ejército Rebelde continua exigiendo pagos a las Compañías Norteamericanas, nadie puede imaginar ni predecir las consecuencias de la respuesta que los rebeldes van a recibir de manos del gobierno de los Estados Unidos.»* [111]

A medida que se iba acercando el final del año 1958, Batista se mostraba cada vez más altanero y soberbio. En los primeros días de Octubre mandó a censurar un Parte de Prensa de la Embajada Norteamericana, enojando así a quien era el único funcionario que todavía lo apoyaba, el Embajador Smith. La Embajada había emitido una declaración cuyo primer párrafo decía:

> *«Cierto número de Compañías Americanas que operan en Cuba han sido contactadas por representantes de varios Partidos Políticos y Grupos Revolucionarios con el fin de solicitarles contribuciones financieras. ...»*

El presidente Batista objetó que se mencionaran juntos los "Grupos Revolucionarios" y los "Partidos Políticos" y, cuando oyó que el Parte de Prensa ya se transmitía por la radio, ordenó que la prensa escrita, esto es, los periódicos y revistas no publicaran ese primer párrafo en su totalidad.

---

[110] **Ernesto F. Betancourt**, uno de los más importantes aliados de Fidel Castro durante las guerrillas del M-26-7 en la Sierra Maestra, no duró mucho como fiel amigo de los Castro. En 1959 la revolución le ofreció un puesto en el *Banco Nacional de Cuba* o el puesto de *Primer Secretario de la Embajada de Cuba* en Washington, el cual aceptó. A los pocos meses, desencantado, renunció. Desde 1960 hasta 1975, fue Director de Presupuesto, Director de Finanzas y Director de Desarrollo Organizacional de la *Organización de Estados Americanos (OEA)* en la ciudad de Washington. En 1985 aceptó el puesto de Director y se unió al personal de *Radio Martí*, en Miami, desde donde criticó fuertemente a la revolución y reveló muchos de sus secretos. Murió el 20 de Junio del 2011 en la capital de los EEUU.

[111] Ver el **memorándum** sobre la conversación telefónica entre el director de la *Oficina de Asuntos del Caribe y México* William Wieland y el representante del *Movimiento 26 de Julio* en Washington Ernesto Betancourt, del 8 de Octubre de 1958, páginas 238-239, *Government Printing Office*.

En los primeros días de Noviembre, a escasas horas de las elecciones convocadas por Batista, *Robert J. Kleberg*, presidente del *King Ranch*, le preguntó a *Roy Richard Rubottom*, Secretario de Estado de los EEUU para Asuntos Inter-Americanos, qué se sabía de *"los vínculos Comunistas del M-26-7 de Castro."* Rubottom le contestó que, aún cuando no había dudas de que los Comunistas estaban aprovechando la oportunidad que les ofrecía el *M-26-7*, el Departamento de Estado no tenía evidencia concluyente de que Castro estuviera inspirado por o comprometido con los Comunistas, añadiendo que....

> «Si el Departamento de Estado tuviera información convincente a tales efectos, la daría a conocer y la actitud hacia la situación Cubana cambiaría en el acto de una forma considerable.»

Es más, para festejar por adelantado los comicios, el Viernes 30 de Octubre, *Nicolás Arroyo*, el Embajador Cubano en Washington, ofreció una recepción en su residencia de Georgetown. Para sorpresa de todos los asistentes, *John Foster Dulles*, Secretario de Estado de los Estados Unidos concurrió a ella. Al día siguiente, el *Diario de la Marina* y *Prensa Libre*, dos de los más importantes periódicos de La Habana, publicaron sendas fotos de Foster Dulles brindando por la salud del Dictador Batista.[112] El mismo día 30 de Octubre, en horas de la tarde, el tema de las elecciones en Cuba había sido discutido en el *Consejo de Seguridad Nacional*. Allen W. Dulles, en su condición de Director de la CIA, informó que...

> «... las elecciones se realizarán el próximo lunes, Noviembre 3, pero que como consecuencia del boicot organizado por el M-26-7, era poco probable que se pudieran efectuar en la provincia de Oriente y en otras regiones del país como el sur de Las Villas y parte de Camagüey, por estar controladas por fuerzas rebeldes.»

---

[112] **Nicolás Arroyo Márquez**, fue un renombrado Arquitecto y Diplomático Cubano que sustituyó a *Miguel Ángel de la Campa* en 1958 para convertirse en el último Embajador de Cuba en Washington. Como Arquitecto fue el principal impulsor del *movimiento modernista en la arquitectura Cubana*, hasta entonces dominada por el *clacisismo*. Había sido Ministro de Obras Públicas en Cuba desde el 10 de Marzo de 1952 y en Marzo de 1958 aceptó la posición como Embajador en Washington. En el banquete del Viernes 30 de Octubre *Foster Dulles* le agradeció públicamente la nota que Arroyo le había enviado expresando su consternación por las manifestaciones y alteraciones del orden que había recibido Nixon en su paso por la América Latina.

Robert Justus Kleberg, potentado Americano, gerente del *King Ranch* (1.3 millones de acres) con importantes intereses económicos en Cuba; **Nicolás Arroyo Márquez**, importante arquitecto, último *Embajador Cubano* en Washington en 1958; General **Charles P. Cabell**, Director Adjunto de la CIA bajo Allen Dulles: **Sergio González (El Curita)**, ex-candidato al Sacerdocio, propagandista revolucionario, terrorista organizador de la *"noche de las cien bombas,"* a fines de 1957. Murió asesinado en el reparto *Altahabana* en Marzo de 1958; el **emblema de la Ley de Libertad de Información**, de los Estados Unidos (*Freedom of Information Act*), que ha permitido una transparencia total en las decisiones del gobierno en ese país; el **Presidente Batista** y el **General Tabernilla** y otros generales inspeccionado armamento.

25

William Wieland, el Director de la *Oficina de Asuntos Interamericanos* del Departamento de Estado, sorprendido por las fotos de John Foster Dulles brindando con *Nicolás Arroyo* en el *Diario de la Marina*, le envió un memorándum al Secretario de Estado para recordarle amistosamente la entrevista que había tenido recientemente, el 23 de Septiembre, con *Manuel Antonio de Varona*, un amigo personal del ex-Presidente Carlos Prío, miembro del Consejo Revolucionario Cubano (*Cuban Revolutionary Council*) y ex-Ministro Cubano.

En esa entrevista de Wieland con Tony Varona, este le había hablado extensamente sobre cuatro puntos importantes:

1- Sobre la dirección que había tomado el *M-26-7*:

> «*El Dr. Varona expresó su creciente preocupación por la dirección en que se dirige el Movimiento de Castro. Dijo que en la dirigencia del M-26-7 se encuentran varios individuos, alrededor de diez, que son definitivamente de tendencias o inclusive miembros clandestinos del Partido Comunista. Entre ellos, claramente, Raúl Castro y Ernesto Ché Guevara. Fidel, no sólo simpatizante sino un convencido de la ideología marxista, ha indicado una vez más su renuencia a aceptar una Junta Militar que, en opinión del Dr. Varona, es la única forma en que puede tener lugar una transición relativamente pacífica de Batista a la democracia. Castro una vez más se ha negado a conversar con políticos experimentados en la oposición y aparentemente siente que su organización es lo suficientemente fuerte como para mantener unida a Cuba una vez que caiga el régimen actual. El Dr. Varona planea subir a la Sierra Maestra para hablar personalmente con Castro y cree que si Castro no utiliza a hombres que hayan tenido experiencia en política y gobierno Cubanos como él, el Dr. Felipe Pazos y el Dr. Agramonte, o el Dr. Bisbé, Cuba estará en un estado de caos por muchos años después de la caída de Batista. El Dr. Varona me informó también de seis columnas de rebeldes que marchaban en ese momento hacia Camagüey.*»

2- Sobre el uso de armamentos enviados por los Estados Unidos a Batista:

El Dr. Varona discutió ese asunto reiterando sus puntos de vista y una vez más le expliqué la posición del Departamento de que esos armamentos estaban presentes en Cuba con fines de defensa hemisférica y que Estados Unidos tiene que considerar los aspectos de largo alcance a pesar de los cambios internos en los gobiernos que podrían tener lugar en el hemisferio.

3- Sobre la posible condena de la *Organización de Estados Americanos (OEA)* al régimen de Batista:

«*El Dr. Varona mencionó sus esfuerzos para tratar de que la OEA tome medidas contra el gobierno de Batista en Cuba y dijo que reconocía que a pesar de la noble redacción de los diversos pactos de la OEA, en realidad no había dientes en la organización que pudieran hacer valer los elevados deseos expuestos en la Carta de la Organización. Dijo que no había continuado con ese asunto al perder la esperanza de obtener una acción actual, pero creía necesario llamar la atención de los gobiernos miembros sobre la necesidad de que en el futuro los pactos interamericanos persiguieran con más vigor el tema de las dictaduras.*»

4- Sobre las emisiones de Visa del Departamento de Estado:

«*El Dr. Varona dijo que él mismo había sido tratado con la mayor cortesía por nuestro Servicio de Inmigración y que no había tenido dificultades, pero que algunos importantes miembros de la oposición a Batista en este país, como el Dr. Miró Cardona, tenían problemas y esperaba que se daría cuenta de que nuestro tratamiento de estas personas podría tener una reacción adversa hacia los Estados Unidos, no solamente en Cuba sino también en el resto de América Latina.*» [113]

Wieland le adjuntó a su memorándum sus notas sobre la reunión que había sostenido con tres ejecutivos de la *United Fruit Company* el 26 de Septiembre.

«*Los Sres. Bump, Baker y Raines, Vice Presidentes de la United Fruit en Boston, Washington y Cuba, nos visitaron esta tarde en las oficinas del Departamento. El Sr. Bump se refirió a la solicitud que la Compañía había recibido en Cuba para pagar impuestos al movimiento rebelde, en base a la producción de azúcar de la Compañía del año pasado. Expresó que para 1958 los impuestos requeridos por el M-26-7 ascendían a aproximadamente $ 186,000. Los rebeldes bajo Raúl Castro indicaron que querían*

---

[113] El **Dr. Miró Cardona** había estado ilegalmente en los Estados Unidos por algún tiempo, ya que no había prolongado el período de estadía de su visa antes de su vencimiento.

un pago de $10,000 inmediatamente, antes del 1 de Octubre, para poder comprar algunos equipos móviles propiedad de la United Fruit Company.

El Sr. Raines, que acaba de llegar de Cuba, explicó brevemente la situación vulnerable de la Compañía. Los rebeldes han robado en el último año cerca de $50,000 en equipo y ganado. La gente de la zona generalmente simpatiza con los rebeldes, aunque están molestos con Castro por la quema de caña durante el año pasado. Había recibido indicaciones de esa gente de que si Estados Unidos emitía una fuerte declaración oponiéndose a los pagos de tributos, los rebeldes rescindirían su demanda.

El Sr. Bump dijo que la compañía estaba considerablemente preocupada por la anarquía general de algunos de los elementos de Castro en el área, la infiltración comunista en el Movimiento y la falta de control de Fidel sobre su hermano errante, Raúl.

El Sr. Raines describió la presencia del Ejército Cubano en el área como completa y totalmente inútil. Se refirió también a su conversación reciente con el Embajador Smith y la esperanza de la Compañía de que el Departamento o la Embajada pudieran hacer una declaración en apoyo de la negativa de la Compañía a rendir homenaje a los rebeldes, lo cual tal vez desalentara a los rebeldes de solicitar esos tributos.

En respuesta a una pregunta del Sr. Wieland relativa a las opiniones de la Compañía sobre la situación política en general, el Sr. Raines dijo que no veía solución en el futuro inmediato ya que los rebeldes controlaban grandes áreas en el este de Cuba y el Ejército parecía reacio o incapaz para hacer frente a la situación.

El Sr. Bump dejó copias de la correspondencia pertinente con los funcionarios de la Compañía en Cuba en relación con las demandas de tributo de los rebeldes. Estos documentos incluyen copias fotostáticas de las cartas de Raúl Castro que calculan los impuestos y su orden Número 39 que estableció dicha obligación. También había entre esos documentos una copia fotostática de una instrucción manuscrita de Fidel que autorizaba la recogida de tales impuestos.» [114]

El 30 de Septiembre Christian Herter, Secretario de Estado, emitió el siguiente documento, el único que se hizo público con relación al chantaje a las empresas Americanas:

«Varias compañías Estadounidenses que operan en Cuba recientemente han sido contactadas por representantes de varios partidos políticos Cubanos y grupos revolucionarios para obtener contribuciones financie-

---

[114] Ninguno de los **documentos** que la *United Fruit* recibió del M-26-7 relacionados con la exigencia de los pagos que se mencionan arriba se encuentra archivado por el Departamento de Estado o por la Biblioteca del Congreso. El Departamento de Estado ha indicado que esos documentos se perdieron al abandonarse el edificio la Embajada Americana en La Habana.

ras. Algunas de estas solicitudes han estado acompañadas de amenazas de represalias si las contribuciones no llegan en una fecha determinada. El gobierno de los Estados Unidos se opone a que los ciudadanos Estadounidenses participen en los asuntos políticos internos de cualquier país extranjero. En consecuencia, los Estados Unidos desaprueban las contribuciones, ya sean forzadas o voluntarias, por parte de ciudadanos o empresas Estadounidenses, a cualquier grupo, partido o facción política dentro de Cuba que viole ese principio.»

El Secretario de Estado nunca respondió al memorándum de Wieland sobre la entrevista que había tenido el 23 de Septiembre con *Manuel Antonio de Varona*. Procediendo cautelosamente, le envió un segundo y extenso memorándum que yo le había enviado el 29 de Septiembre detallando mi entrevista de Septiembre 25 con el *General Eulogio Cantillo*, el nuevo Jefe de las *Barracas del Moncada* en Santiago de Cuba.

»El 25 de Septiembre hice una visita de cortesía al General Eulogio Cantillo y Porras, el nuevo comandante del Cuartel Moncada en Santiago, así como de las operaciones militares en Oriente. El General sabía mi condición de Jefe de la CIA en la Embajada Cubana en La Habana y fue ostensiblemente muy amistoso, ofreciéndome varias observaciones que extendían nuestra conversación más allá de los límites de una visita oficial. Hablamos en Inglés la mayor parte del tiempo. Las observaciones que se consideran de interés se resumen brevemente.

Negociaciones entre el Ejército y los Rebeldes

Posiblemente el tema de mayor interés fue una declaración no solicitada del General sobre sus negociaciones con Fidel Castro, aunque no creo que me haya contado la historia completa.

Luego de la "derrota" de los rebeldes en Agosto, me dijo el General Cantillo, Fidel Castro le envió mensajes pidiéndole reunirse con él para conversar sobre cómo se podría resolver la situación. Después de recibir tres o cuatro mensajes, finalmente Cantillo envió un "Coronel" a la Sierra Maestra para hablar con Fidel. El coronel "habló" con Fidel durante tres días, pero nada resultó de eso. Los rebeldes no tenían nada que ofrecer, y querían lo imposible (no se indica claramente). Dijo que las conversaciones deben haber sido tan desgastantes como las prolongadas negociaciones en Panmunjom en Corea.

El Coronel regresó y Castro envió mensajes adicionales con la "Comisión de la Cruz Roja", pero no había nada que pudiera discutirse más. El General Cantillo dijo también que él seguía recibiendo mensajes de Fidel

Castro de vez en cuando, incluso "a través de algunos ciudadanos en Santiago," pero no había ninguna base para la negociación. Empezó a buscar en algunos documentos un ejemplo reciente, pero no lo "encontró" en su escritorio.

Tácticas rebeldes y de fuerza

El general Cantillo me dijo que los rebeldes estaban en una posición debilitada en ese momento, aunque algunas de sus declaraciones fueron un tanto equívocas. Cuando el ejército realizó un ataque frontal contra Fidel Castro en la Sierra en Agosto, el ejército mató a "trescientos" rebeldes. A Fidel le resultó imposible mantener las tropas entrenadas en la ciudad funcionando en las montañas después de eso, y por esa razón, ahora ha enviado a muchos de sus seguidores en pequeños grupos a hostigar en el campo. Esos grupos no pueden competir con el Ejército fuera de las montañas y están siendo diezmados tan rápido como podamos alcanzarlos.

Eso requiere nuevas tácticas. Anteriormente, el ejército estaba trabajando sobre la base de contener a los rebeldes en las montañas y acercarse gradualmente a ellos. Ahora es necesario dividirse y luchar por un territorio considerable. Los rebeldes esperan boicotear las elecciones mediante tácticas terroristas dirigidas a comunicaciones y servicios públicos. La guerra de guerrillas es difícil de combatir, especialmente porque el ejército Cubano nunca ha tenido una guerra en sus manos y ha sido principalmente un ejército de guarnición o un ejército de funciones como las de la policía. El ejército tiene que aprender y luchar al mismo tiempo.

Varias veces el General Cantillo me repitió que donde Fidel Castro anteriormente tenía 2,000 hombres en la Sierra Maestra, ahora solo tiene dos pequeños grupos compuestos principalmente por guajiros.

Cada vez que los rebeldes se sienten fuertes, de acuerdo con las observaciones del General, salen de las montañas hacia las ciudades y llanuras pero no pueden lograr nada de importancia. Esta afirmación es algo contradictoria en comparación con otras informaciones que yo he tenido. Al mismo tiempo, sin embargo, podría haberse deducido de sus comentarios que era una táctica del ejército permitir que los rebeldes se pusieran audaces para que pudieran ser derrotados más fácilmente.

El general Cantillo ofreció voluntariamente la información de que los rebeldes habían hecho una excelente propaganda, pero que la falsedad de ella se hizo evidente durante los intentos de huelga del 9 de Abril. La fuerza militar de los Castro está disminuyendo, dijo. Le pregunté si los rebeldes son tan fuertes o más fuertes que en Abril. El general respondió que no creía que fueran tan fuertes. Insinuó que esperaba desarrollos significativos en diez días o dos semanas, y que estos serían presumiblemente favorables para el Ejército.

Situación en Santiago

El General Cantillo declaró que había encontrado a Santiago muy callado, y repitió varias veces esa observación. Luego dijo que parecía demasiado silencioso y dio a entender que sospechaba que a los Santiagueros no les interesaba la situación. Dio la impresión en sus comentarios de que Santiago no iba a permanecer callada en un futuro cercano y que estaba tratando de estar preparado para cualquier cosa, aunque era difícil deducir exactamente lo que tenía en mente.

Quedarse en Santiago

El General Cantillo, cuando se le preguntó por su familia, dijo que no había llevado a su esposa e hija a Santiago, porque no sabía cuánto tiempo estaría allí. La duración de su asignación es indefinida y no tendría sentido desplazar a su familia hasta que se determinara que estará aquí por un período prolongado. Dijo que, en las circunstancias actuales, prefería la libertad de acción que le permitía tener a su familia en otro lugar. El general dio la impresión de que no esperaba quedarse aquí por mucho tiempo.»

> *Mis percepciones personales:*
>
> No conozco la personalidad del General Cantillo ni cómo evaluar sus comentarios. Si bien su Inglés parecía en general bueno, tuve la impresión de que su elección de palabras era ocasionalmente defectuosa, por lo que las afirmaciones podrían haber estado sujetas a interpretaciones erróneas.
>
> El General Cantillo se adhirió a la línea oficial del ejército Cubano sobre el tema de los rebeldes y su debilidad. Sin embargo, algunas observaciones parecían algo contradictorias. Cantillo fue vago e impreciso sobre los desarrollos futuros que parecía esperar, aunque esto fue probablemente una forma deliberada de mantener confidencialidad
>
> Mientras se presume que los rebeldes están sufriendo algunas pérdidas, las declaraciones del General no encajan con la fuerza rebelde aparentemente aumentada y el aumento de las actividades en Oriente y en otros lugares. El General Cantillo no ofreció ninguna explicación de por qué la fuerza de Fidel Castro no fue eliminada si había sufrido tanto en los combates de Agosto.
>
> Si bien el total de las declaraciones del general Cantillo apuntaban a la debilidad de los rebeldes y a su derrota temprana, de alguna manera tuve la impresión de que no estaba completamente seguro de esto.
>
> **Firmado,** ███████, Jefe de la Sección de la CIA en la Embajada de La Habana.

El Staff del **General Tabernilla,** reunido en una sesión en *Columbia*; **Manuel Bisbé Alberni**, político y diplomático Cubano, fundador del *Partido Ortodoxo* junto con Eduardo Chibás en 1947, destacado opositor a Batista y a Castro; **José Miró Cardona**, junto con Antonio de Varona, Justo Carrillo, Carlos Hevia, Antonio Maceo, Manuel Ray, y Manuel Artime formaron el *Consejo Revolucionario Cubano* en 1958; uno de los almacenes de la **United Fruit** cerca de Manatí, en Oriente, Cuba; **Dr. Manuel Artime Buesa** en 1958. Artime fue *Jefe de la Brigada 2506* que peleó en *Bahía de Cochinos* en 1961.

26

Las elecciones de Noviembre de 1958 en Cuba eran impostergables a pesar de lo que estaba ocurriendo en el país. El *M-26-7* se oponía radicalmente a ellas y todos en el CIA sabíamos que harían todo lo que estaba a su alcance para evitar que tuvieran lugar. Castro afirmaba en su propaganda por *Radio Rebelde* que los candidatos *Grau San Martín* y *Márquez Sterling* estaban rendidos en las manos del gobierno y que especialmente el *Partido del Pueblo Libre* estaba subsidiado por el presidente Batista para proporcionar una apariencia de oposición.[115] La obstrucción del *M-26-7* a las elecciones y su determinación de bloquearlas siempre que fuera posible, ahora se anunciaba constantemente por la radio onda corta y la prensa clandestina rebelde. La determinación del gobierno de celebrar elecciones recibía una cobertura aún mayor por toda la radio onda larga de Cuba. Oriente, donde los rebeldes tenían una gran popularidad y ventaja estratégica, era el lugar propicio para una reñida batalla de voluntades. La ciudad de Santiago y, en menor medida, Guantánamo, Holguín, Bayamo y Manzanillo presentaban los mayores retos para ambas partes.

La mayor parte del territorio que rodeaba a Guantánamo estaba a finales de 1958 en manos de los rebeldes y habían informes de pequeños grupos de ellos que entraban en la ciudad en redadas. Es probable que otras ciudades importantes de Oriente estuvieran sujetas a las mismas tácticas, especialmente porque los terrenos mon-

---

[115] El **Partido del Pueblo Libre** era de fundación reciente y proyectaba presentar como candidato presidencial al *Dr. Carlos Márquez Sterling*, sobrino de Manuel Márquez Sterling, que había sido amigo de José Martí y Secretario de Gonzalo de Quesada. **Manuel Márquez Sterling** fue el Embajador de Cuba en México que trató de salvar la vida del Presidente *Francisco Madero* en un acto heroico en el que puso en Veracruz un barco Cubano para trasladar a Madero a un exilio en Cuba. Madero fue desafortunadamente ajusticiado en camino a Veracruz en un acto que se señala como el comienzo de la Revolución Mexicana.

tañosos favorecían el acercamiento de los grupos guerrilleros como ocurría en Santiago y Guantánamo.

Particularmente serias eran las pérdidas sufridas por las empresas azucareras en la región controlada por los rebeldes. Los reportes de las empresas afectadas a la Embajada Americana indicaban que...

> *«Las pérdidas sufridas por las empresas Estadounidenses en Cuba durante los primeros nueve meses de 1958 superaban ampliamente más de US$ 2.8 millones. [US $14 millones en dinero de 2018] La mayor pérdida individual era debida a la destrucción de sembrados de caña de azúcar, por un total de más de $ 1.8 millones, que tuvo lugar durante la primavera de 1958. Las pérdidas sufridas en los últimos meses de ese año fueron principalmente en la planta de la Nicaro y en la Cuban-American Sugar Company. Ambas incurrieron interrupciones deliberadas del servicio eléctrico, robo de equipo e incendio premeditado. La frecuencia del daño a la propiedad de esas dos compañías había aumentado en los meses finales de 1958.»* [116]

La Embajada de los Estados Unidos en La Habana, en medio de la campaña electoral de Noviembre de 1958, accedió a una conferencia solicitada por el *Dr. Carlos Márquez Sterling* con William Wieland, Director de la *Oficina de Asuntos Inter-Americanos*, dos semanas antes de las elecciones. En esa reunión el líder del *Partido del Pueblo Libre* ofreció la siguiente información, adquirida por su Sección de Estudios Políticos e, interesantemente, comprobada en casi su totalidad por el grupo de la CIA de la Embajada:

> *«Entre el 80 y el 85% del movimiento del 26 de Julio son Comunistas.*
>
> *Raúl y Fidel Castro fueron alumnos de Sterling cuando era profesor en la Universidad de La Habana. En opinión de Sterling, tanto Fidel como Raúl están mentalmente desequilibrados. Cuando Raúl asistía a la Universidad de La Habana, se habló de que era homosexual.*
>
> *Muchos de elementos criminales se han incorporado y buscan refugio en el Movimiento del 26 de Julio.*

---

[116] Ver **Memorándum de Wieland a Rubottom,** fechado Octubre 10, 1958, Departamento de Estado, archivo 737.00/10, con un comentario final de Rubottom que dice *"no creo que esta información sea de mucho interés para la prensa Americana."*

El gobierno de Cuba (GDC) ha garantizado a Sterling que las elecciones serán honestas en todos los lugares donde el movimiento del 26 de Julio no tenga control completo.

Tanto Sterling como Grau han pedido a Batista que cancele las elecciones en el sur de Oriente y en 3 de los 32 municipios de Las Villas, donde el movimiento del 26 de Julio tiene control completo. Batista le está dando seria consideración a esa sugerencia. Si así se hace, tal anuncio solo se realizará el día anterior a las elecciones.

Sterling cree que va a ganar si las elecciones son honestas. Grau no piensa que sus probabilidades son mejores que las de Sterling.

La atmósfera para las elecciones ha mejorado considerablemente en las últimas dos semanas debido a la sugerencia de las autoridades Chinas de que la ONU envíe observadores y las instrucciones que Batista debe dar a sus altos oficiales según lo informado en un telegrama clasificado Embtel 371.2 enviado a la Embajada Americana.

Sterling ha hecho campaña en todas las provincias, excepto en Oriente, y ha sido bien recibido y bien tratado por el ejército en esas ocasiones.

Sterling cree que unas elecciones honestas pueden realizarse bajo las condiciones actuales con garantías constitucionales suspendidas.

Sterling ha tratado en dos ocasiones de obtener la opinión de Fidel Castro sobre su participación (de Sterling) en las elecciones. Esto ha sido definitivamente rechazado por Castro y Sterling tiene una carta de Castro como evidencia.

En la reunión de una célula en La Habana (a la cual asistió el candidato senatorial del PPL) se decidió que si una huelga general proyectada para el 27 de Octubre resulta ser un fracaso, se difundirá que el M-26-7 apoyará a Sterling en las elecciones generales.

Se acordó con el gobierno de Batista que habrá comités electorales de por lo menos 9 personas en cada lugar de votación. Cuatro serán representantes de los cuatro partidos de coalición del gobierno. Por un Voto mayoritario se decidirán todos los problemas.

Sterling preguntó, de ser elegido, si recibiría reconocimiento de los EEUU. Weiland expresó que, en su opinión, los Estados Unidos reconocerían a cualquier candidato legal que haya sido debidamente electo en unas elecciones libres y abiertas.

Sterling cree que el voto final total oscilaría entre 1,600,000 y 1,700,000 del voto posible máximo de 2,800,000.

Alrededor de 2,200 cédulas han sido recogidas de un máximo de 2,800,000. En respuesta a una pregunta de Weiland sobre si el gobierno *de Batista se había quedado con muchas cédulas, Sterling dijo que en la provincia de Las Villas más de 100,000 habían sido devueltas a votantes individuales. Todas las cédulas tienen una foto del individuo y deben proporcionar un seguro suficiente contra el voto fraudulento.[117]*

El candidato del gobierno, Dr. Andrés Rivero Agüero, espera ganar las elecciones venciendo en Oriente y La Habana, más una pequeña provincia.

En respuesta a una pregunta directa de Weiland sobre su opinión con respecto a la honestidad de las próximas elecciones generales, Sterling respondió que pensaba que serían honestas en las provincias de Pinar del Río, Camagüey y Las Villas.»

Todavía el Embajador Smith no había tenido la oportunidad de revisar la información suministrada por el Dr. Carlos Márquez Sterling cuando llegó a la Embajada la noticia de que dos empleados de la Texaco habían sido secuestrados el día 20 de Octubre por fuerzas rebeldes cerca de Santiago de Cuba.[118]

En un Parte de Prensa fechado 25 de Octubre de 1958, Fidel Castro personalmente informó cínicamente por Radio Rebelde...

«Dos Norteamericanos y siete Cubanos que trabajan en la Texaco se encontraron en el camino con una emboscada de patriotas Cubanos que esperaban el avance de fuerzas enemigas. Por motivos estrictamente de seguridad, tanto para dichos empleados como para nuestras fuerzas, los tripulantes del vehículo fueron retenidos y trasladados a lugar seguro, no porque fuesen Norteamericanos o Cubanos sino sencillamente porque cuando una emboscada es descubierta por civiles y éstos no la denuncian inmediatamente a las fuerzas de la tiranía, para evitar que caigan en la emboscada, la dictadura toma represalias contra ellos; si por el contrario los civiles denuncian nuestra posición, ésta puede ser rodeada por fuerzas superiores y atacada. Es por eso que en estos casos, se retiene a los civiles en algún lugar seguro por razones de seguridad tanto para nuestra tropa como para ellos, por el tiempo que dure la operación.

---

[117] Las **cédulas** eran documentos en forma de carnet que identificaban al presunto votante como ciudadano Cubano, mayor de edad y sin antecedentes penales. Incluían la firma y la foto del votante, así como identificaban el *Colegio Electoral* donde estaba registrado el votante para hacer uso del voto.

[118] La **Texaco** había sido víctima de una acción armada del *Tercer Frente* comandado por Juan Almeida Bosque el 13 de Marzo de 1958, apenas tres meses después de su inauguración. El objetivo había sido distraer las fuerzas de Batista y proteger el paso de Raúl Castro y su columna por la carretera Central hacia el norte. La refinería estaba localizada en San Juan de Buenavista, colindante con Punta de Sal en la ensenada de Cajuma de la bahía de Santiago de Cuba.

No se puede llamar secuestro a ese acto; nadie fue a detener a esos empleados a sus trabajos; no se exigió absolutamente nada a cambio de su libertad y fueron tratados con todas las consideraciones. Eso fue sencillamente lo que ocurrió. Se les puso en libertad tan pronto el comandante de la columna retiró las fuerzas del camino.» [119]

En ese mismo parte, tratando de reescribir la historia, hizo referencia en estas palabras al secuestro el 27 de Junio de 1958 de 24 pasajeros de un autobús de la *Base Naval de Guantánamo* -con 11 marinos y 13 empleados de la Base- llevado a cabo por las fuerzas de Raúl Castro, que él mismo había criticado fuertemente...

«Cuando un grupo numeroso de ciudadanos Norteamericanos fueron retenidos al norte de la provincia de Oriente a fin de que pudieran contemplar los efectos de los bombardeos a la población campesina con bombas y aviones de procedencia americana, este mando tan pronto conoció el problema ordenó la inmediata entrega de dichos ciudadanos a las autoridades de su país por considerar que no debían ser molestados por los errores de su gobierno. Cuando di esa orden se encontraba presente en la Sierra Maestra un periodista Norteamericano, que la trasmitió inmediatamente a las agencias cablegráficas.»

Este Parte de Prensa, en su totalidad, se presenta en el Apéndice C de este libro.

Un detalle adicional de la reunión del *Consejo de Seguridad Nacional* del 30 de Octubre mencionado anteriormente. Entre las informaciones suministradas al Presidente Eisenhower ese día, le fue

---

[119] El 23 de Octubre, **los rebeldes liberaron a los dos Estadounidenses**, con la única condición de que el gerente local de Texaco se reuniera con un grupo de rebeldes. En un despacho Wollam resumió el informe de los dos Estadounidenses sobre su experiencia, los contactos del Consulado con el General Cantillo a través de las autoridades locales y las demandas hechas por los rebeldes en su reunión del 25 de Octubre al representante de Texaco. El rescate consistía en $500,000 en efectivo o $300,000 en armas. Wollam también comentó lo siguiente sobre los contactos del Consulado con representantes rebeldes:

«Una vez verificado el secuestro, cuando los hombres no regresaron por la noche, el Consulado aprovechó la oportunidad para informar a varias personas estrechamente relacionadas con las causas rebeldes en Santiago de Cuba de su extrema preocupación. Se les señaló que la preocupación no era solo por las personas secuestradas, sino por la reacción que inevitablemente tendría lugar en los Estados Unidos, que indudablemente tendría repercusiones en las acciones del Departamento de Estado.»

A propósito, los dos empleados de la Texaco habían formado parte de los casi 50 Americanos secuestrados en el mes de Junio, de manera que tuvieron la experiencia de ser asediados por los rebeldes en dos ocasiones.

notificado que Fidel Castro estaba amenazando a todos los candidatos a todos los puestos que serían ajusticiados si no renunciaban a sus candidaturas antes del 30 de Octubre. El Secretario Dulles comentó en broma que esa era una gran idea para los Republicanos. Cuando terminaron las risotadas, Allen Dulles predijo en serio que los partidos de Batista ganarían las elecciones y que Castro no aceptaría los resultados. [120]

Al final de la reunión del *Consejo de Seguridad Nacional,* en el mismo recinto, se recibió a un grupo de representantes de varias empresas Americanas con intereses económicos en la provincia de Oriente en Cuba: Mr. Kenneth H. Redmond, Presidente de la *United Fruit Company*, Mr. Hummel, Director de la *American Foreign Power*, también miembro del Consejo de la *Lone Star Cement Co.,* Mr. J.C. Carrington, del Consejo de la *Freeport Sulphur Co.,* Mr. Harris F. Dodge, de la *Texas Company,* Mr. Robert J. Kleberg, Presidente del *King Ranch,* Mr. Michael Malone, representante en Cuba del *King Ranch,* y J.S. Baker, Segundo Vice Presidente de la *United Fruit Company.*

Las minutas de la reunión fueron redactadas por la secretaria de Mr. Rubottom:

> *«Si Castro fracasa en su intento de interrumpir las elecciones, podría reducirse su efectividad, al menos por un tiempo. Los miembros del Departamento de Estado dijeron que tenían la esperanza de que la amenaza de las fuerzas de Castro se reduciría después de las elecciones si las elecciones eran ampliamente aceptables, pero que esa era sin duda una opinión optimista. A Mr. Wieland y a Mr. Leonhardy se les preguntó si se produciría una reducción significativa de las actividades de Castro después de las elecciones. Mr. Wieland explicó que Castro trata fuertemente*

---

[120] El presidente Eisenhower no estaba muy al día ni estuvo muy atento a las deliberaciones en esa reunión del **Consejo de Seguridad Nacional**. En una de sus pocas participaciones preguntó por qué Batista aparentemente nunca había hecho realmente un esfuerzo genuino para sofocar esa rebelión. Allen Dulles le respondió que Batista lo había intentado, pero que simplemente no había tenido éxito. Uno de nuestros agentes de la CIA en Cuba comentó que en una visita reciente a la isla había observado un amplio apoyo popular a Castro. El presidente preguntó si Batista tenía algún tipo de Armada, y si la tenía, por qué no pudo bloquear la provincia de Oriente. Dulles le respondió que ciertamente la Armada Cubana no era adecuada para bloquear la Provincia de Oriente, y que las municiones se contrabandeaban en grandes cantidades pero en pequeñas embarcaciones.

de frustrar las elecciones y si sus intentos no tienen éxito sería un golpe para su causa, pero que era poco probable que se produjera una disminución en la actividad militar de Castro en Oriente como resultado. Mr. Leonhardy explicó que aparentemente el Ejército detestaba a Castro pero esperaba que Castro aumentara su resistencia en las áreas más pobladas y fuera de los bastiones de las montañas. Se dijo que si bien parecía que Castro tendría pocas posibilidades de apoderarse militarmente de Cuba, el Ejército al mismo tiempo probablemente no podría derrotar o reducir las fuerzas de Castro significativamente y por lo tanto iba a continuar, después de las elecciones, el mismo tipo de hostilidades en Oriente y otras áreas aisladas como se ha visto en los últimos meses.»

Fidel Castro, su hermano **Raúl Castro** y **Juan Almeida** (señalado con una flecha), al abandonar la *Prisión Modelo* de Isla de Pinos cuando fueron indultados por el Presidente Batista en 1953; el **General Juan Almeida** en los días cercanos a su retiro como Comandante de la Revolución; una de las **Circulares de la Prisión Modelo** de Isla de Pinos.

27

El 1 de Noviembre de 1958, dos días antes de las elecciones, *Orville Anderson*, Asesor de Relaciones Públicas del Bureau de Asuntos Inter-Americanos del Departamento de Estado, dio a la publicidad un memorándum con fecha Octubre 29 que había enviado a la Agencia de Información de los Estados Unidos (*US Information Agency*):

> *«La continua suspensión de las garantías constitucionales -la libertad de expresión, el derecho de reunión y la libertad de movimiento- difícilmente es un clima apropiado para las elecciones. El propósito declarado y el potencial de los rebeldes para interrumpir las elecciones en ciertas áreas es un serio obstáculo para las elecciones. Además, la debilidad de los candidatos presidenciales, la impopularidad del régimen y la desconfianza sobre cómo manejará las elecciones se combinan para producir un electorado cubano apático y cínico.*
>
> *La posición de los Estados Unidos, tanto pública como de otra índole, es de completo silencio, ya que la elección es un asunto interno que debe decidir el pueblo de Cuba. Se sugiere que sólo se le dé cobertura a hechos reales que se requieran para mantener nuestra credibilidad. Por ejemplo, los resultados de las elecciones.»*

El día de las elecciones, Fidel Castro transmitió por *Radio Rebelde*, desde la Sierra, sus instrucciones para obstaculizar el progreso de la consulta electoral:

> *INSTRUCCIONES PARA TODOS LOS COMANDANTES REBELDES EN LA PROVINCIA DE ORIENTE, SOBRE EL TRÁNSITO EN ESTA PROVINCIA:*
> *1. El tránsito por ferrocarril debe continuar totalmente paralizado.*
> *2. El tránsito de ómnibus también debe quedar paralizado.*
> *3. Puede permitirse el tránsito de pasajeros por carretera, en automóviles y vehículos pequeños, solamente los lunes, martes y miércoles.*
> *4. Puede permitirse igualmente el transporte de víveres y mercancías en general por carretera, los lunes, martes y miércoles.*

5. Puede permitirse el abastecimiento de leche a las ciudades, sin obstáculo alguno, todos los días de la semana.

6. Debe brindársele ayuda a los cosecheros y almacenistas de café para transportar sus productos durante los tres días de la semana señalados para el tránsito general.

7. El abastecimiento de petróleo, gasolina y cualquier otro combustible debe impedirse por completo. Todos los carros tanques que transporten combustible cualquier día de la semana, deberán ser requisados o destruidos.

Se advierte a todos los vehículos y transportes civiles el peligro de moverse en las carreteras convoyados por tropas de la dictadura, ya que los carros que conduzcan soldados pueden ser atacados en cualquier parte de su recorrido, vayan sólo los vehículos militares o vayan convoyando vehículos civiles. Se advierte igualmente a los ciudadanos el peligro de viajar en carros donde vayan soldados de la dictadura, ya que nuestras fuerzas no pueden permitir que los mismos transiten impunemente escudados en civiles y en consecuencia se podrá disparar contra todo hombre uniformado o portando armas largas que transite en cualquier vehículo. Esperamos de la población el máximo de cooperación con las medidas dictadas.

Estas instrucciones regirán hasta nueva orden.

(fdo). FIDEL CASTRO, Comandante en Jefe

El mismo día de las elecciones, Noviembre 3, el Consulado Americano en Santiago de Cuba informó que menos del 5% de los votantes acudieron a las urnas. Se rumoró ampliamente que a puertas cerradas los líderes de los partidos habían nominado y aprobado los candidatos provinciales y locales ganadores el día anterior. *Park Wollam*, Vicecónsul Americano radicado en Santiago de Cuba, declaró que, aunque había habido incursiones de disparos en la ciudad las dos noches anteriores, la ciudad había estado extraordinariamente tranquila ese día. [121]

El 4 de Noviembre, el Embajador Smith, en una conversación telefónica sobre la noche de las elecciones con el Ministro de Asuntos Exteriores Güell, informó que los primeros resultados indicaban que Rivero Agüero había sido elegido presidente por una amplia

---

[121] Ver **Telegrama 463** a La Habana, 4 de Noviembre, Archivos Central del Departamento de Estado Americano 737.00 / 11-458).

mayoría y que las elecciones en La Habana se habían celebrado en un ambiente notablemente pacífico y tranquilo. Smith dijo que, sin duda, pronto llegarían múltiples acusaciones de fraude.

El 6 de Noviembre, en un telegrama a La Habana, cifrado con el número 247, el Departamento de Estado en Washington solicitó, tan pronto como hubiera base para hacer juicio, que se enviara una...

> «...*evaluación de los resultados electorales, el nivel de aceptación del pueblo Cubano, las perspectivas de que Rivero Agüero asumiera el control real y una opinión de Smith sobre éxito de la supuesta intención de que las elecciones mejoraran el presente estado de conmoción y guerra civil.*»

Unos días después, el Embajador Smith pidió instrucciones a Washington de cómo opinar sobre las elecciones en una reunión que Batista había convocado para conversar con Smith y Rivero Agüero. La respuesta de Washington fue formulada por *Robert L. Gilmore,* Jefe de Asuntos Legales del Departamento de Estado y revisada por *Herter* mismo.

> «*Si el Presidente electo Rivero Agüero menciona que él está dispuesto a comprometerse y está dispuesto a dar los pasos necesarios para lograr una solución pacífica en Cuba, y pregunta: ¿apoyará el Departamento a la nueva administración? La respuesta por su parte debe tener en cuenta que usted no debe ir más allá de referirse a la voluntad declarada de Rivero Agüero de buscar una solución pacífica y pedirle detalles sobre cómo planeaba lograr esto. Sea como sea que Rivero Agüero hiciera esa pregunta, sus palabras deben concluir en esta forma:*
>
> *... los Estados Unidos creen que deben saber cuáles son esos planes concretos y las posibilidades de éxito para poner fin a las luchas internas a fin de determinar si es posible revisar las políticas actuales...*»

Aparentemente, el Departamento no dio instrucciones sobre qué debería Smith decirle a Batista si este preguntaba lo mismo o algo distinto. El telegrama enviado al Embajador Smith con esas instrucciones contenía también una nota que expresaba:

> «*Las siguientes organizaciones de inteligencia participaron en la preparación de esta recomendación: la Agencia Central de Inteligencia y las organizaciones de inteligencia de los Departamentos de Estado, el Ejército, la Marina, la Fuerza Aérea y el Estado Mayor Conjunto. La recomendación fue presentada al Director de la Junta de Inteligencia de los Estados Unidos. El Director de Inteligencia e Investigación del Departamento*

> *de Estado coincidió; igualmente lo hicieron el Jefe Adjunto del Estado Mayor de Inteligencia, Departamento del Ejército, el Subjefe de Operaciones Navales para Inteligencia, Departamento de Marina, el Jefe de Gabinete Asistente, Inteligencia, USAF, el Director de Inteligencia del Estado Mayor Conjunto, el Asistente del Secretario de Defensa, el responsable de Operaciones Especiales y el Director de la Agencia de Seguridad Nacional. El Subdirector del Buró Federal de Investigaciones se abstuvo aduciendo que el tema se encontraba fuera de su jurisdicción.»*

Evidentemente ese intercambio de preguntas y respuestas entre el Departamento de Estado y el Embajador Smith en La Habana, a pesar de las precauciones tomadas por ambas partes, fue inmediatamente del conocimiento de la jefatura de los rebeldes en la Sierra. En menos de 24 horas Castro hacía público un comentario desde Radio Rebelde:

> *«No queremos que entre Cuba y los Estados Unidos surja nunca un conflicto que no se pueda resolver dentro de la razón y el derecho de los pueblos. Pero si el Departamento de Estado americano continúa dejándose arrastrar por las intrigas de Mr. Smith y Batista e incurre en el error injustificable de llevar a su país a un acto de agresión contra nuestra soberanía, la sabremos defender dignamente. Hay deberes con la Patria que no se pueden dejar de cumplir cueste lo que cueste. A un país grande y poderoso como los Estados Unidos no lo honran las palabras y amenazas que entrañan las últimas conversaciones de Washington y La Habana. Las amenazas tienen virtualidad entre la gente cobarde y sumisa, pero no la tendrán jamás con los hombres que estén dispuestos a morir en defensa de su pueblo.»*

Las acciones de guerra del *M-26-7* no se detuvieron durante las elecciones ni durante el período preparatorio. En los primeros días de Octubre, las Columnas enviadas desde Oriente bajo la dirección de Ernesto Guevara y Camilo Cienfuegos se habían unido a las fuerzas del Directorio, del Segundo Frente y del PSP en la Sierra del Escambray y en Yaguajay, Las Villas. En relativo silencio, el liderazgo obrero del *M-26-7* hizo un pacto con el PSP formando el *Frente Obrero Nacional Unido (FONU)*. Delio Gómez Ochoa, al frente de la *Columna No. 32 "José Antonio Echeverría"* partió hacia Holguín, para asumir el mando del Cuarto Frente Oriental "Simón Bolívar."

Un Parte de Guerra preparado por *Carlos Franqui* y leído por *Radio Rebelde* dio a conocer los presuntos o reales logros de los alzados:

«Cinco nuevas columnas rebeldes, partiendo del Frente No. 1 de la Sierra Maestra han invadido la zona Central y oeste de la provincia de Oriente y el este y norte de la provincia de Camagüey. Son: la 12 "Simón Bolívar", la 13 "Ignacio Agramonte", la 14 "Juan Manuel Márquez", la 31 "Benito Juárez" y la 32 "José Antonio Echeverría". Una sexta columna rebelde, la 16 "Enrique Hart", al mando del comandante Carlos Iglesias, partiendo del Segundo Frente, ha invadido el municipio de Banes y hecho contacto con la Compañía 3 de la Columna 14, al norte de Holguín. Con este nuevo avance, todo el territorio rural de la provincia de Oriente se encuentra bajo el control de nuestras fuerzas.»

En La Habana, la Embajada Americana recibió copia de un telegrama enviado por Carlos Márquez Sterling al Departamento de Estado en Washington por conducto de Mario Lazo y el Dr. Jorge Cubas, dos prestigiosos abogados Habaneros.

«Si las elecciones hubieran sido honestas en lugar de fraudulentas, yo estoy seguro que hubiera ganado. Ahora creo que muchos jóvenes desilusionados van a unirse al M-26-7. Para detener esos reclutamientos adicionales para Castro y para bien de Cuba, recomiendo que Estados Unidos apoye al gobierno Cubano y renueve la venta de armas. Si el Departamento de Estado en este momento no está dispuesto a ir tan lejos, creo que definitivamente ha llegado el momento en que EEUU debe hacer un esfuerzo sincero para detener las transferencias aéreas de armas desde Florida al territorio rebelde para hacer cumplir las leyes de neutralidad y no dar ayuda moral y consuelo al M-26-7.

Los comunicados de prensa de Washington que informan conversaciones con Betancourt y otros representantes, dan la impresión en Cuba de que Estados Unidos está dando un reconocimiento extraoficial a las actividades del M-26-7. Cuando y si el Departamento está dispuesto a mostrar apoyo moral para la administración contra los rebeldes, creo que el presidente electo, Rivero Agüero, a su vez estará dispuesto a acortar su mandato y convocar elecciones generales dentro de dos años.»

El 7 de Noviembre de 1958, según un cable de la UPI, el presidente Eisenhower declaró que su gobierno no se proponía intervenir en los asuntos internos de Cuba...

«...excepto en los casos en que se vean envueltos ciudadanos de los Estados Unidos. En esos casos el gobierno Norteamericano tiene que tomar medidas para proteger a sus ciudadanos.»

Al día siguiente, Fidel Castro declaró por *Radio Rebelde* acerca de un avión *Viscount* de la *Compañía Cubana de Aviación* robado en el aire y estrellado en la bahía de Nipe, donde perdieron la vida algunos ciudadanos Norteamericanos y Cubanos...

> «... hecho del cual quiere valerse el gobierno de Batista para responsabilizar a los rebeldes y ganarse más el apoyo yanqui. Todas esas acusaciones que hace la dictadura contra el M-26-7, como las acusaciones lanzadas contra los que provocaron el accidente del avión, demuestran hasta la saciedad que están preparando el terreno para una intervención extranjera en Cuba, una intervención armada que libre a la camarilla que desgobierna al país de la ira popular...»

El 15 de Noviembre el Embajador Smith invitó al Presidente electo Rivero Agüero a su residencia diplomática en Cubanacán para conversar sobre la situación política Cubana. La información que el Embajador ofreció a la CIA sobre esa conversación se presenta aquí en forma resumida.

> «La reunión duró tres horas y terminó con una invitación para que el Dr. Rivero Agüero hiciera una visita no oficial a los Estados Unidos. Dr. Rivero Agüero afirmó que en un futuro muy cercano tiene la intención de anunciar públicamente la intención de su gobierno de convocar a una Asamblea Constitucional dentro del primer año de su mandato para considerar los pasos que deben darse para restablecer el pleno gobierno constitucional en Cuba. Reconoció que desde el golpe de Estado del 10 de Marzo de 1952, la legitimidad del régimen actual ha sido cuestionada por la oposición política y que las elecciones de 1954 no sirvieron para terminar ese debate. Dijo que esperaba acortar su mandato de cuatro años y que ese plan cuenta con el apoyo del Dr. Márquez Sterling y del Dr. Carlos Prío, con la actitud del Dr. Grau algo incierta. Expresó que, en su opinión, el 90% de los Cubanos desea una solución pacífica y apoyaría su plan, enfatizando la imposibilidad de llegar a un acuerdo negociado con Fidel Castro, a quien describió como un hombre enfermo (mencionó que tiene una herencia sifilítica) con una ambición abrumadora de derrocar al gobierno por la fuerza. Castro, dijo, no tiene seguidores entre los elementos moderados del país. Si el Dr. Márquez Sterling hubiera ganado, muchos de sus seguidores habrían favorecido un acuerdo negociado y que la mejor solución sería que Fidel Castro fuera asesinado o capturado. Hizo hincapié en la gran reciprocidad de intereses que Cuba y los Estados Unidos tienen para encontrar una solución a la situación actual. Añadió, sin embargo, que no estaba invitando a la intervención en los asuntos internos de Cuba.

El Dr. Rivero Agüero añadió que con el equipo actual del Ejército Cubano no creía que fuera posible eliminar las fuerzas revolucionarias de Fidel Castro antes de la inauguración en Febrero. Habló largamente de su gran admiración por los Estados Unidos. Al concluir la entrevista, el Dr. Rivero Agüero reiteró que, en lo que a él concierne personalmente, su objetivo principal y único es restaurar la paz y el gobierno constitucional en Cuba y que le es indiferente si su mandato fuera largo o corto. Regresaría a su despacho de abogados con mucho gusto cuando se hayan cumplido esos objetivos, y lo que más valora es que, cuando regrese a la vida privada, la gente lo considere como un buen servidor público.»

28

En esos días de alrededor del 15 de Noviembre, mientras se reunían el Embajador Smith con el Presidente electo Rivero Agüero, comenzaron a surgir sospechas en la mente de Fidel Castro, en primer lugar, sobre la lealtad de muchos de los hombres el *M-26-7*. En segundo lugar, sobre la veracidad de historias exageradamente heroicas que se estaban circulando en Cuba, atribuidas a militantes del *M-26-7* cuyos nombres él no reconocía. No por honradez sino por narcisismo, Castro reprobaba esos relatos ficticios porque ponían en duda las *"historias reales"* de las que él creía ser el auténtico y exclusivo héroe.

Una de esas historias tenía como protagonista a un tal *Wilfredo Velázquez*, que era más conocido como el *Compañero José*. Supuestamente había nacido en Sancti Spíritus y estudiado en *La Unión Soviética* al principio de la era de Stalin. A él, decían las historias, se atribuía el asesinato de *Sandalio Junco* en la década de los 1940. Cuando Batista tomó el poder el 10 de Marzo del 1952, el personaje en cuestión había infiltrado con éxito el Ejército y la Policía Nacional y había colaborado estrechamente con *Joaquín Ordoqui*, el Jefe de Operaciones del *Partido Socialista Popular*. La historia ficticia que se creó a su alrededor relataba que cuando comenzó la lucha armada contra la dictadura Batistiana, el PSP no

La **primera piratería aérea** en la historia de la aviación Americana, con resultados criminales y aun sin una merecida sanción a los culpables, fue perpetrado por Fidelistas el 1 de Noviembre de 1958. El **Vuelo 495 de Cubana**, Miami-Varadero, fue secuestrado en pleno vuelo por cinco miembros del 26 de Julio. Tuvo que haber complicidad interna ya que los secuestradores encontraron armas y uniformes en el suelo del avión. *En las fotos arriba:*
Ruskin Medrano, piloto, falleció junto a muchos de los pasajeros al caer la nave en aguas infectadas de tiburones en la bahía de Nipe; una vista de las **labores de rescate**; cuatro de los cinco **terroristas**, dos de los cuales sobrevivieron y viven en Cuba sin penar por sus crímenes; dos de los **reportes de la prensa** de la época; una foto de los asistentes a una **Misa** en St. Brendan, Miami, en un aniversario de la tragedia. La tercera persona, de izquierda a derecha, es **Patricia Pita**, hija del piloto Medrano, esposa del Dr. Julio Pita, conocido y prestigioso profesional de la medicina en Coral Gables.

participó inicialmente en la insurrección, pero mucho antes de que sus directivos finalmente tomaran las armas, ya el *Compañero José* se había unido al *M-26-7* y estaba luchando con grandes resultados como miembro del ejército rebelde tanto en la Sierra Maestra como en el Escambray.

La historieta hacía responsable al *Compañero José* de, primero, guiar las dos columnas invasoras rebeldes, la *Ciro Redondo*, comandada por el *Ché Guevara*, al Escambray y la de *Camilo Cienfuegos* a la zona norte de la provincia de Las Villas y, segundo, catequizar a *Ernesto Guevara* y persuadirlo para que se afiliara al *Partido Comunista* en la región de Manzanillo.

Estas historias enfurecían a Fidel Castro, que trataba de hacerlas desaparecer desmintiendo que el *Compañero José* fuera un personaje real.[122]

Sin embargo, no sólo Castro tenía como enemigos a los héroes ficticios sino también a los líderes reales que le hacían sombra. Dos de ellos fueron, por supuesto, *Faure Chomón Mediavilla* y *Eloy Gutiérrez Menoyo*.

Chomón había llegado al Escambray, después de haber fracasado en sus planes de asaltar al Palacio Presidencial al frente de los hombres del Directorio Estudiantil. Todo el armamento destinado a esa acción, por falta de organización, se perdió en la *Playa Santa Fe*, en la Provincia de La Habana. *Rolando Cubela* fue entonces promovido a Jefe del *Directorio* sustituyendo a Chomón. Gutiérrez Menoyo había participado en el asalto a Palacio en forma secundaria. La justicia no lo buscaba cuando se unió al Directorio como Jefe de Acción en La Habana. Su lugarteniente era un Americano que Castro fusiló más tarde, William Morgan. Faure Chomón lo

---

[122] En esa época, el Frente del Escambray se llamaba *Segundo Frente Unido del Escambray* y estaba compuesto por miembros del *26 de Julio, del Directorio Revolucionario y la Organización Auténtica (O.A.)*. Interesantemente, en los primeros meses de 1959, surgieron **cientos de páginas "escritas" por Fidel Castro** o recordadas por él, que *"rememoraban"* una narrativa de muchas acertadas estrategias y enormes éxitos logrados por Castro. El volumen de esos escritos, que aun circulan en la internet, es tal que no habría forma humana que fueran escritos por un hombre que apenas tenía tiempo de disfrutar del éxito de su toma del poder al adueñarse del gobierno en Cuba.

acusó de traidor por su falta de apoyo al Directorio y Menoyo decidió formar su propio movimiento, *Alpha 65*. Fidel Castro detestaba a estos dos personajes que competían con él en popularidad.[123]

A pesar de la aparente preocupación de Castro por una fidelidad histórica de los relatos revolucionarios, él y sus seguidores crearon toda una fantasía de éxitos en los enfrentamientos con las fuerzas del ejército Constitucional. Por supuesto, Castro nunca se opuso a la ficción si era de su propia creación.

Una de esas falsas entelequias fue la relacionada con la *Batalla de Guisa* el 20 de Noviembre de 1958. Según la historia *"recibida de la Comandancia General"* y narrada por Radio Rebelde, ese encuentro se relató en los siguientes términos...

> « *La batalla tuvo lugar a la vista de Bayamo, a pocos metros del mando y el grueso de las fuerzas de la dictadura, que nos acometió con tanques pesados, artillería y aviación. Después de diez días de combate, le ocasionamos más de doscientas bajas al enemigo, y nos retiramos triunfantes con un tanque Sherman, dos morteros, una bazooca, siete ametralladoras con sus trípodes, 94 armas largas y cincuenta y cinco mil balas.*»

En otro relato que vio la luz en el periódico *Granma* en 1962, sin embargo, se detalló el resultado de la batalla en forma ligeramente diferente...

> «*Al terminar la batalla se contó el siguiente equipo ocupado al enemigo: Un tanque de Guerra T-17, tomado, perdido y vuelto a recapturar, más de 200 armas entre fusiles ametralladoras, Garand, Springfield, y ametralladoras San Cristóbal; tres morteros 60, un mortero 81, tres bazoocas, nueve ametralladoras trípode calibre 30, sesenta y cinco mil balas, ciento treinta granadas de Garand, setenta obuses de mortero 60 y veinticinco de 81, veinte cohetes de bazooca, 200 mochilas completas, ciento sesenta uniformes, catorce camiones de transporte, víveres y medi-*

---

[123] Castro humilló a **Chomón** al llegar victorioso a La Habana acusándolo de *"robarse"* la revolución cuando, sin permiso de Fidel, tomó el *Palacio Presidencial* unos días antes de la llegada de Fidel a La Habana. Fue para Chomón que Castro enunció por primera vez la pregunta ¿Armas, para Qué?

A **Menoyo** Fidel lo declaró cobarde y usurpador en 1961, lo que provocó que Menoyo se auto-exiliara por varios años en Miami antes de volver a Cuba a conspirar contra Castro en 1964, ser apresado, guardar prisión por 22 años, exiliarse de nuevo, esta vez en España, y retornar a Cuba contrito en 2003 y pedirle perdón al Jefe Máximo, que le permitiera quedarse en la isla como *"un disidente tolerado."*

cinas. Por varios días se siguió registrando el campo de batalla con la seguridad de encontrar más armas.»

Un tercer relato publicado en 1968 en *Verde Olivo*, describió el resultado de la batalla como...

«... la guarnición de Guisa logró escapar, pero toda la zona cayó en nuestras manos y capturamos un blindado, 14 camiones y 3 morteros. El Ejército tuvo 80 muertos y heridos en 6 días de combate, nosotros 8 muertos y 7 heridos.»

En su libro *La Victoria Estratégica*, sin embargo, Castro no menciona en absoluto la *Batalla de Guisa*, pero resume unas acciones el 6 de Agosto de 1958 en la llamada *Batalla de Las Mercedes* con el siguiente colofón..

«Terminaba así, el 6 de Agosto, la Batalla de Las Mercedes, después de siete días de acción prácticamente ininterrumpida. Para nosotros, el saldo de la batalla había sido costoso: ocho muertos y 17 heridos. En el curso de las acciones se pudieron contabilizar 24 cadáveres enemigos e incontable número de heridos; fueron hechos dos prisioneros, ocupados varios fusiles e inutilizados un tanque y una tanqueta..... Como les dije a Camilo y al Ché en varios mensajes, nuestra contraofensiva para derrotar de manera aplastante la gran ofensiva enemiga había concluido con esta batalla después de 74 días de incesante combate; el enemigo sufrió más de mil bajas, de ellas más de 300 muertos y 443 prisioneros, y no menos de cinco grandes unidades completas de sus fuerzas fueron aniquiladas, capturadas o desarticuladas. Quedaron en nuestro poder 507 armas, incluidas dos tanques, 10 morteros, 3 bazucas y 12 ametralladoras calibre 30. »

Al terminar el anterior comentario, sin mencionar la *Batalla de Guisa*, que sabía que había sido un evento de poca importancia, Castro salta a *"una nueva y última etapa en la guerra de liberación,"* el *Paso de las Columnas Rebeldes por Camagüey*...

«Las Columnas del Ché y de Camilo, avanzando por las llanuras del Cauto y de Camagüey, llegaron al centro del país. La antigua Columna 1 había entrenado más de 1,000 reclutas en la escuela de Minas de Frío, y con Jefes que surgían de sus propias filas, tomaron los pueblos y ciudades en la Carretera Central entre Bayamo y Palma Soriano. Varios de los tanques T-37 de Batista fueron destruidos, los tanques pesados y la aviación de combate no pudieron impedir la toma de ciudades cientos de veces mayores que el pobladito de Las Mercedes....

Una foto histórica de la reunión del ex-Presidente **Carlos Prío** con **Millo Ochoa**, **Andrés Nazario Sargén**, el **Padre Ramón O'Farril** y **Andrés Rivero Agüero**; dos de los personajes revolucionarios maltratados por los hermanos Castro, probablemente llenos de celos e inseguridades, **Faure Chomón** y **Eloy Gutiérrez Menoyo**; dos siniestras figuras, Comunistas profesionales, echadas a un lado por Castro en su ambición de ser el supremo líder Comunista en Cuba: **Joaquín Ordoqui** y **Edith García Buchaca**.

En su avance, a la Columna 1 se le unieron las fuerzas del Segundo Frente Oriental Frank País. Así ocupamos la ciudad de Palma Soriano el 27 de Diciembre de 1958...

Fue entonces que la huelga general revolucionaria, decretada a través de Radio Rebelde desde Palma Soriano, paralizó al país. El Ché y Camilo recibieron órdenes de avanzar por la Carretera Central hacia Las Villas, y no hubo fuerzas que hicieran resistencia...»

La historia verdadera, por supuesto, fue bien distinta. Según el reporte que recibí de nuestros agentes de la CIA destacados en la provincia de Camagüey, un relato fiel a los acontecimientos debía leer como el que ellos me sometieron:

«El comienzo de la invasión fue anunciado con gran júbilo y aplausos por Radio Rebelde. Las tropas de Batista trataron de atajar las dos Columnas del 26 de Julio, la comandada por el Ché y la de Camilo Cienfuegos, que se desplazaron la mayor parte del tiempo a pie y que sumaban entre ambas menos de 200 combatientes. Ambas lograron burlar a los soldados que trataron de cerrarles el paso al bajar de la Sierra y dirigirse a las llanuras Camagüeyanas. El enorme poderío militar del ejército de Batista no pudo contenerlas.

En el caso de la Columna del Ché, sus hombres contaban con 8 rifles Springfield, una carabina 30/30, una Ruger, 5 Winchesters y varias escopetas. La Columna de Camilo estaba menos equipada. Cuando aun estaban en territorio de la provincia de Oriente realizaron algunas acciones entre ellas tres de los combatientes de Camilo se introdujeron en un tren de pasajeros y dominaron la escolta, apoderándose de tres fusiles Springfield, mataron dos soldados e hirieron uno.

Las tropas del Ché, en otra acción, ajusticiaron a un sargento del Servicio de Inteligencia del ejército y también actuaron contra el transporte destruyendo un ómnibus. Al atravesar la frontera con Camagüey, el Coronel Jefe del Regimiento de esa provincia, el Coronel Victor Dueñas les había vendido el paso franco por el territorio a su mando por una buena cantidad de dólares, parte del cual el Movimiento había recaudado entre los ricos ganaderos de esa provincia. El paso de los rebeldes de las dos columnas se llevó a cabo sin ninguna eventualidad.

La Columna de Camilo, cuando llegó el momento de cruzar a territorio Villareño, mientras esperaba el arribo de la Columna del Ché, apenas había visto soldados de los que Batista había desplega-

do en territorio Camagüeyano. Cuando inició la invasión en la zona de El Salto, en Oriente, tenía 82 hombres; después de atravesar una buena parte de Oriente y todo Camagüey, llegó a Las Villas con 72 hombres. Había perdido 2 hombres en una pequeña escaramuza militar que enfrentaron por error; los restantes 8 regresaron a Oriente por enfermedades o por quedarse descalzos. El mayor enemigo de "los invasores" no lo fueron las fuerzas militares del ejército regular sino las inclemencias del tiempo y los casi intransitables pantanos de la costa sur Camagüeyana. Iniciaron la invasión bajo un ciclón y llegaron al cruce de Camagüey con las Villas bajo las torrenciales lluvias y fuertes vientos provocados por otro huracán tropical.

Los relatos de la *Batalla de Guisa* y el *Paso por Camagüey*, evidentemente fueron productos de una engañosa imaginación.[124]

29

El 18 de Diciembre la Columna al mando de Ernesto Guevara dinamitó el puente Falcón y sitió el poblado de *Fomento* en los alrededores del Escambray y el 22 de ese mes los rebeldes del Directorio, encabezados por Rolando Cubela, tomaron la ciudad de *Cabaiguán*.

---

[124] Según informaciones que recibimos de la CIA en Oriente, el **Coronel Víctor Dueñas** había negociado la movilización de sus tropas fuera del trayecto proyectado por las dos Columnas invasoras por la cantidad de US$ 50,000 dólares como estipendio inicial, pagaderos en La Habana a un tal *Onelio Suárez* y un segundo pago por la misma cantidad que le entregaría Camilo Cienfuegos en una reunión convenida en Las Tunas. El mando superior del ejército, al conocer que las dos columnas habían llegado a Las Villas, consideró que la dirección del coronel Víctor Dueñas contra los insurgentes era ineficaz y que había sido sobornado. Lo sustituyeron por *Leopoldo Pérez Coujil*, de igual grado, que hasta entonces se estaba desempeñando como jefe del tenebroso *Servicio de Inteligencia Militar (SIM)*.

Víctor Dueñas, Matancero, había adquirido el grado de Capitán antes del golpe militar del 10 de Marzo de 1952. Por su participación en el cuartelazo fue ascendido a Teniente Coronel y el 5 de Diciembre de 1957 alcanzó el grado de Coronel. Había sido Inspector del Regimiento Mixto de Tanques "10 de Marzo" en el Campamento de Columbia, Supervisor de la Cárcel de La Habana y Jefe del Regimiento 7 de Holguín. Víctor Dueñas terminó sus días exiliado en Miami.

La Victoria Estratégica y *La Contraofensiva Estratégica*, los dos libros *"escritos"* por Castro cincuenta años después de los eventos, no solamente reportan someramente esos combates verídicos, sino también imaginan una ilusoria fábula de aciertos rebeldes que presumiblemente ocurrieron en *Jiguaní, Contramaestre, Palma Soriano, El Cobre, Alto Songo, La Maya, El Cristo, Dos Caminos* y *San Luis*, batallas que sólo se detallan en las publicaciones oficiales de la Cuba de hoy, pero de las cuales no existe gran información en otras fuentes responsables, mucho menos en los reportes inequívocos de los adversarios de los rebeldes o los miembros de la CIA destacados en las provincias Cubanas.

Durante los días finales del año 1958, a medida que se hacía evidente que el gobierno de Batista se desmoronaba, la propaganda oficial del *M-26-7* aceleró sus exageraciones para justificar su contribución a ese derrumbe con actos heroicos de sus ejércitos y así asegurar que no hubiera competidores en su reclamo al derecho de asumir unilateralmente los destinos de Cuba.

Nuevos relatos oficiales comenzaron a surgir sobre la ya manipulada descripción de la *Batalla de Guisa*:

« *¡La Batalla de Guisa! Fue una lucha de hombres contra aviones, tanques y artillería. El más destacado oficial rebelde fue el capitán Braulio Coronú, veterano de numerosas acciones que cayó gloriosamente defendiendo su posición en la carretera de Guisa por donde no pudieron pasar los tanques enemigos.... Las unidades rebeldes al mando de sus capitanes y demás oficiales combatieron con una moral extraordinaria... Una escuadra del pelotón de mujeres Mariana Grajales combatió valerosamente también durante los diez días que duró la acción soportando el bombardeo de los aviones y el ataque de la artillería enemiga.* »

El 7 de Diciembre, reportaban las fuentes rebeldes sobre la Toma de *La Maya*, el 9 de Diciembre sobre las acciones en *San Luis* y *Baire*, el 10 de Diciembre lo ocurrido en el sitio a *Maffo* que 20 días después *"fue ocupado exitosamente,"* el 16 el ataque y la toma del cuartel de *Lombillo* por la Columna 10 de Cándido González y la *"liberación"* de la ciudad de *Estrada Palma*, el 17 de Diciembre la toma de *El Cobre*, el 19 de Diciembre el propio Fidel Castro ocupando con sus tropas los pueblos de *Jiguaní* y *Guayos*, el 21 de Diciembre la toma por las tropas de Camilo Cienfuegos del cuartel de

Melgarejo y las de Raúl Castro la ciudad de *Moa*, el 27 de Diciembre, Fidel Castro *"liberando" Palma Soriano*, mientras se produce la toma de *El Cristo* por el III Frente el día 29, al mismo tiempo que el IV Frente toma *Gibara*.

La descripción de todas esas acciones *"heroicas,"* fueron en realidad un ensayo para el mito principal de la revolución triunfante: el descarrilamiento y ocupación del famoso *tren blindado lleno de armamentos* y la caída de la ciudad de *Santa Clara*, en la cual había accedido a servir como jefe militar el General José Eleuterio Pedraza, ex-Inspector General del Ejército, Jefe del Ejército y Jefe de la Policía Nacional durante la primera presidencia de Batista en 1940.[125]

Según la leyenda revolucionaria, Batista estaba desesperado por los avances de las acciones rebeldes. Para derrotarlos de una vez por todas con una fuerza vigorosa y heroica, envió secretamente el 22 de Diciembre un tren blindado desde La Habana hasta Oriente, repleto de armamentos y explosivos. El tren había sido cargado por miembros del Cuerpo de Ingeniería del Ejército. Consistía de dos locomotoras diesel, diecisiete vagones de cuatro ejes para transporte de carga y personal y un coche motor-explorador, así como 408 efectivos entre oficiales, soldados e ingenieros militares y una gran cantidad de armamentos, municiones y provisiones para servir a las tropas durante dos meses.

La leyenda-narrativa-fantasía del *Tren Blindado* fue elaborada por los propagandistas del 26 de Julio varios meses después de la caída de Batista, con el propósito de darle un aura de conspiración popular a lo que simplemente fue un acto de accidentar a un tren dinamitando los rieles por donde iba a correr. Esta fue la historia cocinada por los exuberantes *"historiadores"* Castristas:

> «... *El descarrilamiento, ataque y rendición del tren blindado que Batista había enviado hacia Oriente para reforzar con hombres y pertrechos sus tropas fue, aquel 29 de Diciembre de 1958, un gran triunfo para las*

---

[125] El **General José Eleuterio Pedraza** se había retirado como militar en 1947 pero el Presidente Batista lo reincorporó al servicio activo en 1958 con el propósito expreso de controlar el avance de los rebeldes en el centro del país. A la caída del gobierno de Batista Pedraza se refugió en la República Dominicana.

fuerzas comandadas por el Ché que libraban la batalla de Santa Clara... El Comandante Guevara agradeció calurosamente a quienes desde La Haba-

Cuatro fotos del **descarrilamiento del famoso "tren blindado"** repleto de armamentos y soldados que el ejército de Batista enviaba a la Sierra y que las tropas al mando de Ernesto Guevara *"interceptaron y destruyeron"* en Santa Clara. A la izquierda debajo, el Coronel del ejército nacional **Cándido Hernández** que, en un evento que los Castristas han borrado de los libros de historia, accedió a retirar a un lado sus tropas y destacamentos y entregar el tren a las fuerzas rebeldes. Hernández recibió una fuerte suma de dinero y la promesa de no ser molestado en el futuro, lo cual cumplieron escrupulosamente los rebeldes después del 1 de Enero de 1959.

na habían contribuido a esa victoria: los obreros de los Talleres Ferroviarios de Ciénaga.

Un numeroso grupo de obreros del Sindicato Ferroviario habían actuado dentro de su propio centro de trabajo de manera efectiva, con la más absoluta discreción como lo dictaban las reglas de la clandestinidad y sin despertar la menor sospecha.

Todo comenzó cuando en el mes de Septiembre un miembro del Movimiento 26 de Julio que laboraba allí como pintor, fue testigo de la llegada de un grupo de carros cerrados, utilizados para cargar azúcar, lo que le resultó raro porque allí no se reparaban carros sino locomotoras. Se lo comentó a un compañero de su célula y después de varias averiguaciones se enteraron de que se iba a construir un tren blindado para lanzarlo repleto de militares fuertemente armados, contra los rebeldes.

Unos cuantos trabajadores Cubanos de la Sección Obrera de la dirección provincial del Movimiento tenían a su cargo dar orientación al Sindicato Ferroviario. La consigna que les dieron a los obreros fue acopiar sin pérdida de tiempo toda la información posible sobre el tren en construcción. Dada la importancia y envergadura de la tarea a realizarse se decidió que las células, que según las reglas del trabajo clandestino no debían conocerse entre sí, se pusieran en contacto para acopiar la mayor cantidad de datos.

Uno de los militantes del Movimiento 26 de Julio, que trabajaba como mensajero del Ingeniero Jefe, sustrajo de la correspondencia de su superior numerosos detalles sobre la construcción del tren. El que laboraba como pintor se brindó para hacer los números y letreros de los carros, lo que le permitió conocer la cantidad de ellos y sus características. De esa manera, apelando a todo tipo de recursos, cada cual puso su granito de arena para dar a conocer al Ché, a través del Movimiento, los detalles del cómo y cuándo el tren entraría en funcionamiento.

Cuando el 14 de Diciembre se le encomendó a Jesús Soto (ya fallecido) trasladarse a Las Villas para participar en la Conferencia Nacional Azucarera que tendría lugar en ese territorio, llevó consigo el último informe sobre el Tren Blindado, que demoraría todavía unos días en salir de los talleres.

Los obreros ferroviarios de Ciénaga no se limitaron a recoger información. Pese a que el lugar estaba lleno de soldados, sabotearon el tren horadando con sopletes por las partes menos visibles las chapas del blindaje, con el propósito de que la arena contenida entre ellas para protegerlo de ataques de artillería, se fuera derramando por el camino.

Otros trabajadores se encargaron de llevar pancartas y ropas de civil al taller para incitar a los militares de Batista a que desertaran; estos tenían una moral combativa ya resquebrajada y se ofrecieron a colaborar. Los soldados que abandonaron allí las filas del ejército, sumados a los que *lo hicieron a todo lo largo del trayecto, provocaron que a su llegada a territorio villaclareño, el Tren Blindado fuera vulnerable a ataques de artillería y el convoy tuviera significativamente reducida su dotación inicial.*

Como parte del aseguramiento defensivo de Santa Clara, ante el inminente ataque rebelde, el tren blindado fue ubicado hacia el este y fuera de la ciudad, en las faldas de la Loma del Capiro, cuya cima también fue reforzada con soldados del convoy militar.

Una vez dentro de Santa Clara, cuando el tren blindado comenzó a replegarse a una línea lateral para abastecerse de agua sin saber que las vías férreas habían sido dinamitadas, los hombres del Ché comenzaron a acosar el tren desde puntos cercanos, lanzando botellas de gasolina encendidas. Gracias a que las chapas de blindaje no contenían arena como material protector y aislante, el tren se convirtió en un verdadero horno para los soldados.

De esa manera, desde La Habana, los obreros ferroviarios ayudaron al Ché y en Santa Clara lo hicieron los obreros que atendían al abasto de agua del tren.»

Una historia-ficción más que contribuía a fraguar la falsa y despreciable personalidad heroica de Ernesto Ché Guevara.

En la historia real que relataron varios periodistas independientes no-políticos, y miembros del ejército destacados en Santa Clara y que fue comprobada por nuestros agentes de la CIA, ni las arenas protectoras se derramaron gracias a las acciones de sabotaje de los obreros ferroviarios de los talleres de Ciénaga, ni los obreros ferroviarios de Santa Clara lanzaron cocteles Molotov, ni los soldados comenzaron a escapar del tren e incorporarse a las tropas del Ché. El tren fue preparado bajo una fuerte custodia de soldados e ingenieros del Regimiento Mixto de Tanques y de la División de Infantería del ejército constitucional bajo el mando del Jefe del Estado Mayor, *Pedro Rodríguez Ávila*. No existió posibilidad alguna de que hubiera sido saboteado en La Habana o tiroteado y quemado en Santa Clara.

En la toma de Santa Clara, las tropas de Guevara y Cienfuegos recibieron una valiosa ayuda del *Coronel Cándido Hernández*, Jefe del Tercer Distrito Militar Leoncio Vidal de Santa Clara, que traidoramente accedió a cancelar las acciones del ejército y retirar los soldados que custodiaban el puente sobre el río Sagua, las tropas emboscadas en varios puntos de la carretera Central, y los soldados que se habían concentrado en las azoteas de los edificios altos de la ciudad, particularmente el *Gran Hotel* en el cual se encontraban alrededor de 12 francotiradores pertenecientes al Servicio de Inteligencia Militar (SIM). El Coronel Hernández desapareció de la escena dejando sin mando un total de cerca de 1,300 soldados encargados de la protección de Santa Clara.[126]

Durante la toma de Santa Clara, las tropas del *Directorio Revolucionario 13 de Marzo*, al frente de las cuales estaba Rolando Cubela,[127] no encontraron resistencia alguna cuando entraron en la ciudad por la carretera de Manicaragua dirigiéndose al Cuartel No. 31 de la Guardia Rural. Tampoco tuvo que pelear una Columna de rebeldes proveniente de Placetas por la carretera de Camajuaní. Fueron las disposiciones del Coronel Hernández las que permitieron a las tropas rebeldes penetrar exitosamente en Santa Clara, tomar la ciudad y cerrar el acceso a Oriente al ejército de Batista.

30

Un secreto a voces a mediados de 1958 era el plan del alto mando militar del ejército Cubano de impedir a toda costa el desplazamiento hacia el centro y occidente de Cuba de las columnas invasoras N° 8 *Ciro Redondo*, comandada por el Ché con 140 hombres y la N° 2 *Antonio Maceo* al mando de Camilo Cienfuegos con 80 hombres. A pesar de la concentración y control de todas las

---

[126] Los relatos de **testigos imparciales** presentes en Santa Clara, principalmente miembros de la *Resistencia Cívica*, dieron a conocer que las tropas de Guevara tenían información, aportada posiblemente por el Coronel Hernández, sobre los puntos más importantes donde se encontraban las fuerzas del ejército Cubano, las cuales le fueron reveladas a un tal *Capitán Acevedo*, miembro de las tropas de Guevara el 27 de Noviembre. El Coronel Hernández permaneció en Cuba con su familia después del triunfo de Castro sin temor de ser molestado en las depuraciones del 10 de Enero de 1959. El Coronel Hernández terminó exiliándose con su familia en Miami en 1963.

[127] **Rolando Cubela Secades**, doctor en Medicina, se había unido a Eloy Gutiérrez Menoyo para abrir el *Frente del Directorio* en el Escambray. Al entrar en Santa Clara con alrededor de 80 hombres, ya Cubela era un agente encubierto de la CIA con un código interno AM/LASH y era objeto de sospechas por el propio Castro de ser un doble agente. Unos años después, Cubela fue preso y cumplió 13 años de prisión en Cuba, después de lo cual se exilió en Madrid.

Manuel Urrutia, futuro Presidente instalado por Castro, más tarde exiliado en los EEUU y **Rolando Cubela**, líder estudiantil impuesto por Castro en la *FEU* y luego exiliado en España; a la derecha, tres fotos de líderes estudiantiles en 1958, **Pedro Luis Boitel**, encarcelado y muerto en la *Prisión del Príncipe*, **Rolando Cubelas** y **José Antonio Echeverría**, presidente de la *FEU*, abatido a tiros por la policía de Batista; una foto de **Batista** con **Eleuterio Pedraza**; el sello conmemorativo de la **"Batalla de Santa Clara,"** que Castro necesitó para reforzar su heroísmo cuando fue un *soborno* lo que le permitió a las tropas rebeldes pasar por Santa Clara en camino a La Habana.

vías de acceso, Norte y Sur, en la frontera de Oriente con Camagüey y la priorización de la defensa de la provincia de Las Villas, el plan fracasó rotundamente.[128] Más aun, el ejército, poco a poco, fue perdiendo el control sobre la Carretera Central desde los alrededores de Santiago hasta el área de Holguín y en sus filas se gestaban perniciosamente muchas conspiraciones militares en favor de negociaciones o inclusive abandono de las armas.[129]

A finales de Diciembre ya era inminente el colapso del Ejército en las provincias de Oriente, Camagüey y Las Villas; los planes estratégicos del ejército estaban desarticulados, los jefes militares buscando como salir con sus familias del pantano militar y político en que se encontraban y sólo unas pocas ciudades en la mitad este de la isla permanecían en manos del gobierno.

En La Habana, Batista trataba de maniobrar un golpe militar que le favoreciera mientras las esperanzas de ayuda de los Estados Unidos e inclusive del General Trujillo en República Dominicana se habían desvanecido.

Batista ya no podía ni contar con la ayuda de sus más fieles jefes militares; los Tabernilla Dolz, Rodríguez Calderón, Cruz Vidal, Pérez Coujil, Río Chaviano, Merob Sosa García, Ugalde Carrillo, Manuel Larrubia, Fernández Miranda, Eulogio Cantillo y Dámaso Sogo, estaban buscando cada uno por cuenta propia, como salir de Cuba. Simulando que todo estaba en orden, el Palacio Presidencial emitió el 22 de Diciembre una nota de prensa a los periódicos *Diario de la Marina, Prensa Libre* e *Información*:

> «A nombre y en representación del presidente electo de la República, Mayor General Fulgencio Batista y Zaldívar y su distinguida esposa Martha Fernández Miranda, el Contralmirante José E. Rodríguez Calderón, y su gentil esposa, así como de los Jefes de Departamentos del Ejér-

---

[128] Parte del fracaso se debió posiblemente a la necesidad de utilizar **jóvenes reclutas, los famosos "casquitos"** en las zonas de Bayamo y Holguín, tropas inexpertas y sin preparación para enfrentarse a una guerra de guerrillas.

[129] Según expertos en la materia, **los altos mandos del ejército** confiaron excesivamente en los ataques aéreos en zonas en las que era muy difícil esa táctica dadas las condiciones impenetrables de la Sierra. Privados de los aviones que Washington vetó a que se enviaran a Cuba, el ejército, particularmente los altos rangos, estaban desde mediados de 1958 completamente desmoralizados, sin voluntad de pelear y sujetos a acercamientos y proposiciones por parte de los personeros y procuradores rebeldes.

cito Nacional de Cuba y sus respectivas esposas, tienen el gusto de invitarlos en la mañana del día de "Nochebuena", al reparto de dos mil raciones de Navidad para familias amigas a efectuarse en el Auditórium del Campamento Militar de Columbia.»

Esa misma noche del 22 de Diciembre, Batista le dictó al General *Silito Tabernilla*, su secretario privado, los nombres de los que lo acompañarían en el evento de una fuga y cómo se distribuirían en los tres primeros aviones. En el suyo, con destino a la República Dominicana, viajarían Marta, su esposa, y su hijo Jorge, varios ministros, los amigos *Esteban Ventura Novo*, Jefe de la 9ª. Estación de Policía y *Orlando Piedra*, jefe del Buró de Investigaciones, junto a cuatro o cinco guardaespaldas... Entre los 51 pasajeros de la segunda aeronave, que volaría a Jacksonville, Florida, irían el clan de los Tabernilla y algunos de los otros hijos de Batista; en el tercero, un C-47 ejecutivo, el avión presidencial que llevaba el nombre de *Guáimaro*, 13 personas más. Aunque la ubicación de los fugitivos en los aviones sufrió cambios de última hora, la lista la conformaban cien nombres en total. El sentido de Batista era que el resto de los batistianos quedarían abandonados a su suerte.

Mientras tanto, en el cuarto piso de la Embajada Americana en La Habana, el Embajador Smith trataba de comunicarse con Batista para decirle que el Departamento de Estado le había sugerido que la junta que lo suplantaría podría estar integrada por el General Eulogio Cantillo, el Coronel Ramón Barquín, el General Arístides Sosa de Quesada, los Coroneles Eulogio Cantillo y Eduardo Martín Elena y, de estar de acuerdo, el General Martín Díaz Tamayo, y Pepín Bosch, de la casa Bacardí.

A las 10:00 PM del 31 de Diciembre el *Coronel Joaquín Casillas Lumpuy*, Jefe de la Plaza Militar de Las Villas, logró contactar por teléfono al Presidente Batista, pidiéndole refuerzos urgentes para contrarrestar el asedio de Ché Guevara contra la ciudad de Santa Clara. Batista le prometió la ayuda pedida, pero no tuvo tiempo de hacer ninguna llamada telefónica o gestión oficial.

Esa noche fueron a esperar el año nuevo en la Ciudad Militar de Columbia, Batista y su familia junto con una docena de jerarcas militares y civiles. Varios de ellos asistieron a las festividades tratando de comprobar por sí mismos lo que había de cierto en los insistentes rumores de la renuncia del Presidente, rumores que circulaban desde el día 29, cuando Marta Fernández de Batista había enviado a los Estados Unidos a sus dos hijos más pequeños.

Poco antes de las doce de la noche los invitados pasaron al comedor y Batista con una copa de champán en la mano deseó a todos un Feliz Año Nuevo. El Mayor General *Eulogio Cantillo* respondió al brindis del General Batista con las siguientes palabras:

> *Señor Presidente: Los Jefes y Oficiales del Ejército, en aras del restablecimiento de la paz que tanto necesita el país, apelamos a su patriotismo y a su amor al pueblo, y solicitamos que usted renuncie a su cargo.*

Batista volvió a tomar la palabra, anunció su salida del país, pidió papel y pluma y escribió de su puño y letra su renuncia a la Presidencia de la República de Cuba. Unos minutos después solo quedaban en Columbia los colaboradores más allegados.

A las 2:10 AM llegó Batista al aeropuerto. Vestía de casimir oscuro y lucía sereno en medio de la tensión de sus acompañantes. Con él venían su esposa Marta, cuatro de sus hijos, algunos de sus colaboradores y el general Cantillo. Unas 15 personas en total. De otro vehículo descendieron Rubén Batista, otro de sus hijos con su esposa e hija, y Elisa Godínez, primera esposa del General Batista. El único que se mostraba tranquilo, a pesar de no ser compatible con el resto de las personas que estaban a punto de irse de Cuba en un incierto y prolongado exilio, era el General Cantillo.

Tres días antes, el 28 de Diciembre, Cantillo se había entrevistado con Fidel Castro en la Sierra Maestra, para planear una solución a la crisis Cubana, aunque implicara una traición personal de él contra Batista. Según el plan, el día 31 de Diciembre en horas de la tarde, Cantillo iba a dirigir un levantamiento militar contra Batista en La Habana, y arrestarlo. Los planes incluían ordenar al Ejército un alto al fuego que facilitaría la entrada del Ejército Rebelde en Santiago de Cuba y luego, unidas las fuerzas del ejército Cubano con las de las del 26 de Julio, se formaría un gobierno nacional que tomaría el poder en Cuba. Cantillo, evidentemente, estaba dejando de cumplir su parte del plan. Estaba el día 31 dejando huir a Batista y permitiendo que Castro designara como nuevo Presidente Provisional a un hombre de su confianza, que resultó ser el magistrado Manuel Urrutia.

Castro, por supuesto, se enfureció violentamente cuando despertó a las 5:00 AM. Uno de sus edecanes se comunicó telefónicamente con Cantillo pero Fidel se negó a hablar con él. Esa mañana, en su primer discurso a través de Radio Rebelde acusó a Cantillo de traidor que...

«... tramaba dar un golpe de estado y arrebatarle el poder a la revolución triunfante...»

Al terminar su discurso, exhortó al pueblo a irse a una huelga general, dio un ultimátum de 18 horas al ejército para deponer las armas a todo lo largo de Cuba y ordenó a sus tropas a *"avanzar en todos los frentes."* [130]

La **prensa**, al igual que el pueblo Cubano, **horrorizada por los crímenes del régimen de Batista**, se sintió satisfecha con la toma del poder por Castro.

---

[130] El **General Eulogio Cantillo** tenía 47 años en 1958, cuando ascendió a ser *Jefe del Estado Mayor Conjunto del Ejército Cubano*. Era el militar más destacado del ejército en su época, primero en el colofón del cual el General Ramón Barquín era el segundo; no era un hombre de Batista ni había apoyado el golpe del 10 de Marzo del 1952. En la madrugada del 1º de Enero del 1959, se nombró a sí mismo Comandante en Jefe de las Fuerzas Armadas, exigió la renuncia del presidente del Senado, Anselmo Alliegro, y proclamó restablecida la Constitución de 1940. Finalmente mandó a buscar a *Carlos M. Piedra*, magistrado del Tribunal Supremo, para indicarle que le correspondía la sucesión presidencial. Se instaló en Columbia con los remanentes del ejército de Batista. Al llegar las tropas de Castro a La Habana fue hecho preso, condenado a 15 años de prisión de los cuales sirvió 8. Se exilió en Miami, donde finalmente murió en 1878 a la edad de 67 años. Hay evidencia de que Cantillo, por razones humanitarias y por no contar con un ejército bien entrenado y confiable declaró, por decisión propia, el cese de las operaciones militares del ejército Cubano en Agosto de 1958, en lo que se conocía como la *Ofensiva de Verano*.

Caos y regocijo en La Habana a la caída del régimen de Batista. El pueblo -o los revoltosos de siempre- **rompiendo parquímetros** y pegándole fuego y **destrozando los casinos de juego**. En Oriente, el **General Cantillo**, que había pactado con Castro, trató de entregarle el poder a **Carlos Manuel Piedra**, el más antiguo Magistrado del Tribunal Supremo. Castro no le perdonó su traición y lo encarceló por 15 años, después de cumplir unos cuantos años en presidio, Cantillo se exilió en Miami.

La prensa mundial, por varios días, no tuvo noticia más importante que la **caída de Batista** y el **triunfo de la revolución** en Cuba. Reportaron estos eventos con un fervor y frecuencia que no lo hicieron cuando comenzaron a ser noticias los **fusilamientos** de los Castro y Guevara, las **confiscaciones** de toda la propiedad privada, personal y comercial, la falta de **libertad de expresión y movimiento** y la **supresión de la educación religiosa**.

Por muchos años las páginas de la **Revista Bohemia**, la de mayor circulación en Cuba, ensalzaron la figura de Fidel Castro y contribuyeron a la aceptación inicial de la revolución por parte de sus lectores. *En estas fotos*: **Miguel Ángel Quevedo**, director de Bohemia. Diez años después de estar halagando a Castro, reconoció su terrible error y se suicidó; al lado la primera edición de **Bohemia el 1 de Enero de 1959** y Castro paseando con Quevedo por La Habana. *Debajo*: **varias páginas de Bohemia** aplaudiendo a Castro y mostrando los asesinatos cometidos por el régimen de Batista.

Epílogo

Una Nota del Autor de este Libro al lector

Inicialmente, La Habana amaneció demasiado tranquila el 1º de Enero de 1959. Pocos Habaneros conocían que el Presidente Batista había abandonado el país. Dentro de sus casas, sin embargo, los teléfonos no dejaban de sonar a medida que unos y otros se daban las buenas noticias. Por fin, alrededor de las doce, las calles se llenaron de multitudes. Los automóviles comenzaron a circular con los *"fotutos a todo meter,"* es decir, los claxons sonando sin parar y en su mayor volumen. Los que habían sido fieles seguidores de la revolución se mezclaban con los indiferentes y hasta con los devotos Batistianos que habían visto la luz y experimentaban una conversión instantánea. Todo era alegría y diversión. Pero había excepciones.

Algunos maleantes estaban allanando las residencias de los ministros, partidarios y oficiales de Batista y las estaban saqueando de cuadros, ropa, muebles, joyas y hasta comida. En muchas de esas casas los dueños habían escapado dejando en las mesas los festejos de fin de año. Otros malhechores comenzaron a romper y saquear los parquímetros, los casinos, muchos de los hoteles lujosos de La Habana y cualquier símbolo de la opulencia con que Batista había premiado a sus seguidores. [131]

---

[131] Los hoteles saqueados ese día fueron el **Habana Hilton** en L y 23, el **Habana Riviera** en Malecón y Paseo, el **Capri** en L y 21, el **St. Johns** en O y 23, cerca de *La Rambla* y el **Deauville** en Malecón y Galiano, entre otros.
    En el **Capri**, decían las historias, los sorprendió desbaratando las máquinas de juego un airado *George Raft* que en el estilo mafioso de sus películas los conminó a pelear a golpes diciéndoles, *"Ye fu***ers ain't not goin' to destroy ma'casino."*
    En el **Riviera**, el propio *Meyer Lansky* se fue a la cocina general para dirigir las operaciones de alimentar a 643 Americanos que habían venido a La Habana a esperar el año. Casi todos sus cocineros reportaron enfermos o que no había formas de transportación para llegar hasta el Vedado. La mayoría de ellos estaban en las calles gritando *¡Viva Fidel! ¡Viva Fidel!*

A las tres de la tarde, a todo lo largo de Cuba, los ministerios, las alcaldías, las oficinas del gobierno y muchas de las emisoras radiales estaba siendo ocupadas por revolucionarios o por sujetos que hasta entonces habían sido insensibles y, con el entusiasmo reinante en las calles, se incorporaban a última hora a la revolución. En Washington el Dr. Ernesto Betancourt entró en la Embajada Cubana en la calle 16 y expulsó de allí al Embajador Nicolás Arroyo. Todo el personal aplaudió calurosamente cuando Betancourt declaró oficialmente que ese día *"tomaba pacíficamente la Embajada Cubana en nombre de la revolución."* En Miami, por supuesto, los automóviles de Cubanos exiliados viajaban a toda velocidad por las calles con banderas Cubanas, sin respetar los semáforos o las señales de tránsito. En New York el Cónsul echó por las ventanas todas las fotografías de Batista y sus ministros y colgó una bandera del 26 de Julio. Otro tanto hizo *Teresa (Teté) Casuso* en Ciudad México. [132]

Los Cubanos, llenos de gratitud y fervor revolucionario, nunca supieron que el Pentágono, a insistencia de la Casa Blanca, situó a distancia, silenciosa y discretamente, dos submarinos y tres destructores, con un total de más de 1,800 personal activo a la entrada al puerto de La Habana, en caso que hiciera falta mantener el orden o rescatar Americanos que estaban atrapados en la isla.

En el Campamento Militar de Columbia, el General Eulogio Cantillo no sabía lo que hacer, a quién llamar ni en quién confiar. Fidel estaba en el Cuartel Moncada en Santiago y les había dado órdenes a Guevara y Cienfuegos que avanzaran sobre La Habana con todos los hombres de que disponían. En la Universidad de La Habana los miembros del *Directorio* controlaban todos los puntos de acceso a la Rectoría, la Plaza Cadenas y el Aula Magna; Cantillo sabía que estaban planeando llevar un tanque desde Columbia has-

---

[132] **Teté Casuso**, viuda de *Pablo de la Torriente Brau* —un célebre escritor Cubano que murió peleando con los Republicanos en la Guerra Civil Española— había luchado contra Machado en los años 1930 y en los 1950s había ayudado a Castro y sus partidarios en México a preparar la expedición a Cuba en el *Granma*.
En 1959 fue designada Embajadora en México y en Febrero de 1960 fue nombrada delegada Cubana ante la ONU. Teté Casuso, decepcionada muy temprano con las ideas Comunistas que observaba en Cuba, se exilió en Octubre de 1960 y vigorosamente dedicó muchos años denunciando la penetración Marxista en Cuba. Murió en el exilio en 1994, a la edad de 82 años.

ta lo alto de las escalinatas. Como militar profesional sabía que tenía que conseguir a un militar de igual o mayor rango para compartir las responsabilidades y mandó a buscar al Coronel Ramón Barquín a la Isla de Pinos, donde Batista lo había encarcelado en el *Presidio Modelo*.

En el avión que trasladó a Barquín a La Habana lo acompañaron Justo Carillo y Andrés Suárez, fundadores de la *Agrupación Montecristi* y participantes con Barquín de un atentado Golpe de Estado a Batista en 1956. Entre los tres decidieron entregar Columbia a Fidel, Camilo o Guevara, el primero que llegara al Campamento Militar. El agraciado fue Camilo Cienfuegos, que llegó el 2 de Enero y reclamó el mando en nombre del *Movimiento 26 de Julio*. En unas horas Guevara tomó posesión de *La Cabaña* y el General Cantillo fue hecho prisionero en Columbia. Todo el mando en Cuba estaba ahora en manos de los rebeldes, que rápidamente comenzaron a controlar todas las emisoras de radio y TV y todos los cuarteles de la Guardia Rural y las estaciones de Policía.

En la avenida Santa Catalina, en la Víbora, este autor se encontró con un célebre y distinguido abogado muy conocido en La Habana y Pinar del Río que me saludó diciendo:

> «*Comparto la opinión del Embajador de Inglaterra. Este hombre es una mezcla de José Martí, Robin Hood, Garibaldi y Jesucristo. Olvídate de Martí, Fidel es mucho más importante que él.*»

En Washington, los oficiales del Departamento de Estado no esperaban la caída tan repentina de Batista en Cuba. Mucho menos el cuidado con que aparentemente tenían que tratar a los nuevos dirigentes Cubanos a partir del 1 de Enero de 1959. El que mejor interpretó la nueva situación fue Allen Dulles, el Director de la CIA:

> «*... a los nuevos líderes Cubanos hay que tratarlos más o menos como se trata a los niños malcriados... hay que ordenarles lo que deben de hacer con paciencia en lugar de enfrentarse a ellos... Si uno los empuja demasiado, se enojan y comienzan a portarse mal...*»[133]

---

[133] En una **opinión sólo parcialmente correcta**, *Daniel Braddock*, uno de los diplomáticos de más alto nivel de la Embajada Americana en La Habana opinó... "Castro es incansable, cabezón y oportunista, ansioso de fama y poder, inclinado a la violencia... pero gracias a Dios no es Comunista..."

Muchos Cubanos, al cursar de los años, se han preguntado,

«¿Cómo fue posible que la más grande potencia militar, en el continente y en el mundo, haya dejado que un país pobre y semi-desarrollado, a 90 millas de sus costas, se desprendiera de su órbita aliándose con una potencia extra-continental que además era su enemiga acérrima?

¿Cómo fue posible que mientras los rebeldes Cubanos derrotaban militarmente a un aliado de los Estados Unidos, la inteligencia Americana despachaba tropas al Líbano y a Vietnam y se enfrentaba a los Rusos en Berlín pero descuidaban lo que estaba pasando frente a sus narices?

Es lógico que cuando Castro lanzó su insurrección en 1956, los Estados Unidos no le prestaran atención a una docena de bandidos mal armados y hambrientos. Es lógico también pensar que cuando el pueblo Cubano hizo poco caso a la huelga de Abril de 1958, Washington concluyera que las guerrillas habían fracasado en su intento de seducir al pueblo.[134] Pero en el verano de 1958, la ofensiva militar de Batista fue un completo fracaso y en Noviembre de 1958, por miedo o por lo que fuera, sólo el 5% de los Orientales acudieron a votar en unas elecciones amañadas; menos de un 40% lo hizo en Camagüey y Las Villas...

¿Cómo no se dieron cuenta en Washington que Batista estaba encaprichado en seguir en el poder pero era impopular e impotente, y que de él no iba a salir ninguna solución a la crisis Cubana?

¿Por qué vacilaron en deshacerse de él inmediatamente, como habían hecho cinco años antes, en 1954, con Jacobo Arbenz en Guatemala?

¿No era Castro una peligrosa figura del mismo corte anti-imperialista, anarquista y marxista que Augusto Cesar Sandino, a cuyo homicidio por los Somoza no se había opuesto Washington en 1934?

No es fácil enumerar las razones por las cuales Castro fue exitoso en 1958 y se apoderó del gobierno de Cuba. Varios factores con-

---

[134] **Robert Stevenson**, del Departamento de Estado, le envió en ese momento una nota a Christian Herter, el Secretario, diciéndole: "La estrella de Castro se ha opacado. Parece que él no va a lograr nada de lo que se ha propuesto..."

tribuyeron a ese triunfo y la victoria de Castro fue similar a una *"tormenta perfecta"* que ocurrió en Cuba en la que confluyeron simultáneamente varios elementos que de por sí solos no hubieran resultado en esa derrota tan ingrata para los Cubanos de ideas democráticas y para el poderoso Pentágono Americano:

La Sierra Maestra, el Escambray y la Sierra de Cristal son selvas montañosas con altas y oscuras arboledas y una vegetación casi impenetrable, donde la fuerza aérea no puede distinguir a los que hacen campaña bajo las copas de los árboles, ni los tanques pueden abrirse paso, ni pueden destacarse grandes piezas de artillería. Al Ejército Nacional Cubano le era imposible enfrentarse con todas sus fuerzas a los que les tendían emboscadas, les hacían bajas y desaparecían prodigiosamente.[135]

Batista no perdió por falta de armamentos. Su obsesión con tener aviones C-47 enviados a Cuba por el Pentágono era baldía. Lo demostró el hecho que cuando le llegaron 15 cazas *"Sea Fury"* del gobierno de la Gran Bretaña en el mes de Septiembre de 1958, nada pudo hacer con ellos. Por otra parte, su arsenal estaba repleto de todo tipo de armas convencionales, muchas de las cuales les fueron arrebatando poco a poco los rebeldes cuando los soldados de Batista se echaban a correr y abandonaban los choques con guerrilleros.

El talón de Aquiles de Batista fue su inhabilidad de encontrar y nutrir el apoyo popular. El pueblo, muy temprano después del 10 de Marzo, comenzó a identificar a los Batistianos como matones o como vividores en busca de una botella política. Los viejos camarillas del 1933, caducos y desprestigiados, volvieron a las páginas de los periódicos que detallaban sus nuevas posiciones en el gobierno. El pueblo de Cuba rechazó ese reciclaje de líderes corrompidos que Auténticos y Ortodoxos habían logrado desaparecer del mapa desde 1944; los Pedraza, Tabernilla, Cruz Vidal, Salas Cañizares, Carratalá, etc.

Batista y sus líderes militares no supieron ganarse la simpatía y devoción de sus fuerzas armadas. Ninguno de ellos, incluyendo al

---

[135] **Alen Dulles**, el Director de la CIA, desde el principio había reconocido el problema: *"a una guerrilla en la montaña sólo la puede combatir otra guerrilla..."*

propio Batista, visitó la Sierra a confraternizar con los que estaban arriesgando sus vidas defendiendo al gobierno. Tal vez allí les hubieran contado sus versiones de lo que estaba ocurriendo. La alta jerarquía militar decidió enviar sus órdenes desde las oficinas con aire acondicionado del Palacio Presidencial o sus elegantes residencias y oficinas en el polígono de Columbia. El ejército, por supuesto, nunca peleó con ganas y optimismo.[136]

Los Estados Unidos tuvieron que enfrentarse a la tarea de persuadir a un presidente irredimible a que hiciera reformas y dejara el gobierno a alguien electo por el pueblo. No era la primera vez, ni fue la última que tenían que hacerlo.[137] Desafortunadamente, los Cubanos comenzaron a ver los intereses de los Estados Unidos entrelazados con los de Batista, y eso facilitó la labor propagandística de los Castro. Ese sentimiento fue reforzado por la presencia en Cuba, auspiciada por Batista, de personajes como Charles (Lucky) Luciano, Santo Trafficante y Meyer Lansky controlando los casinos.

Batista no ayudó a su causa de dirigir los destinos de Cuba cuando dio cabida en su gobierno a administradores corruptos, Ministros y Jefes Militares que se enriquecían sistemáticamente explotando los intereses comerciales de Cuba y realizando lucrativos negocios con la mafia Estadounidense. El creciente descontento del pueblo provocaba huelgas y disturbios estudiantiles, que Batista reprimía violentamente y ocultaba del pueblo gracias a una habitual censura sobre los medios de comunicación.[138] Eso contribuyó sustancialmente a que el pueblo Cubano, harto de Batista, viera con tanta simpatía a los desconocidos rebeldes que estaban alzados.

---

[136] El Padre **Jorge Bez Chabebe**, un sacerdote vinculado a la Diócesis de Santiago de Cuba, muy en contacto con las juventudes y que frecuentemente se reunía con oficiales y diplomáticos del Consulado Americano en Santiago, caracterizó al ejército de Batista como *"una ballena de esas que se encuentra varada en la arena de una playa, perdido el conocimiento, sin energías para volver al mar para nutrirse en las aguas que están sólo a uno pies de distancia..."*

[137] Los casos sobraban, **Chiang Kai-Shek** en China, **Ngo Dinh Dien** en Vietnam, los **Somoza** en Nicaragua, **Ferdinand Marcos** y su esposa en las Filipinas.

[138] **Un político Cubano** declaró en una ocasión: *"nosotros elegimos a Grau y a Prío y los dejamos que robaran todo lo que podían, pero Batista nos está robando sin que le hubiéramos dado permiso..."* Por otra parte, la censura de prensa en Cuba estuvo en vigor 18 de los 25 meses que los Castro estuvieron en la Sierra.

Los Estados Unidos no actuaron astutamente en la confrontación de relaciones públicas con Castro. Violando su aparente neutralidad con relación a Cuba, el *Export-Import Bank* Americano mantuvo hasta el final sus préstamos al gobierno de Batista. Otros eventos fueron utilizados por Castro para hacer creer que los EEUU apoyaban a Batista: Las cortes Americanas, incentivadas por el ejecutivo, insistieron en acusar y procesar a Carlos Prío, el expresidente Cubano depuesto por Batista. Los Guarda Costas Americanos interceptaban constantemente el envío de armas a los rebeldes. Dulles estableció restricciones de visas para combatientes anti-Castristas que pedían asilo. Los EEUU otorgaban medallas y homenajes a oficiales militares de Batista, y muchas otras cosas más.[139]

Peor que todo, Washington envió a Cuba dos Embajadores que, si les hubiera sido permitido, hubieran votado por Batista: *Arthur Gardner* y *Earl T. Smith*, dos hombres de negocio. Gardner, íntimo amigo de Eisenhower, activamente obstruyó por varios años, 1953-1957, cualquier mala noticia sobre Batista que pudiera llegar a Washington y nunca mencionó en sus comunicados una sola acción terrorista de Castro. Earl T. Smith, en su primera gira diplomática, estuvo consistentemente impresionado por las guerrillas de los Castro desde que llegó a Cuba, 1957, hasta que se fue, 1959. Ninguno de los dos entendía o hablaba una sola palabra de Español.

En medio de la crisis política y militar en Cuba en 1958, un oficial del Departamento de Estado hizo unas declaraciones al New York Times, reimpresas en muchos periódicos a todo lo largo de los Estados Unidos, diciendo:

«La América Latina no está entre las primeras prioridades de la agenda crítica de los Estados Unidos, siempre y cuando las cosas

---

[139] **Richard G. Cushing,** Director de la Oficina de Información Pública del *United States Information Agency,* uniéndose a las declaraciones de **Roy R. Rubottom, Jr.,** Secretario Auxiliar de Estado para Asuntos Inter-Americanos y **William A. Wieland,** Director de la Oficina de Asuntos Inter-Americanos del Departamento de Estado, declaró en 1962:

"Un verdadero Embajador profesional en Cuba hubiera convencido a Batista a echarse a un lado cuando las cosas se pusieron malas y no hubiera habido razón alguna para que Castro triunfara... Veíamos lo de Cuba con los lentes de siempre y pensamos que la situación, tarde o temprano, iba a ser controlable."

sigan su curso habitual y se trate de quien entra y sale y no de una cuestión ideológica.»[140]

Los cerebros del Departamento de Estado estaban convencidos de que elementos moderados en Cuba, con el tiempo, iban a controlar y disciplinar a Castro. Debido a eso no vieron con urgencia que algo dramático tenía que pasar en Cuba para evitar que Castro tomara el poder. Alguien tan importante como Rubottom argumentaba incesantemente que...

«... *los del 26 de Julio no tienen un suporte lo suficientemente amplio en Cuba como para reemplazar a Batista... no me gusta la idea de tener a Castro en el poder, pero no puedo visualizar ese fenómeno en este momento.*» [141]

Ni Americanos ni Cubanos nos dimos cuenta de que no es cierto aquello de que los revolucionarios se vuelven conservadores con el paso del tiempo...

---

[140] La importante revista **Foreign Affairs**, publicada por *el Consejo de Relaciones Extranjeras de los Estados Unidos* (*Council on Foreign Relations*), no publicó un solo artículo sobre Cuba en 1957 y sólo dos (que tenían que ver con México) en 1958. En sólo tres de las reuniones del *Concilio Nacional de Seguridad* en Washington (*National Security Council*) durante los años 1957 y 1958, se trató el caso de Cuba. Las publicaciones *"sesudas"* en los Estados Unidos sólo comentaban sobre la América Hispana en caso de huracanes o terremotos desastrosos.

[141] Los opositores de Castro, hasta el último momento, pensaban igual que el Departamento de Estado Americano.

Rufo López-Fresquet, el distinguido economista Cubano, le comunicó en un carta a *John Topping*, Jefe de la Sección Política de la Embajada Americana en La Habana: *"Confía en nosotros John, si Fidel resulta ser un problema en el futuro, nosotros [los moderados] vamos a poder controlarlo una vez estemos en nuestros cargos. Castro es una fuerza bruta que puede ser domada y controlada."*

Felipe Pazos, otro distinguido economista de fama mundial, le escribió a un oficial del Departamento de Estado: *"Fidel Castro y el Movimiento 26 de Julio pertenecen a la clase media Cubana y no van a inclinarse demasiado a la izquierda porque perderían gran parte de su atractivo."*

A fines de 1960, un año después, López-Fresquet renunciaba como *Secretario de Hacienda* y Pazos como *Presidente del Banco Nacional de Cuba* en el gobierno de Castro y ambos tomaban rumbo al exilio.

Imágenes adicionales de los años 1940s-1950s

La portada de la **revista LIFE** de Enero de 1959, celebrando el triunfo de Castro sobre Batista en Cuba; la prensa en 1948 presenta el record de **Castro** cuando fue acusado por el asesinato de *Manolo Castro*, su rival político en la Universidad de La Habana; **Castro en su discurso** a la llegada al *Campamento Militar de Columbia* en los primeros días de Enero de 1959; la proclama muchas veces utilizada por Batista declarando una **censura a la prensa** en Cuba.

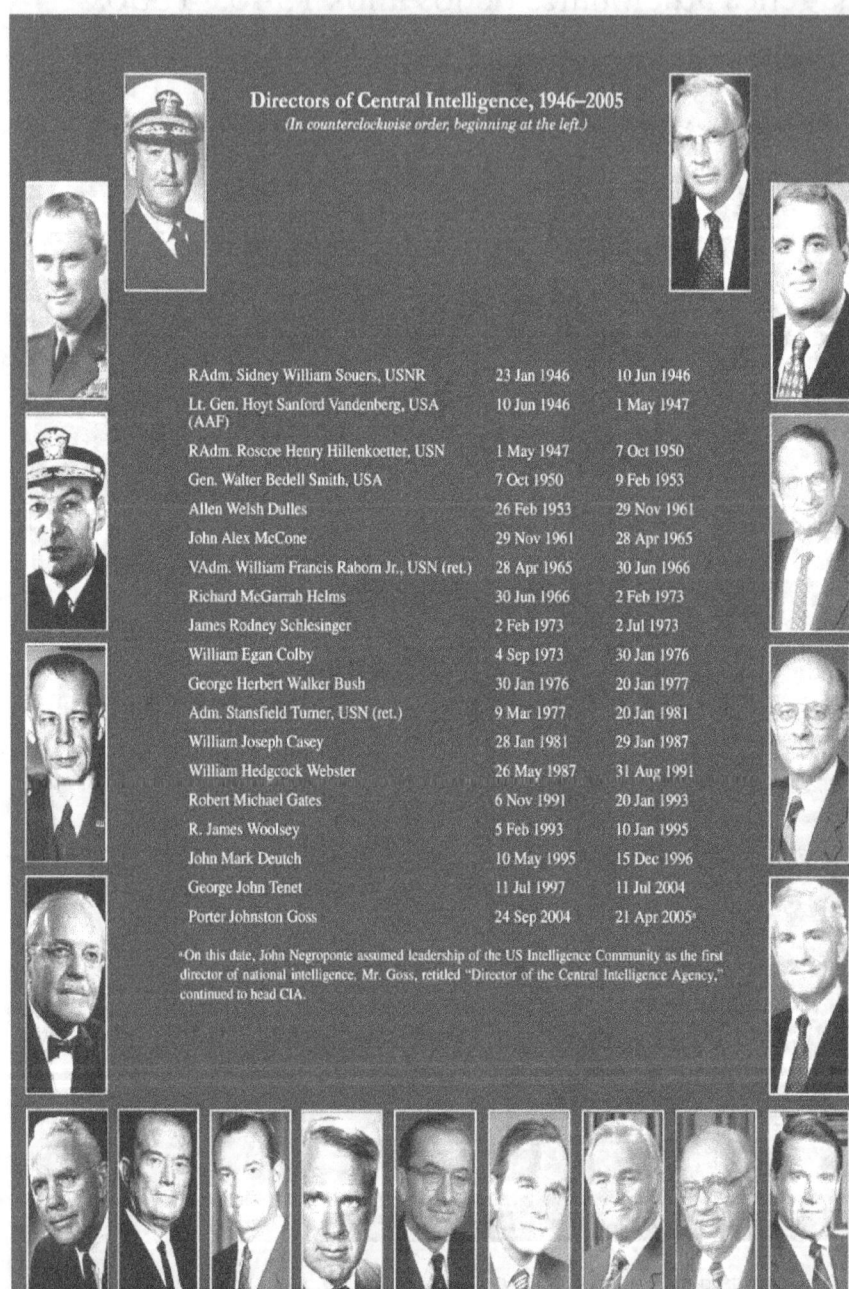

Los Directores de la **Agencia Central de Inteligencia,(CIA)** de los Estados Unidos, las fotos y las fechas en las que sirvieron a la Agencia.

La **Toma de Posesión de Arthur Gardner** como Embajador de los Estados Unidos en Cuba. Bajo la presión de Herbert Mathews y sus aliados del *"Cuarto Piso"* del Departamento de Estado de los EEUU, el Embajador Americano Arthur Gardner fue depuesto en Mayo de 1957. Mathews lo había acusado de ser pro-Batista. Su reemplazo fue *Earl E. T. Smith* (nombrado en Junio). Matthews también se opuso a ese nombramiento, pero sus objeciones no tuvieron efecto debido a la amistad personal de Smith con el Presidente Eisenhower;

Una foto de **Juan Manuel Fangio**, *Campeón Mundial de Fórmula Uno* con Batista cuando el corredor fue puesto en libertad por los secuestradores del *M-26-7* en 1958;

Una foto de los años en que Cuba producía muchos artistas plásticos de fama mundial. Al centro, **María Luisa Gómez Mena** rodeada por **José Gómez Sicre, Mario Carreño, Cundo Bermúdez, Alfredo Lozano, Amelia Peláez, Roberto Diago, Eugenio Rodríguez, Acevedo**, y otros.

Casi todos estos artistas tomaron el camino del exilio
después del 1 de Enero de 1959.

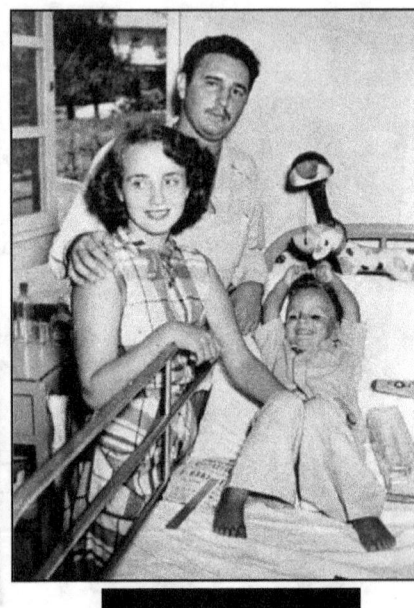

La Moderna Poesía, tradicional librería Habanera en Obispo y Bernaza, a la izquierda en la foto; **Castro con su esposa Díaz-Balart y su hijo Fidelito**. Cansado de muchas mentiras y envidias, Fidelito se suicidó a los 69 años de edad, en 2012, 20 años después de haber sido despedido *"por ineficiencia en el desempeño de sus funciones."* Igualmente lo hizo **Haydee Santamaría** en Julio de 1980. A la izquierda la **familia de Fulgencio Batista** en la década de 1950s; a la derecha, debajo, **Manolo Ray**, administrador del proyecto de construcción del *Havana Hilton*, fundador del Movimiento de Resistencia Cívica (MRC) en 1957.

Cientos de Cubanos comenzaron a abandonar la isla al el gobierno de Castro declararse **Marxista-Leninista**; *a la izquierda*, la prensa reportando sobre el secuestro en Febrero de 1958 del Campeón Mundial de Carreras Formula Uno, el Argentino **Juan Manuel Fangio**: debajo, **el Palacio Presidencial** en plena campaña presidencial de 1958.

Varios personajes de Cuba, en 1958: el notable jurista **Francisco Alabau Trelles**, autor de *América en Peligro*, gran investigador de subversiones Comunistas; **Gustavo Cuervo Rubio**, profesor, médico y político Cubano de extraordinaria ejecutoria; el **encuentro en la CMQ-TV** entre el Embajador Español Juan Pablo de Lojendio, Marqués de Vellisca y Fidel Castro cuando este insultó a España en uno de sus largos discursos televisados; tres figuras importantes a mitad del siglo XX en Cuba: **Nino Díaz**, participante de la invasión de Playa Girón, **Antonio Blanco Rico**, oficial de la Policía Nacional asesinado en una emboscada en el *Cabaret Montmartre* en La Habana, **Carlos Franqui**, ex-periodista del periódico Comunista *HOY*, director del periódico fidelista *Revolución*, que decepcionado se exilió en Italia.

Varias fotos históricas: el **desembarco en Las Coloradas**, Oriente, del *Yate Granma* con Castro y sus guerrilleros; el **General Pilar Mata** contemplando los cadáveres de los asaltantes que perecieron en el asalto al *Cuartel Goicuría* de Matanzas; el **Padre Javier Arzuaga**, Capellán de la fortaleza habanera de La Cabaña asistiendo a un hombre que va a ser fusilado por Ernesto Ché Guevara; una foto de **Fidel Castro** frente a la Universidad de La Habana, interrogado y apresado por el **General Quirino Uría**, Jefe de la Policía Nacional en 1950; **Castro en Bogotá**, participando del famoso *"Bogotazo,"* un disturbio causado por el asesinato del popular político Colombiano *Jorge Eliécer Gaitán*. El conflicto produjo en unos pocos días más de 3,000 muertos.

Apéndices

Apéndice A — 203

Fusilamientos en Cuba por Marxistas que controlaban las fuerzas del Movimiento 26 de Julio y, principalmente, por Ernesto Ché Guevara.

Apéndice B — 214

Personajes de importancia en Cuba y los Estados Unidos en 1958. ¿Quién es Quién?

Apéndice C — 219

Informe de la avanzada de la CIA en Cuba a John Foster Dulles, Secretario de Estado de los Estados Unidos, fechado Febrero 21, 1958.

Apéndice D — 227

Traducción de los Comentarios de la Oficina de la CIA en La Habana sobre el llamamiento a la paz del Episcopado Cubano y para formar un Gobierno de Unidad Nacional. Febrero 28, 1958.

Apéndice E — 229

Parte de Prensa del 25 de Octubre de 1958, divulgado por Fidel Castro a través de *Radio Rebelde*, explicando su versión sobre dos de los secuestros efectuados por el Movimiento 26 de Julio en el territorio de la provincia de Oriente.

Apéndice F — 233

Reunión en los Altos de Mompié, 3 de Mayo de 1958

Apéndice A

Fusilamientos en Cuba por Marxistas
que controlaban las fuerzas del Movimiento 26 de Julio
y, principalmente, por Ernesto Ché Guevara

La Prensa Asociada recogió en esta fotografía uno de los crímenes más monstruosos del fidelismo triunfante. Setenta y un cubanos anticomunistas, "juzgados" en secreto, sin abogados que los defendieran y sin apenas conocer los cargos que se les formulaban como pretexto, fueron llevados ante una enorme fosa abierta a toda prisa con bulldozers cerca de la ciudad de Santiago de Cuba. Allí fueron cayendo uno tras otro bajo el plomo que brotaba de la metralleta que esgrimía, lleno de odio y sediento de sangre, el deshumanizado Raúl Castro. Sucedió exactamente el lunes 5 de enero de 1959. Pocas veces holló la tierra un monstruo mayor. Pero ¿fueron realmente 71 las víctimas de aquella matanza? Un "capitán" rebelde que presenció el horrendo crimen aseguró, tiempo después, que pasaron del centenar, como exceden de varias centenas los campesinos asesinados que yacen en ignoradas sepulturas en la Sierra Maestra, muda testigo de las fechorías del "Movimiento 26 de Julio", disfraz bajo el cual se ocultaba el comunismo brutal.

En Enero de 1966, Ernesto (Ché) Guevara, en nombre de la revolución Cubana, resumió su idea homicida de justicia en su *"Mensaje a la Tricontinental,"* la llamada *Conferencia Tricontinental de La Habana*, presidida, entre otros, por Fidel Castro (discurso de cuatro horas) y Salvador Allende (futuro presidente derrocado de Chile). Fue en esa conferencia que Guevara lanzó la consigna de *"...crear, dos, tres... muchos Viet Nam..."*

Este es el resumen presentado por el Ché:

«*El odio como factor de lucha; el odio intransigente al enemigo, que impulsa más allá de las limitaciones del ser humano y lo convierte en una efectiva, violenta, selectiva y fría máquina de matar...*»

En uno de sus diarios de viaje, menciona una nota que escribió a su ex-novia Chichita Ferreira diciéndole:

«*siento que mi nariz se dilata saboreando el olor acre de la pólvora y la sangre del enemigo.*»

En una carta a su madre en 1954, escrita en Guatemala le dijo:

«*Aquí estoy muy divertido con tiros, bombardeos, discursos y otros matices que cortan la monotonía en que vivo...*»

Cuando viajó con Fidel Castro desde México hacia Cuba a bordo del Yate *Granma*, dejó plasmada una frase terrible en una carta a su esposa escrita en 1957 y publicada en el libro *Ernesto: Una memoria del Ché Guevara en Sierra Maestra*:

«*Estoy en la manigua Cubana, vivo y sediento de sangre...*»

No sorprende que durante la lucha armada contra Batista, y luego de la entrada a La Habana, Guevara asesinara o supervisara la ejecución, con juicio sumario, de decenas de enemigos del pueblo comprobados, sospechosos y de todos aquellos que se encontraban en el lugar equivocado en el momento equivocado.

En Enero de 1957, como lo indica su *Diario de Sierra Maestra*, Guevara mató a Eutimio Guerra porque sospechaba que estaba pasando información:

"*Acabé con el problema dándole un tiro con una pistola de calibre 32 en la sien derecha? Sus pertenencias pasaron a mi poder...*"

Las instrucciones precisas del Ché a sus subalternos en la Sierra, en caso de cómo resolver el asunto si se sospechaba de uno de los alzados como agente de Batista, fue clara:

«... *ante la duda... mátalo...*»

En Santa Clara, en vísperas de la caída de Batista, según el testimonio de muchos de sus aliados, el Ché fusiló a muchos campesinos -que se habían unido al ejército de Batista para escapar del desempleo- en un hotel de la ciudad.

En *La Cabaña*, al llegar a La Habana, Guevara fue responsable, durante la primera mitad de 1959, de uno de los períodos más oscuros de la revolución. El Ché dirigió una tal *Comisión Depuradora*. El proceso se regía por la *Ley de la Sierra*, que mantenía la convicción de que todos los acusados eran asesinos y que la forma revolucionaria de proceder era ser implacables. Las ejecuciones se llevaron a cabo de madrugada, poco después de que la sentencia fuera dictada y confirmada en forma automática por Guevara como presidente de la *Corte de Apelación*.

Javier Arzuaga, el capellán Franciscano que daba consuelo a los sentenciados a muerte y que presenció docenas de ejecuciones, comentó al llegar a España tras sufrir un colapso nervioso después de ver tantas ejecuciones"

«*No recuerdo ningún caso cuya sentencia fuera revocada en esas vistas...*»

¿Cuántas personas fueron asesinadas en La Cabaña? El Padre *Iñaki de Aspiazu*, contó más de 700 víctimas. A los agentes de la CIA que buscaron y capturaron al Ché en Bolivia, Guevara confesó haber llevado a cabo en Cuba, *"más o menos 2,000 ejecuciones."*

Paquito D'Rivera, en un escrito dirigido a todos los que compraban y vestían camisetas honrando al Ché Guevara, declaró:

«*Uno de esos Cubanos fue mi primo Bebo, preso allí por ser Cristiano. El me dijo que escuchaba desde su celda los fusilamientos de muchos jóvenes que morían gritando ¡Viva Cristo Rey!*»

Ante la Asamblea General de las Naciones Unidas, el día 11 de Diciembre de 1964, Ernesto Guevara declaró impasiblemente:

«*... fusilamientos, si, hemos fusilado, fusilamos y seguiremos fusilando mientras sea necesario...*»

A continuación, una lista de los asesinatos comprobados de manos de Ernesto Ché Guevara:

La lista no es exhaustiva. Sólo incluye los casos conocidos por referencia histórica, a los individuos que él ejecutó personalmente o aquellos que fueron muertos bajo sus órdenes. Los nombres aparecen citados según fueron reportados. En la gran mayoría de los casos, existen detalles adicionales, incluyendo información bibliográfica. Las fechas aparecen en orden de mes, día y año.

Ejecutados por el Ché en la Sierra Maestra durante la lucha contra Batista (1957-1958)

1. Manuel Capitán 1957
2. José Chang Chang Oct-57
3. "El Bisco" Echevarría Oct-57
4. Eutimio Guerra 2/18/1958
5. Aristidio N/A Oct-57
6. y 7. 2 Hermanos espías N/A Oct-57
8. Dionisio N/A Oct-57
9. Juan Lebrigio N/A Oct-57
10. "El Maestro" N/A Sep-57
11. 12. Dos campesinos N/A Apr-57
13. "The Rapist" N/A Oct-57
14. "El Negro" Nápoles 2/18/1957
15. "Chicho" Osorio 1/17/1957

Ejecutados u enviados a ejecutar por el Ché durante su breve comando en Santa Clara (1-3 de Enero de 1959).

1. Ramón Alba Moya 1/3/1959
2. Joaquín Casillas Lumpuy 1/2/1959
3. Arturo Pérez Pérez 1/24/1959
4. Diego Álvarez Martínez 1/4/1959
5. José Fernández Martínez 1/2/1959
6. Héctor Mirabal Jan-59
7. Félix Montano Fernández Jan-59
8. Cano Prieto 1/7/1959
9. Ricardo Rodríguez Pérez 1/11/1959
10. Cornelio Rojas Fernández 1/8/1959
11. Francisco Rosell 1/11/1959
12. Ignacio Rosell Leyva 1/11/1959
13. Antonio Ruíz Beltrán 1/11/1959
14. Ramón Santos García 1/12/1959
15. Isidoro de Jesús Socarrás 1/12/1959
16. Manuel Valdés Jan-59
17. José Velázquez Fernández 2/6/1959

Ejecuciones documentadas en la prisión
Fortaleza de la Cabaña bajo el comando del Ché
(3 de Enero al 26 de Noviembre del 1959).

1. Nombre Desconocido A 1/6/1959
2. Nombre Desconocido B 1/24/1959
3. Vilau Abreu 7/3/1959
4. Humberto Aguiar Limonta 1959
5. Pelayo Alayón Feb-59
6. Pedro Alfaro 7/25/1959
7. José Luis Alfaro Sierra 2/6/1959
8. Mariano Alonso Riquelmo 7/1/1959
9. José Alvaro 3/1/1959
10. N/A Aniella 1959
11. Miguel Ares Polo 2/6/1959
12. Alvaro Arguiera Suárez 3/21/1959
13. Severino Barrios 12/9/1959
14. Eugenio Becquer Azcárate 9/29/1959
15. Francisco Becquer Azcárate 7/2/1959
16. Ramón Bicet 7/25/1959
17. Antonio Blanco Navarro 12/10/1959
18. Roberto Calzadilla 1959
19. Eufemio Cano Apr-59
20. Juan Capote Fiallo 5/1/1959
21. Eladio Caro 2/6/1959
22. Antonio Carralero Ayala 2/4/1959
23. Joaquín Casillas Lumpuy 1/2/1959
24. José Castaño Quevedo 3/7/1959
25. Gertrudis Castellanos 5/7/1959
26. José Chamace 10/15/1959
27. Ángel Clausell García 4/19/1959
28. Raúl Clausell Gato 3/15/1959
29. Demetrio Clausell González 2/1/1959
30. Eloy Contreras Rabiche 4/1/1959
31. Alberto Corbo 12/7/1959
32. Orestes Cruz 1959
33. Emilio Cruz Pérez 12/7/1959
34. N/A (hermano) Cuni 6/1/1959
35. Roberto Cuni Jun-59
36. Antonio De Beche Jan-59
37. Mateo Delgado Pérez Dec-59
38. Ramón Despaigne 1959
39. José Díaz Cabezas Jul-59
40. Fidel Díaz Merquías Apr-59
41. Antonio Duarte Becerra 7/2/1959
42. Rudy Fernández 7/30/1959
43. José Fernández Martínez 1/2/1959
44. Ramón Fernández Ojeda 5/29/1959
45. N/A Ferrán Alfonso 1/12/1959
46. Salvador Ferrero Canedo 5/29/1959
47. Eduardo Forte 3/20/1959
48. Ugarte Galán 1959
49. Jacinto García 9/8/1959
50. Ángel García León 5/1/1959

51. Rafael García Muñiz 3/18/1959
52. Evelio Gaspar 4/12/1959
53. Ezequiel González Jan-59
54. Evaristo Benerio González 11/14/1959
55. Secundino González 1959
56. José González Malagón 7/2/1959
57. Luis Ricardo Grao 2/23/1959
58. Evaristo Guerra 2/18/1959
59. Oscar Guerra 3/9/1959
60. Secundino Hernández Jan-59
61. Gerardo Hernández 7/26/1959
62. Rodolfo Hernández Falcón 1/9/1959
63. Francisco Hernández Leyva 4/15/1959
64. Jesús Insua González 7/22/1959
65. Enrique Izquierdo Portuondo 7/23/1959
66. Osmín Jorrín Vega 10/14/1959
67. Silvino Junco García 11/15/1959
68. Enrique la Rosa 1959
69. Bonifacio Lasaparla 1959
70. Ariel Lima Lago 8/1/1959
71. Ambrosio Malagón 3/21/1959
72. Armando Más Torrente 2/17/1959
73. Onerlio Mata Costa Cairo 1/30/1959
74. Elpidio Mederos Guerra 1/9/1959
75. José Medina 9/17/1959
76. José Milián Pérez 4/3/1959
77. Luis Mirabal 1959
78. Héctor Mirabal Jan-59
79. Francisco Mirabal Sánchez 5/29/1959
80. Félix Montano Fernández Jan-59
81. Ernesto Morales 1959
82. Pedro Morejón Montero 1/31/1959
83. Carlos Muiño Varela. M.D. 1959
84. Alberto Nicolardes Rojas 1/7/1959
85. César Nicolardes Rojas 1/7/1959
86. Víctor Nicolardes Rojas 1/7/1959
87. Viterbo O'Reilly Díaz 2/27/1959
88. Félix Oviedo González 7/24/1959
89. Manuel Paneque 8/16/1959
90. Pedro Pedroso Hernández 4/12/1959
91. Juan Pérez Hernández 5/29/1959
92. José Pozo López 1959
93. Cano Prieto 1/7/1959
94. Emilio Puebla 4/30/1959
95. Alfredo Pupo Parra 5/29/1959
96. Secundino Ramírez 4/2/1959
97. Ramón Ramos Álvarez 4/23/1959
98. Pablo Ravelo 9/15/1959
99. Rubén Rey Alberola 2/27/1959
100. Mario Riquelme 1/29/1959
101. Fernando Rivera Reyes 10/8/1959
102. Ricardo Rodríguez 5/29/1959
103. Nemesio Rodríguez 7/30/1959

104. Marcos Rodríguez 7/31/1959
105. Ricardo Rodríguez Pérez 1/11/1959
106. Cornelio Rojas Fernández 1/8/1959
107. Francisco Rosell 1/11/1959
108. Ignacio Rosell Leyva 1/11/1959
109. Antonio Ruíz Beltrán 1/11/1959
110. José Saldara Cruz 11/9/1959
111. Pedro Santana Feb-59
112. Ramón Santos García 1/12/1959
113. Sergio Sierra 1/9/1959
114. Juan Silva Domínguez Aug-59
115. Fausto Silva Guerra 1/29/1959
116. Isidoro de Jesús Socarrás 1/12/1959
117. Elpidio Soler Puig 11/8/1959
118. Rogelio Sopo Barreto 3/14/1959
119. Jesús Sosa Blanco 2/18/1959
120. Renato Sosa Delgado 6/28/1959
121. Sergio Sosa Hernández 8/20/1959
122. Pedro Soto Quintana 3/20/1959
123. Oscar Suárez 4/30/1959
124. Rafael Tárrago Cárdenas 2/18/1959
125. Francisco Tellez 1/3/1959
126. Teodoro Tellez Cisneros 1/3/1959
127. Francisco Travieso 2/18/1959
128. Marcelino Valdés 7/21/1959
129. Manuel Valdés Jan-59
130. Lupe Valdés Barbosa 3/22/1959
131. Antonio Valentín 3/22/1959
132. Sergio Vázquez 5/29/1959
133. José Velázquez Fernández 2/6/1959
134. N/A Verdecia 1959
135. Dámaso Zayas 7/3/1959

Guevara estuvo al mando de La Cabaña hasta el 26 de Noviembre de 1959, pero viajó al extranjero entre las fechas Junio de 4 a 8 de Septiembre. Se conoce que dejó firmadas varias órdenes de ejecución que se llevaron a cabo después del 26/11/1959. Las ejecuciones en 1959, para los que no se anota mes o día, probablemente tuvieron lugar durante el mando de Guevara o fueron ordenadas por él.

El *New York Times* de la época reportó 15 ejecuciones adicionales, pero se desconocen los nombres de las víctimas.

La lista publicada incluye casos documentados de fuentes primarias y secundarias. Los nombres se citan tal y como fueron informados. Detalles adicionales están disponibles para cada caso en **www.CubaArchive.org** (ver allí *Base de Datos*). Este listado es aún imperfecto, aunque es el fruto de los mejores esfuerzos de investigadores de acontecimientos para los que no hay información oficial.

La lista anterior, por supuesto, no incluye los fusilados por Raúl Castro sin juicio en la **Masacre de Loma de San Juan, en Enero 12 de 1959**.

Al anochecer del lunes 11 de Enero de 1959, por las calles de Santiago de Cuba se desplazaron lentamente varios autos y camiones, en dirección al *Campo de Tiro* ubicado en el Valle de San Juan. En uno de los autos iba un joven sin barba y con el pelo largo recogido hacia atrás en un rabo de caballo... Raúl Castro el hermano de Fidel.

Al arribar los vehículos al *Campo de Tiro*, unos 200 hombres vestidos de verde olivo, largas barbas y melenas, salieron de los autos, portando en sus manos armas largas de diferentes clases y calibres. De inmediato procedieron a bajar de los camiones a 73 hombres con las manos atadas.

Una vez todos en tierra, fueron conducidos donde un buldócer cavaba una zanja profunda de unos 20 a 25 metros de largo. A empujones los prisioneros fueron alineados de espaldas al foso... los iban a fusilar.

Un sacerdote, el **Padre Bez Chabebe**, radicado en el Arzobispado de Santiago, les daba la bendición mientras rápidamente se formaba un escuadrón frente a los prisioneros. De repente, sin más preámbulos, se escuchó una orden... ¡ **FUEGO!**

La metralla impactó los cuerpos de aquellos hombres que caían de espaldas a la zanja. El buldócer se puso en marcha y comenzó a cubrir el foso con la tierra de la propia excavación de la zanja. Allí fueron ejecutados los setenta y dos hombres, según fue publicado el 14 de Enero de 1959, en el diario *Revolución*.

Años después, en 1966, el propio Raúl Castro hizo desaparecer los cadáveres que estaban en la fosa del *Campo de Tiro* de Santiago de Cuba. Hizo construir grandes cajas herméticas de cemento, que fueron llevadas en barcos para ser arrojados en aguas profundas en la costa sur de Oriente. Con eso, jamás volverían a la superficie las huellas de su crimen.

**Esta es la lista de esos 73 hombres asesinados
por Raúl Castro el 12 de Enero de 1959:**

1. Abreu Galván, Mario
2. Álvarez, Antonio
3. Álvarez Roque, Andrés
4. Amador, Oscar
5. Álvarez Díaz, Fernando
6. Aragón, Fidel
7. Balboa López, Ángel Luís
8. Barrero Silva, Antonio
9. Bautinal Bell, Juan

10. Bello Tamayo, Efrén
11. Bravo Montalvo, José
12. Bocaña Collazo, Rafael
13. Caballero, Miguel
14. Calá de la Rosa, Leonel
15. Castillo Ramírez, Pedro
16. Castro Lora, Víctor M.
17. Cedeño, Cesar
18. Chacón Santa Cruz, Emerico
19. Cortes Maldonado, Benito
20. Coso Pérez, René
21. Curiet, Manuel
22. De la O, Arístides
23. Denis, Justo
24. Despaigne Moret, Enrique
25. Díaz, Rodolfo
26. Díaz Rodríguez, Fernando
27. Díaz Zamora, Raúl
28. Duarte Anaya, Raúl Damián
29. Durán Matos, Facundo
30. Estrus Clavijo, Arturo
31. Fernández Tirado, Eloy
32. Fernández Valdés, Ernesto
33. Fernández Valverde, Ernesto
34. Ferrán, Alonso
35. Fonseca, Mario
36. Gil, Alfredo, Raimundo
37. González, Marino
38. González Guillot, Manuel de Jesús
39. Gutiérrez García, Juan
40. Gutiérrez Valdés, Antonio
41. Haza Grasso, Bonifacio – dominicano-
42. Hernández Morales, José
43. Heredia, Ramón
44. Herrera Duque, Heliodoro (Eliotón)
45. Leiva, Ángel
46. López Despaigne, Aristónico
47. López Toledano, Arístides
48. Martín Céspedes, Alberto
49. Morales Carrillo, Antonio
50. Morfi Castillo, José Ramón
51. Montero, Armando Martín
52. Novas Hernández, Nicolás
53. Odio, Israel Arencibia
54. Oliu Cordero, Federico
55. Oduardo, Eraclio
56. Olea Gross, Domingo
57. Olea Gross, Miguel Ignacio
58. Olivera Azains, Pedro
59. Ortiz Verdecía, Armando
60. Peña Martínez, Manuel
61. Portuondo Rodríguez, Luís A.
62. Prats Cervantes, Manuel

63. Ramírez Caballero, Antonio
64. Reitor, Antonio
65. Rivera Nordet, Juan A.
66. Roque del Toro, Benigno
67. Rodríguez Pérez, Pedro
68. Saavedra Pinedo, Celso
69. Saavedra Romero, Francisco
70. Torres del Toro, Benigno
71. Torres López, Filiberto
72. Torre Martínez, Juan José
73. Jiménez Mas, Zenén

La lista de fusilados sin acusaciones formales y sin derecho a defenderse ha continuado en Cuba hasta el presente. Mientras eso ocurre, los artistas e intelectuales que respaldan la revolución Comunista hacen oído sordo a esos asesinatos y desmanes.

El 11 de Abril de 2003, tres jóvenes de la raza negra que trataban de escapar de Cuba intentaron secuestrar la lancha *"Baraguá,"* que cubre el trayecto entre Regla y La Habana Vieja, con el fin de llegar a Estados Unidos; los tres fueron atrapados y fusilados. Una gran protesta popular se desencadenó en La Habana. En respaldo a las acciones del régimen un grupo de *"prestigiosos"* Cubanos produjeron la ya famosa *"Lista de los 27,"* la cual se presenta a continuación:

Artistas e Intelectuales que respaldaron la acción tomada por la Revolución fusilando a tres jóvenes que trataban de escapar de Cuba:

1-Alicia Alonso.
2-Miguel Barnet.
3-Leo Brouwer.
4-Octavio Cortázar.
5-Abelardo Estorino.
6-Roberto Fabelo.
7-Pablo Armando Fernández.
8-Roberto Fernández Retamar.
9-Julio García Espinosa.
10-Fina García Marruz.
11-Harold Gramatges.
12-Alfredo Guevara.
13-Eusebio Leal.
14-José Loyola.

15- Carlos Martí.
16- Nancy Morejón.
17- Senel Paz.
18- Amaury Pérez.
19- Graziella Pogolotti.
20- César Portillo de la Luz.
21- Omara Portuondo.
22- Raquel Revuelta.
23- Silvio Rodríguez.
24- Humberto Solás.
25- Martha Valdés.
26- Chucho Valdés.
27- Cintio Vitier.

Fotos de la prensa Cubana e internacional que recoge datos sobre fusilamientos den Cuba de disidentes y jóvenes que trataban de escapar de las venganzas del régimen castrista.

Apéndice B

Personajes de importancia en Cuba y los Estados Unidos en 1958. ¿ Quién es Quién ?

- **Agramonte Pichado, Roberto**, Ministro de Estado cubano (Ministro de Relaciones Exteriores), Enero-Junio de 1959
- **Allen, George V.**, Director de la Agencia de Información de los Estados Unidos
- **Anderson, Orville C.**, Asistente Especial para Asuntos Públicos, Oficina de Asuntos Interamericanos, hasta Enero de 1960
- **Anderson, Robert B.**, Secretario del Tesoro de los Estados Unidos
- **Arroyo y Marquéz, Nicolás**, Embajador Cubano en los Estados Unidos, Abril de 1958-Febrero de 1959
- **Barquín, Coronel Ramón**, importante militar Cubano, líder de un golpe de estado a Batista
- **Batista y Zaldívar, Fulgencio**, Presidente de Cuba hasta el 1 de Enero de 1959
- **Belt, Guillermo**, Embajador Cubano en los Estados Unidos, 1944-1949
- **Betancourt, Ernesto**, Agente Registrado en los Estados Unidos para el *Movimiento 26 de Julio* hasta Enero de 1959, más tarde exiliado en los Estados Unidos después de 1959
- **Bissell, Richard M., Jr.**, Director Adjunto de Operaciones, Agencia Central de Inteligencia
- **Bonsal, Philip W.**, Hombre de Negocios, Embajador en Cuba, Marzo de 1959 a Octubre de 1960
- **Boti León, Regino**, Ministro de Economía Nacional de Cuba desde Enero de 1959
- **Bowdler, William B.**, Segundo Secretario de la Embajada Americana en Cuba
- **Braddock, Daniel M.**, Consejero de la Embajada Americana en Cuba
- **Burke, Almirante Arleigh A.**, USN, Jefe de Operaciones Navales
- **Calhoun, John A.**, Director Adjunto de la Secretaría Ejecutiva, Departamento de Estado, hasta Septiembre de 1958; Director, Septiembre de 1958-Septiembre de 1960
- **Campa y Caraveda, Miguel Ángel de la**, Embajador Cubano en los Estados Unidos hasta Marzo de 1958

- **Cantillo y Porras, Eulogio**, Comandante, fuerzas del gobierno cubano en Santiago, Septiembre-Diciembre de 1958
- **Carrillo, Justo**, líder del *Grupo Montecristi*
- **Castro Ruz, Fidel**, Líder de Movimiento 26 de Julio en la Sierra, Comandante en Jefe de las Fuerzas Armadas de Cuba, Enero-Febrero de 1959; a partir de entonces Primer Ministro de Cuba
- **Castro Ruz, Raúl**, Comandante en Jefe de las Fuerzas Armadas de Cuba desde Febrero de 1959; también Ministro de las Fuerzas Armadas Revolucionarias desde Octubre de 1959
- **Centoz, Monseñor Luigi**, Nuncio Papal en Cuba
- **Cepero Bonilla, Raúl,** Ministro de Comercio de Cuba, Enero de 1958-Septiembre de 1959
- **Chibas, Raúl**, exiliado líder del *Partido Ortodoxo*
- **Chomón, Fauré**, líder del *Directorio Revolucionario*, Embajador Cubano en la Unión Soviética después del restablecimiento de las relaciones en Mayo de 1960
- **Cienfuegos, Camilo**, Un importante líder del Movimiento 26 de Julio en la Sierra, Jefe de Estado Mayor de las Fuerzas Armadas de Cuba, Enero-Octubre de 1959, desaparecido en condiciones sospechosas
- **Cofiño, Angel**, líder del *Sindicato de Trabajadores Eléctricos de Cuba* y de la *Confederación de Trabajadores (CTC);* posteriormente el líder Cubano en el exilio
- **Conte Agüero, Luis**, periodista Cubano; Primer Secretario del *Partido Popular de Cuba (Ortodoxo)* en 1947; subsecuentemente Secretario General, exiliado en Miami
- **Cumming, Hugh S.**, Jr., Director, Oficina de Inteligencia e Investigación, Departamento de Estado
- **Cushing, Richard G.**, Director, Oficina de Información Pública, Agencia de Información de los Estados Unidos, Febrero de 1958-Enero de 1960; Enviado a la Oficina del Asesor de Asuntos Públicos, Oficina de Asuntos Interamericanos, Departamento de Estado, Enero-Mayo de 1960
- **Díaz Lanz, Pedro Luis**, Jefe de la Fuerza Aérea de Cuba, Enero-Junio de 1959, exiliado en Miami
- **Díaz Tamayo, General Martín**, Comandante de las fuerzas de Batista en la provincia de Oriente; despedido en 1957
- **Dihigo, Ernesto**, Embajador Cubano en los Estados Unidos, Marzo-Diciembre de 1959
- **Dulles, Allen W.**, Director de la *Agencia Central de Inteligencia (CIA)*
- **Dulles, John Foster**, Secretario de Estado hasta Abril de 1959

- **Eisenhower, Dwight D.**, Presidente de los Estados Unidos
- **Eisenhower, Milton S.**, Presidente de la *Universidad Johns Hopkins* en Baltimore
- **Fenno, Contraalmirante Frank W., Jr. (Mike)**, comandante de la base naval de los EE. UU., Guantánamo
- **Franqui, Carlos**, Editor del periódico Cubano *Revolución* hasta Enero de 1959, más tarde exiliado en Montecatini, Italia
- **Grau San Martin, Ramón**, Presidente de Cuba, 1944-1948
- **Güell, Gonzalo**, Ministro de Estado Cubano (Ministro de Relaciones Exteriores) hasta Enero de 1959; también Primer Ministro de Cuba, Marzo de 1958-Enero de 1959, finalmente exiliado
- **Guevara Serna, Ernesto (Ché)**, uno de los líderes de los rebeldes en Sierra Maestra
- **Herter, Christian A.**, Subsecretario de Estado hasta Abril de 1959; a partir de entonces Secretario de Estado
- **Hoover, J. Edgar**, Director del *Buró Federal de Investigaciones*
- **Hoyt, Henry A.**, Asistente Especial del Subsecretario de Estado para Asuntos Interamericanos hasta Agosto de 1958
- **Irwin, John N., II**, Subsecretario Adjunto de Defensa
- **López Fresquet, Rufo**, Ministro de Finanzas de Cuba, Enero de 1959 a Marzo de 1960
- **Mallory, Lester D.**, Subsecretario de Estado Adjunto para Asuntos Interamericanos
- **Marinello, Juan**, Presidente del *Partido Socialista Popular de Cuba (PSP)*
- **Marquéz Sterling**, Carlos, líder Cubano del *Partido Ortodoxo*, candidato derrotado en las elecciones presidenciales Cubanas de 1958
- **Matos, Huber**, Gobernador Militar de la provincia de Camagüey al llegar la revolución al poder, Enero-Octubre de 1959. Murió en el exilio después de haber sido preso en Cuba por Castro.
- **Merriam, Robert E.**, Asistente Adjunto del Presidente para Asuntos Interdepartamentales desde Septiembre de 1958
- **Meyer, Joaquín**, Consejero Financiero de la Embajada de Cuba en los Estados Unidos
- **Miró Cardona, José**, Primer Ministro de Cuba, Enero-Febrero de 1959, exiliado temprano
- **Mujal, Eusebio**, Secretario General de la *Confederación de Trabajadores de Cuba (CTC)*
- **Muñoz Marín, Luis**, Gobernador de Puerto Rico

- **Núñez Portuondo, Emilio**, Embajador Cubano en las Naciones Unidas hasta Enero de 1959
- **Owen, Richard B.**, Oficina de Asuntos del Caribe y México, Departamento de Estado
- **Pazos, Felipe**, primer Presidente del *Banco Nacional de Cuba* al triunfo de la revolución, Enero-Noviembre de 1959, exiliado al cabo de muy poco tiempo
- **Pérez Serantes, Cardenal Enrique**, Arzobispo de Santiago de Cuba
- **Piad, Carlos**, líder del exilio Cubano
- **Prío Socarrás, Dr. Carlos**, Presidente de Cuba, 1948-1952
- **Pujol, Guillermo Alonso**, Vicepresidente del gobierno de Prío Socarrás
- **Ray, Manuel Antonio**, Ministro Cubano de Obras Públicas, Enero-Noviembre de 1959, exiliado y activo opositor como Director del *Movimiento Revolucionario Cubano (MRP)*
- **Rey Pernas, Santiago**, Ministro Cubano del Interior (Gobernación)
- *Rivero Agüero, Andrés*, Presidente electo de Cuba, Noviembre-Diciembre de 1958
- **Rogers, William B.**, Fiscal General de los Estados Unidos
- **Ross, Robert W.**, Oficina de Asuntos Interamericanos, Departamento de Estado
- **Rubottom, R. Roy, Jr.**, Subsecretario de Estado para Asuntos Interamericanos hasta Agosto de 1960
- **Smith, Earl E. T.**, Embajador en Cuba hasta Enero de 1959
- **Smith, Wayne S.**, Tercer Secretario de la Embajada en Cuba desde Julio de 1958
- **Spencer, George O.**, Oficial a Cargo de Seguridad Interamericana y Asistencia Militar, Departamento de Estado
- **Stevenson, Robert A.**, División de Investigación y Análisis para las Repúblicas Americanas, Departamento de Estado, hasta Diciembre de 1958; Oficial a Cargo de Asuntos Cubanos, Oficina de Asuntos del Caribe y México, Diciembre de 1958 a Octubre de 1960; a partir de entonces Director Adjunto de la Oficina de Asuntos del Caribe y de México
- **Stewart, C. Allan**, Director Adjunto de la Oficina de Asuntos Centroamericanos del Departamento de Estado, hasta Septiembre de 1958;
- **Urrutia Lleó, Manuel**, Presidente de Cuba, Enero-Julio de 1959, exiliado poco después
- **Varona, Manuel Antonio de**, Coordinador del *Frente Revolucionario Democrático (FRD)*
- **Whitman, Ann C.**, Secretaria personal del presidente Eisenhower

- **Wieland, William A.**, Director, Oficina de Asuntos Centroamericanos, Departamento de Estado, hasta Septiembre de 1958; Director de la Oficina de Asuntos del Caribe y México, Septiembre de 1958 a Octubre de 1960
- **Wollam, Park F.,** Asistente de Personal del Secretario de Estado Adjunto para Asuntos Interamericanos hasta Febrero de 1958; Cónsul en Santiago de Cuba, Febrero de 1958 Agosto de 1960

El gran fracaso de los *"hombres fuertes"* Cubanos ha sido siempre no saber cuándo retirarse. Si **Gerardo Machado** no hubiera sido reelecto a pesar de la Constitución, habría muchos que lo recordarían como el mejor constructor de Cuba; si **Fulgencio Batista** no hubiera tomado el poder ilegalmente por segunda vez el 10 de Marzo de 1952, habría sido recordado como un líder progresista, un partidario del *New Deal*, que aplicó en Cuba las mismas políticas que Franklin D. Roosevelt aplicaba en los Estados Unidos. Si **Fidel Castro** hubiera convocado elecciones en 1959, hubiera salido Presidente y todas sus ambiciones de poder hubieran sido perdonadas.

Apéndice C

Informe de la avanzada de la CIA en Cuba a John Foster Dulles, Secretario de Estado de los Estados Unidos, fechado Febrero 21, 1958.

CONFIDENCIAL

Tengo el gusto de enviar los siguientes comentarios sobre el líder rebelde cubano, Fidel Castro y su *Movimiento 26 de Julio* a la agencia, sobre la base de una observación en el lugar de las condiciones y eventos en la Provincia de Oriente durante los últimos tres años y conversaciones con numerosas personas en todos los ámbitos de la vida en esta área. El Jefe de las Operaciones de la CIA en Cuba desea enfatizar que no conoce personalmente a Fidel Castro ni a ningún miembro de su familia.

Las condiciones y los acontecimientos en este país están dominados por dos Cubanos, enemigos acérrimos, cada uno aparentemente consumido por el deseo de eliminar al otro en una lucha a muerte si es necesario. Estos dos hombres son el presidente Fulgencio Batista y Fidel Castro, el tema de este despacho. Castro es, al mismo tiempo, la persona más querida, la más odiada y la más controvertida en la escena política Cubana en la actualidad, dependiendo de cómo se sienta cualquier Cubano con respecto a él. Ambos hombres provienen de Banes, un pequeño pueblo en la costa norte de la provincia de Oriente, que desde hace años depende de su existencia en la *United Fruit Sugar Company*, una empresa subsidiaria de la *United Fruit Company*.

El presidente Batista adquirió fama y fortuna después de dejar a Banes y es un famoso graduado de la escuela de la experiencia. Su historia de vida ya es bien conocida por el Departamento.

Fidel Castro proviene de una familia mucho más alta en la escala social que la de Batista. Según los informes, su padre fue propietario de una plantación de azúcar y originalmente era un trabajador manual. Él desarrolló una fortuna personal con trabajo duro y buena suerte. Según un ciudadano Estadounidense que reside en Banes, Castro era un vago y un *"ne'er-do-good"* que se casó con una joven perteneciente a la familia Díaz Balart y luego la abandonó. Asistió a la *Universidad de La Habana*, donde se graduó de abogado; allí estableció fuertes credenciales como revoltoso. La Embajada puede brindar más información sobre las actividades de

Castro mientras estudiaba en la Universidad. Se considera que Castro tiene ideas irracionales y varía de radical a liberal en su filosofía política. Los partidarios actuales tienden a atribuirle el mérito de haber alcanzado la madurez política y haberse vuelto sobrio al alcanzar fama.

Fidel Castro hizo historia local por primera vez cuando él y una banda de jóvenes exaltados atacaron frontalmente el fortificado Cuartel Moncada en Santiago de Cuba el 26 de Julio de 1953. Tomó por sorpresa a la guarnición y casi logró capturarla, pero falló en ese intento. Él y los sobrevivientes fueron hechos prisioneros. Su carrera debía haber terminado ahí porque la población local consideraba el ataque al Cuartel Moncada como algo que solo un tonto era capaz de intentar. La leyenda de Castro, sin embargo, comenzó cuando los residentes locales vieron el evento como un acto de brutalidad por parte de los coz de los sobrevivientes. Fidel Castro subsistió y fue liberado a su debido tiempo en una amnistía política nada menos aprobada por el General Batista.

Eventualmente Castro salió de Cuba para pasar la mayor parte de su tiempo exiliado en México.

Durante la mayor parte de 1956, la leyenda de Castro creció a medida que se producían una serie de incidentes infructíferos atribuidos a su movimiento. A lo largo del año, sus partidarios mantuvieron viva su llama local con la promesa de que regresaría para liberar a Cuba de los *"males del régimen de Batista"*. A medida que se acercaba el final del año, era obvio para todos los Santiagueros que Castro tendría que hacer realidad su promesa alardosa de regresar o perderían el liderazgo de lo que fue la única oposición activa y militante al gobierno de Batista. Yo personalmente recuerdo que hubo un interés cada vez menor en su movimiento a medida que se acercaba Diciembre de 1956 y comenzaba a considerarse que Castro era un fanfarrón.

El 30 de Noviembre de 1956, la ciudad de Santiago casi cayó en manos de una pequeña banda de jóvenes rebeldes considerada como un apéndice local del *Movimiento 26 de Julio* debido a la identificación de los brazaletes que utilizaban. No podrían haber sumado más de 200 en número, pero su audacia casi se hizo realidad y, de hecho, la ciudad fue controlada por los rebeldes durante unas dos horas esa mañana ya que las tropas estaban acantonadas en el cuartel Moncada y fueron sorprendidas por el ataque y por la temeridad casi suicida de los jóvenes rebeldes.

Esa actividad en Santiago de Cuba el 30 de Noviembre debe haber sido una estratagema de distracción para alejar los cuerpos regulares del ejército del lugar de desembarco donde, dos días después, Fidel Castro y una banda de unos 80 hombres realizaron con éxito en una costa aislada y accidentada el extremo occidental de la provincia de Oriente, frente a las montañas de la Sierra Maestra. Aquí otra vez Fidel Castro parece haber tenido suerte porque solo unos pocos de esos hombres sobrevivieron al desembarco, pero lucharon por subir las desagradables laderas de la Sierra. Los sobrevivientes evitaron todos los intentos del ejército cubano de moverlos a un terreno más favorable para hacerles batalla.

A partir de ese momento, se disparó a la fama de Fidel Castro y se hizo cada vez más evidente que el gobierno de Batista no podría o no estaba dispuesto a expulsarlo a él y sus seguidores. Cuando esto se hizo obvio, sus hazañas se consideraron románticamente como las de un *Robin Hood* Cubano. Su exitoso desafío al ejército cubano se convirtió en un enigma y una fuente interesante y de satisfacción para los poco audaces Santiagueros.

Mientras Castro se convertía en un símbolo de resistencia al gobierno de Batista, se volvió en un héroe para muchos adolescentes y jóvenes Cubanos. Sus hazañas proporcionaron un placer vicario a los Santiagueros más viejos y menos atrevidos y, como era inevitable, se convirtieron en un dolor de cabeza cuando los jóvenes cubanos comenzaron a desaparecer de sus hogares con el conocimiento posterior de que habían ido a la Sierra para unirse a las fuerzas de Castro. A medida que suministros y reclutas comenzaron a filtrarse a través de las porosas líneas del ejército Cubano, las fuerzas de Castro crecieron en fuerza y lograron acumular bastante equipo de guerra. Comenzaron entonces a atacar y hacer incursiones en puestos aislados del ejército y áreas desarmadas. Expandieron su área de operaciones pero siempre dentro de las sombras de la Sierra Maestra. Sabían que no podían derrotar al ejército Cubano en una batalla campal sin artillería ni equipo motorizado, pero también sabían que estaban a salvo de la aniquilación siempre que permanecieran al abrigo de las montañas donde el factor del terreno les favorecía.

Al final del año, nosotros hemos calculado que las fuerzas de Castro ascendían entre 500 y 1,000 jóvenes bien armados, bien entrenados y robustos. No habían derrotado al ejército Cubano una sola vez ni habían derrocado al gobierno de Batista, pero lo habían hostigado y habían socavado seriamente su moral. A los ojos de los Santiagueros, las fuerzas de Castro fueron la única esperanza que quedaba de eliminar lo que llamaron el *"yugo castrense de Batista"*.

El entusiasmo por la causa de Castro casi se desvaneció y flaqueó a fines de 1957 cuando el famoso líder no pudo cumplir sus planes de destruir la cosecha azucarera Cubana quemando los campos de caña a todo lo largo de la isla, en una estrategia similar a la utilizada por Valeriano Weyler en la guerra de independencia de 1895.Psicológicamente esto fue desafortunado porque la idea de quemar los campos desalentó a muchos de sus partidarios en las clases campesinas y trabajadoras que vieron la quema de la caña como una forma de quitarles su sustento. Estas fueron las personas que habían escondido a los rebeldes, les habían proporcionado movilidad y transporte primitivo, comida fresca y, de suma importancia, guías leales para atravesar el terreno hostil de la Sierra. En las ciudades y particularmente en Santiago de Cuba, la ciudadanía también perdió la fe otra vez cuando no se llevó a cabo en la Sierra ninguna actividad militante exitosa. Santiago de Cuba volvió a su ritmo normal en dos años.

Creyéndose invencible y la única solución al problema de Batista en el poder, el grupo de Castro había desheredado a la *Junta de Liberación Cubana*, que hasta entonces había formado un frente unido en una reunión convocada en Miami. Esto empeoró por el arresto de tres líderes rebeldes, el Dr. Santos Buch, Javier Pazos y el Dr. Armando Hart cuando en Enero de 1958 regresaban a Santiago de Cuba desde la Sierra. Estos y otros incidentes contribuyeron a que la fama y fortunas del movimiento de Castro llegara prácticamente al cero y al olvido.

Un tiempo después los grupos militantes de oposición en La Habana comenzaron a restablecer la lucha con renovado vigor y fuerza, organizando numerosos actos de terrorismo y sabotaje a diario. Las fuerzas de Castro comenzaron una táctica de llevar al ejército Cubano hacia las llanuras. Allí esperaban hacer muchas bajas y tenían la esperanza de que los alistados se volvieran contra los oficiales o provocaran una división tal entre los oficiales que una junta militar sería necesaria tras la destitución del gobierno de Batista.

En su campaña de destrucción, los rebeldes no parecieron discriminar y sus blancos frecuentes incluyeron, por ejemplo, tanques de almacenamiento pertenecientes a la *Sinclair Oil* que contenían aproximadamente 135,000 galones de combustible, y una fábrica local de *Cuban Air Products Corporation*, una empresa de propiedad estadounidense, fue destruida por las llamas. A nivel local, los ferrocarriles y las líneas de autobús sufrieron grandes pérdidas por descarrilamientos e incendios de los equipos rodantes.

Hoy en día, el objetivo de los rebeldes parece ser causar suficiente destrucción y daños a la economía cubana como para forzar un cambio de gobierno. A pesar de que Castro parece incapaz de asestar un golpe mortal al gobierno de Batista, el movimiento de

Castro y otras fuerzas de la oposición están lejos de desalentarse y continúan mordisqueando a las Fuerzas Armadas. Han logrado mantener una presión constante sobre Batista y el hombre de a pie podría preguntarse cuánto tiempo continuará el derramamiento de sangre en ambos lados.

Al momento de escribir este reporte, los actos de violencia se han incrementado en toda la isla y parece que hay evidencia de una mayor unidad y determinación de propósito que nunca antes había por parte de la oposición. Parece que al gobierno de Batista le queda solamente la esperanza de una operación de contención para poder sobrevivir.

Fidel Castro y su Movimiento 26 de Julio parecen haber pasado de ser una espina irritante en el costado del gobierno de Batista a un tumor canceroso que se propaga lentamente. A través de la persistencia y la actitud benévola de varios periodistas Estadounidenses y la prensa Estadounidense, este hombre y su movimiento han logrado convertirse en favoritos sentimentales en los Estados Unidos, a tal punto que el gobierno de Batista ahora está a la defensiva. El gobierno Cubano no ha hecho ningún intento a nivel local para ganarse el favor del público Cubano, eligiendo equivocadamente una estrategia más directa de recurrir a la fuerza para mantenerse en el poder; una medida que solo ha fortalecido las acusaciones de dictadura de la oposición. Los fidelistas también han recurrido a la fuerza, pero, en general, han confinado su violencia a las Fuerzas Armadas y los *"chivatos"*, un término aplicado a los informante a sueldo del gobierno. El Gobierno, en lugar de aprehender a estos infractores evidentes y someterlos al debido proceso y juicio en los tribunales Cubanos, aplica su propio sistema de justicia que es rápido, efectivo y sin apelación. Como ocurre diariamente, se encuentran cadáveres de hombres ahorcados o tiroteados a todo lo largo de Cuba, algunos de ellos con más de 40 heridas de bala.

En Santiago de Cuba, Fidel Castro y su *Movimiento 26 de Julio* pretenden ser *"todo por todos y para todos."* En la CIA hemos confirmado relatos de un Sacerdote Católico íntimamente relacionado con el movimiento juvenil local de la Iglesia entrar en un éxtasis nervioso cuando cualquier discusión incluye comentarios sobre Fidel Castro. Castro, ha escrito este Sacerdote, representa *"las frustradas aspiraciones de la juventud Cubana y no está haciendo ni va a hacer nada malo. Va a proporcionar a la juventud Cubana una Cuba mejor y más segura donde cada Cubano puede mirar a su conciudadano directamente a los ojos. ¿Es Castro un radical peligroso o Comunista? No."*

De hecho en este momento Castro tiene uno o más Sacerdotes en la Sierra y posiblemente haya algún que otro más en camino. Este sacerdote ha bendecido una gran cantidad de medallones y rosarios que han sido entregados a los guerrilleros y que casi todos usan como amuletos, inclusive el propio Castro. También hemos visto oficiales del Ejército entrar en una furia ardiente cuando se menciona a Castro. Para ellos, Fidel Castro y su hermano Raúl son la forma más vil y más baja de humanidad, entre otras cosas porque ambos son comunistas.

El movimiento de Castro tiene un atractivo legítimo o conveniente pero ciertamente inusual para todos los sectores de la sociedad Cubana. El apoyo monetario para Castro y su movimiento proviene de las clases más ricas de Cuba; muchos Santiagueros han sido sumamente generosos con sus chequeras. Muchos de ellos alojan a periodistas y escritores independientes en sus hogares mientras se hacen los arreglos para completar su viaje hacia o desde la Sierra.

Para los jóvenes de la provincia de Oriente, Fidel Castro no es muy diferente que el Flautista de Hamelín. Sigue proporcionando un persistente dolor de cabeza a padres y madres de esta área porque sus hijos o bien quieren ir a la Sierra con Fidel o quieren contribuir a la causa a nivel local a través del sabotaje, incendios, etc. Nuestro Consulado en Santiago de Cuba es abordado diariamente por frenéticos grupos de padres que quieren llevar a sus hijos a estudiar a los Estados Unidos porque la policía y otras autoridades locales los tienen en la mirilla por el apoyo en propaganda y destrucción con que colaboran con Castro.

Tal vez de igual importancia para el país y sus clases dirigentes es la incertidumbre sobre el resultado final de esta lucha mortal entre Castro y Batista. Los 1960 podrían ser la década perdida para la juventud Cubana en cierto sentido, aunque la juventud Cubana trate de argumentar que la suya es una causa justa. Los jóvenes que desean permanecer al margen de la presente lucha no pueden quedarse en este país. Donde ellos o sus padres pueden pagarlo, van a Europa o a los Estados Unidos. Otros que no pueden afrontar los gastos de *LSU, la Universidad de Miami* o *Georgia Tech* han tenido que huir y están dispersos por los Estados Unidos y América Latina esperando poder volver en el momento oportuno. Las universidades Cubanas, con la excepción de Villanueva, La Salle y otras privadas, han estado cerradas o inoperativas durante los últimos dos años, afectando deliberadamente a todos los sectores de la sociedad Cubana. En algunos casos, las pérdidas derivadas de esta parálisis académica pueden ser irreparables.

Debido a una aparente falta de control centralizado sobre todos los jóvenes Cubanos, Castro no ha podido organizar brigadas efectivas que puedan atacar al Ejército. En su lugar, muchos jóvenes han atacado el gobierno de Batista a ciegas y en vano. Muchos de estos jóvenes han sido asesinados como resultado de acciones y actos que fueron pura estupidez.

Estos jóvenes representarán otro problema que es de largo alcance en Cuba. Muchos jóvenes se han acostumbrado a la violencia, a usar tácticas de ataque y al uso efectivo de armas y armas de fuego. Pueden ser difíciles de mantener en línea cuando la presente contienda civil llegue a su fin y muchos de ellos son potenciales delincuentes.

Es una conclusión inevitable que el Cubano promedio es notablemente ingenuo en lo que respecta a la política y prefiere ser guiado por sus emociones más que por razonamientos. La mayoría de los Cubanos con los que hemos hecho contacto y hablado no aceptan la posibilidad de que el movimiento de Castro pueda estar infiltrado por comunistas. Dicen que tal cosa es impensable y absurda; declararán que Castro es Cubano en el enésimo grado y que nunca permitiría que eso sucediera. En las ocasiones que hemos pedido a los Cubanos que comenten las acusaciones de que uno de los lugartenientes de confianza de Castro, Ernesto (Ché) Guevara, un Argentino, es comunista o simpatizante, invariablemente contrarrestan con negaciones vehementes, pero admiten que no saben nada de sus antecedentes y terminan con la risible sugerencia de que el Ché Guevara es simplemente un aventurero idealista.

La presencia de posiblemente un millar de hombres que están en la Sierra es una oportunidad natural para la infiltración comunista. Los hombres de Castro deben estar cansados, solos, viviendo cerca de la naturaleza y enfrentando la muerte en todo momento. Como tales, deben haberse vuelto ásperos e insociables en contra de la sociedad y, con tal estado de ánimo, posiblemente pueden darle una pronta recepción a los agentes Rusos. Este es uno de los peligros de la continua lucha entre Fidel Castro y el gobierno de Batista.

Mientras que muchos de los Santiagueros adoran a Castro y su Movimiento, algunos de ellos han comenzado a dudar y perder la confianza del líder rebelde.

Los agentes de la CIA en Cuba, y particularmente yo, hemos detectado una tendencia reciente por parte de Castro a comportarse y a dar instrucciones con un estilo autocrático e impaciente. Sin duda está preguntándose si va a estar dispuesto a conformarse con su papel de *"libertador de Cuba"* en la liquidación final de cuentas. Todos pensamos que sus seguidores comienzan a temer que Fidel Castro pueda emerger como un nuevo hombre fuerte, un dictador más de Cuba. Muchos de ellos comienzan a pensar que, con Castro, Cuba enfrenta un futuro sombrío e incierto sin paz política a la vista. **END**

Nota al Informe de la avanzada de la CIA en Cuba a John Foster Dulles, Secretario de Estado de los Estados Unidos, fechado Febrero 21, 1958.:

«Este telegrama circular, ha sido enviado a Santiago de Cuba, La Habana, Bogotá, Buenos Aires, Ciudad de Guatemala, Ciudad de México, San José y San Salvador, con la siguiente petición:

En adición al reporte adjunto de la CIA al Secretario de Estado, y para ayudar al Departamento a llegar a una evaluación objetiva y positiva de *Fidel Castro* y su *Movimiento 26 de Julio*, sería muy apreciado que los destinatarios hicieran un esfuerzo especial para proporcionar información sobre este hombre y su partido. La información ahora disponible es contradictoria, no concluyente y de detalles inadecuados. Se necesita más conocimiento sobre las asociaciones anteriores de Castro, actividades pasadas y cualquier cosa que pueda arrojar luz sobre su ideología y la de aquellos más cercanos a él. Se sugiere enviar sus comentarios en clasificación *Confidencial* y utilizar menos de 1 línea no desclasificada cuando corresponda.».

Among the best secrets kept by Fidel Castro are the names and photos of his four children. Here they are, from left to right, top to bottom: **Fidelito, Alex, Antonio** and **Alexis.**

Apéndice D

Traducción de los Comentarios de la Oficina de la CIA en La Habana sobre el llamamiento a la paz del Episcopado Cubano y para formar un Gobierno de Unidad Nacional. Febrero 28, 1958.

El punto de mayor interés en el llamado del Episcopado es proponer un gobierno de unidad nacional. Lo que se quiere decir no está claro en la declaración. En un intento por aclararlo, el Embajador habló con el Nuncio Papal, y los oficiales de la Embajada conversaron con otros contactos, entre ellos, Julio Morales Gómez, ex-Presidente Nacional del movimiento de *Acción Católica*. El Nuncio está íntimamente familiarizado con los antecedentes de la declaración, y asistió a la reunión de los Obispos Católicos en la cual se aprobó la versión final de la declaración. A partir de esas conversaciones, es evidente que la Iglesia Católica cree que el Gobierno y los diversos partidos y grupos de oposición, incluidos los movimientos revolucionarios, están actualmente tan alejados que no es posible celebrar elecciones libres. La Iglesia cree que para corregir esa situación debe formarse un "*gobierno de unidad nacional*", que incluya miembros de los diversos partidos de la oposición en el gabinete.

La Iglesia considera que deben incluirse representantes del *Movimiento 26 de Julio* de Fidel Castro, o como mínimo, que ese Movimiento debe aprobar al nuevo Gobierno. Algunas fuentes han dicho que sería necesario designar figuras opositoras o "no políticas" para ocupar altos cargos en varias agencias gubernamentales además del Gabinete. Dicen que lo que tienen en mente es algo así como un *gobierno de coalición*, que incluya a representantes de todas las facciones opuestas en la escena política cubana, así como a fuerzas no políticas como las *Instituciones Cívicas*. Los representantes de la Iglesia dijeron que la declaración del Episcopado pretende ser un *"puente de entendimiento"* entre los diversos grupos. Agregan que la Iglesia no está preparada para actuar como mediadora entre esos grupos, sino que apoyará los esfuerzos de mediación.

Sobre la cuestión clave de si Batista podría permanecer como presidente y encabezar el *"gobierno de unidad nacional"*, los representantes de la Iglesia no formulan recomendaciones. Da la impresión de que la Iglesia no ha llegado a ninguna conclusión sobre ese punto, y siente que la respuesta se desarrollará durante el período de mediación.

La acción del Episcopado Católico al emitir la declaración parece haber sido tomada en respuesta a dos presiones. La **primera** es una profunda preocupación por la situación existente, caracterizada por la violencia continua y el derramamiento de sangre. La Iglesia siente que las fuerzas opuestas están en un callejón sin salida, sin poder vencer al otro y sin voluntad de compromiso. La **segunda** presión ha sido engendrada dentro de la Iglesia misma, y es una combinación de sentimientos fuertemente anti-gubernamentales y pro-revolucionarios entre las juventudes de la Iglesia, más una deriva hacia una posición anti-gubernamental por parte de un gran número de sacerdotes parroquiales, que es el grupo de la Iglesia más íntimamente al tanto del costo de la violencia continua en términos de sufrimiento humano, la tragedia social y las consecuencias de una creciente ola de odio.

La Embajada cree que el llamamiento no es antigubernamental ni anti-Batistiano sino que indica que cree que el gobierno no puede manejar la situación existente y debe hacer concesiones. Sin embargo, el gobierno obviamente no está contento con eso, ya que obviamente debilita su posición. Por otra parte, la oposición revolucionaria afirma que la apelación del Episcopado representa un apoyo total para ellos, que por supuesto no lo es. Varias organizaciones laicas Católicas, grupos Cívicos y la Confederación Cubana del Trabajo (CTC) respaldaron el llamamiento, al igual que el Partido Comunista Cubano, proscrito y clandestino y hoy conocido como el Partido Socialista Popular.

La Embajada ha concluido:

La declaración del Episcopado Católico ha despertado gran interés. Es un esfuerzo serio y considerado por parte de la Iglesia de tratar de definir una solución pacífica de tiempo presente a la situación violenta en Cuba. Es un paso serio para la Iglesia, ya que inyecta a la Iglesia en la situación política. También plantea un problema delicado para el Gobierno, que aparentemente espera responder al llamamiento con simpatía pero sin ceder el control y sin formar el solicitado *gobierno de unidad nacional*. Una respuesta negativa u hostil del gobierno bien podría hacer que la Iglesia se radicalice y se vuelva opositora.

Los Obispos de las 11 Diócesis de Cuba, incluido el Cardenal de La Habana **Jaime Ortega**, primera fila, tercero desde la derecha. Cuba tenía en 1958 ocho Obispos, tres Arzobispos (incluido el Cardenal) y dos Obispos Auxiliares, ambos en La Habana. A la derecha de Ortega está el *Bruno Musaro*, el Nuncio Papal.

Apéndice E

Parte de Prensa del 25 de Octubre de 1958, divulgado por Fidel Castro a través de *Radio Rebelde*, explicando su versión sobre dos de los secuestros efectuados por el Movimiento 26 de Julio en el territorio de la provincia de Oriente.

Comunicaciones recibidas del Frente No.2 Frank País, informaban la posibilidad de que la zona de Nicaro, donde están instaladas las plantas de Níckel del gobierno Americano, se convirtiera hoy en campo de batalla.

Hace tres días, la dictadura, sorpresivamente, sin que hubiera motivo militar alguno, retiró las tropas que tenía destacadas en aquel punto. Siguiendo la práctica acostumbrada, los rebeldes tomaron inmediatamente el territorio abandonado por el enemigo, ofreciéndoles a los empleados y funcionarios de la planta completas garantías para seguir operando.

Pues bien, en el día de hoy, el mando rebelde, interceptó una orden del Coronel Ugalde Carrillo, disponiendo que sus fuerzas desembarcaran de nuevo en la Nicaro, lo que va a producir inevitablemente un choque. Todo esto forma parte de una maniobra de Batista, en complicidad con el embajador Mr. Smith y varios funcionarios del Departamento de Estado Americano para propiciar la intervención de Estados Unidos en la guerra civil de Cuba. La Dictadura en su desesperación está tratando de producir un incidente grave entre los rebeldes y los Estados Unidos.

El primer intento tuvo lugar a principios de Julio, cuando el estado Mayor de la dictadura, de acuerdo con Mr. Smith, retiró sus tropas del acueducto de *Yateritas* que abastece de agua la base naval de Estados Unidos en Caimanera y solicitó de las autoridades allí radicadas el envío de soldados a ese punto del territorio nacional para protección del Acueducto. Batista y Mr. Smith pretendían buscar un choque entre marinos norteamericanos y rebeldes.

Una gran campaña de opinión en toda la América, la actitud responsable y serena de las fuerzas rebeldes frente a aquella provocación evidente y las gestiones del *Frente Cívico Revolucionario* propiciaron una solución diplomática al problema. Los marinos norteamericanos se retiraron sin incidente alguno. Un hecho intranscendente ocurrido en días pasados de modo fortuito vino a dar aliento a la conjura de la Embajada Americana y la dictadura de Batista contra la soberanía del País. Dos norteamericanos y siete cubanos que trabajan en la Texaco se encontraron en el camino con una emboscada de patriotas cubanos que esperaban el avance de fuerzas enemigas. Por motivo, estrictamente de seguridad, tanto para dichos empleados como para nuestras fuerzas, los tripulantes del vehículo fueron retenidos y trasladados a lugar seguro, no porque fuesen norteamericanos o cubanos sino sencillamente porque cuando una emboscada es descubierta por civiles y éstos no la denuncian inmediatamente a las fuerzas de la tiranía, para evitar que caigan en la emboscada, la dictadura toma represalias contra ellos, si por el contrario los civiles denuncian nuestra posición, ésta puede ser rodeada por fuerzas superiores y atacada. Es por eso que en estos casos, se retiene a los civiles en algún lugar seguro por razones de seguridad tanto para nuestra tropa como para ellos, por el tiempo que dure la operación. No se puede llamar secuestro a ese acto; nadie fue a detener a esos empleados a sus trabajos; no se exigió absolutamente nada a cambio de su libertad y fueron tratados con todas las consideraciones. Eso fue sencillamente lo que ocurrió. Se les puso en libertad tan pronto el comandante de la columna retiró las fuerzas del camino. Pues bien: aprovechándose inmediatamente de este incidente, como quien está buscando el menor pretexto para inmiscuirse en los asuntos internos de Cuba, Lincoln White, vocero del Departamento de Estado Norteamericano formuló unas declaraciones insultantes para los patriotas y que encierran en su contenido amenaza abierta contra la integridad de nuestro territorio y la soberanía de nuestro Pueblo.

La dictadura de Batista ha asesinado a más de un ciudadano Norteamericano. Ha detenido y hasta golpeado periodistas de ese país. Sin embargo el Departamento de Estado ha guardado silencio frente a esos hechos, no informando de ello a la opinión pública Norteamericana. Bastó en cambio este simple incidente para que Lincoln White lanzara una serie de amenazas y acusaciones contra el Movimiento 26 de Julio. Simultáneamente se produce el abandono, por parte de las fuerzas de la dictadura, del poblado de Nicaro y tres días después cuando los patriotas han ocupado dicho territorio la dictadura ordena a sus tropas desembarcar de nuevo. Ahora están tramando escenificar una batalla en el mismo terreno donde están enclavadas las plantas de níckel del gobierno de Estados Unidos donde puedan derivarse daños materiales a las mismas y buscar un pretexto al envío de tropas norteamericanas. Es un plan similar al que se fraguó con el acueducto de Yateritas.

Queremos denunciar estos hechos ante la opinión pública de Estados Unidos y de América Latina. La peor traición que pueda cometer un gobernante en su propia patria. ¿Por qué las fuerzas de la dictadura abandonaron las plantas de la Nicaro sino estaban siendo atacadas allí por los rebeldes? ¿Por qué ha ordenado de nuevo el desembarco en dicho punto? ¿Qué relación tienen estos hechos con las agresivas declaraciones de Lincoln White?

El mando rebelde no ha estado nunca animado por sentimientos de animadversión ni hostilidad hacia los Estados Unidos. Cuando un grupo numeroso de ciudadanos norteamericanos fueron retenidos al norte de la provincia de Oriente a fin de que pudieran contemplar los efectos de los bombardeos a la población campesina con bombas y aviones de procedencia americana, este mando tan pronto conoció el problema ordenó la inmediata entrega de dichos ciudadanos a las autoridades de su país por considerar que no debían ser molestados por los errores de su gobierno. Cuando di esa orden se encontraba presente en la Sierra Maestra un periodista norteamericano, que la trasmitió inmediatamente a las agencias cablegráficas. El incidente último con dos ciudadanos de ese país fue puramente fortuito y por las razones antes explicadas. La presencia de los siete cubanos retenidos en compañía de ellos, es prueba de que no lo inspiró ningún motivo de nacionalidad. Si Lincoln White califica de atentado a las normas civilizadas la retención de dos compatriotas suyos, que fueron tratados con toda decencia y puestos en libertad tan pronto cesó el peligro, para ellos y para nuestros soldados, ¿Cómo calificar la muerte de tantos civiles cubanos indefensos asesinados con las bombas y los aviones que el gobierno americano envió al ejército del dictador Batista? Los ciudadanos cubanos, señor White, son seres humanos igual que los ciudadanos norteamericanos sin embargo jamás ha muerto un norteamericano con bombas ni aviones cubanos. Usted no nos puede acusar a los patriotas cubanos de esos actos; en cambio nosotros sí podemos acusarlos a usted y a su gobierno.

La guerra que está sufriendo hoy nuestra Patria ocasiona pérdidas y molestias no solo a los ciudadanos norteamericanos sino a todos los residentes del país. Pero esta guerra no es culpa de los cubanos que queremos recobrar nuestro sistema democrático y nuestras libertades sino de la tiranía que hace siete años oprime nuestra patria, que ha contado sin embargo con el apoyo de los embajadores norteamericanos.

Nuestra conducta está expuesta a la luz pública. En el territorio liberado por nuestras fuerzas no hay censura. Los periodistas norteamericanos nos han visitado infinidad de veces y pueden hacerlo cuantas veces lo deseen para informar libremente a la opinión pública de ese país nuestra actuación; porque la única fiscalización que toleramos de nuestros actos y de nuestra libre determinación es la de la opinión pública de nuestro pueblo y del mundo entero.

Bueno es advertir que Cuba es un país libre y soberano, deseamos mantener con los Estados Unidos las mejores relaciones de amistad. No queremos que entre Cuba y los Estados Unidos surja nunca un conflicto que no se pueda resolver dentro de la Razón y el Derecho de los Pueblos. Pero si el Departamento de Estado Americano continúa dejándose arrastrar por las intrigas de Mr. Smith y Batista e incurre en el error injustificable de llevar a su país a un acto de agresión contra nuestra soberanía la sabremos defender dignamente. Hay Deberes con la Patria que no se pueden dejar de cumplir cueste lo que cueste. A un país grande y poderoso como Estados Unidos no lo honran las palabras y amenazas que entrañan las últimas declaraciones de usted. Las amenazas tienen virtualidad entre la gente cobarde y sumisa, pero no la tendrán jamás con los Hombres que estén dispuestos a morir en defensa de su Pueblo.

¿Qué pensaría el pueblo americano y usted Mr. White, si en aviones Cubanos se arrojaran bombas y metralla contra la población de su país? ¿Qué pensaría el pueblo Americano y usted Mr. White si vieran volar sobre sus cabezas aviones Cubanos arrojando bombas y matando por doquier? ¿No pensaría ese pueblo y usted Mr. White que ese gobierno Cubano que así obrase estaría insensible e irresponsablemente sembrando la hostilidad entre nuestros países?

FIDEL CASTRO RUZ, 25 de Octubre de 1958.

Apéndice F

Reunión en los Altos de Mompié, 3 de Mayo de 1958

Después del fracaso de la huelga del 9 de Abril de 1958 se efectuó una reunión secreta entre la Dirección del *Movimiento 26 de Julio* y el *Partido Socialista Popular*, donde se consolida el carácter marxista de la revolución. La reunión se llevó a cabo en Altos de Mompié, en la Sierra Maestra, a unos 1,200 metros sobre el nivel del mar. Entre otros, participaron los dos Castro, Ernesto Guevara, Faustino Pérez, René Ramos Latour, Vilma Espín, Ñico Torres, Luis Busch, Celia Sánchez, Marcelo Fernández, Haydée Santamaría, David Salvador y Enso Infante. En Altos de Mompié residían unos 80 habitantes.

Acuerdos principales adoptados

1. El más importante acuerdo consistió en la reestructuración de la Dirección Nacional. En lo adelante, un ejecutivo, desde la sede de la Columna Uno, en la Sierra Maestra, asumiría toda la dirección política y militar de la Revolución, a cuyo frente se encontraría Fidel Castro Ruz, designado secretario general del Movimiento y Comandante en Jefe de todas las fuerzas, incluidas las milicias.
2. El ejecutivo de la Dirección Nacional lo integrarían el Comandante en Jefe Fidel Castro Ruz, Faustino Pérez Hernández (Ariel), René Ramos Latour (Daniel), David Salvador Manso (Mario), los tres últimos separados de sus cargos anteriores, y Carlos Franqui (Castel).
3. Faustino y Daniel se reincorporarían al Ejército Rebelde con los grados de Comandantes, luego que ambos entregaran los asuntos de sus respectivas responsabilidades en el Llano. Daniel debía enviar la Columna José Tey al territorio del II Frente Frank País y subordinarla al Comandante Raúl Castro Ruz.
4. Se decidió que la línea de la lucha armada directa, extendiendo la guerra hacia otras regiones para dominar el país

por esa vía, sería la que se aplicaría y estaría dirigida militar y políticamente por Fidel Castro Ruz en su doble condición. La huelga se mantenía como estrategia final y sería convocada oportunamente.

5. La dirección bélica de las milicias en las ciudades y de las fuerzas rebeldes en los campos quedaría unificada bajo el mando del Estado Mayor del Ejército Revolucionario que tendría como Comandante en Jefe a Fidel Castro y radicaría en la Sierra Maestra, desde donde trazaría los planes de acción que se desarrollarían en los campos y ciudades, para realizar un trabajo más homogéneo y eficaz. En consecuencia, los aparatos de dirección provinciales, municipales y locales del Movimiento se subordinarían a los jefes militares rebeldes en las zonas y frentes donde estos operasen.

6. Para dirigir específicamente la acción de milicias, el Estado Mayor delegaría en un comandante del Ejército Revolucionario que ostentaría el cargo de delegado nacional de Acción y que radicaría en La Habana.

7. Con vistas a rechazar la ofensiva de las fuerzas de la tiranía, todos debían realizar el mayor esfuerzo para hacer llegar a la Sierra Maestra armas, equipos, medicinas, ropas, botas y otros medios necesarios a los combatientes, por los canales de la organización, con la consigna: ¡Todos a rechazar la ofensiva militar de la tiranía!

8. Para facilitar el transporte de estos medios, se acordó permitir el tráfico por carreteras y ferrocarril a los transportes civiles, no así a los militares.

9. La Radio Rebelde sería el órgano de información principal del Movimiento, desde su sede de la Comandancia General de la Sierra Maestra y serviría no solo para divulgar las acciones militares, orientar a los militantes y al pueblo, sino también como medio de comunicaciones militares y con el exterior. Para hacerse cargo de estas tareas, Fidel orientó que se mandara a buscar a Carlos Franqui, quien se encontraba en el extranjero.

10. También se acordó que todo lo relacionado con el envío de armas o la decisión sobre estas, así como las relaciones exteriores del movimiento correrían por cuenta del secretario general. Relacionado con la cuestión del envío de armas, Fidel solicitó que le mandaran a Pancho González, coordina-

dor del Movimiento en Pinar del Río, quien había traído desde México la expedición de El Corojo.

11. Otro acuerdo importante fue el cambio de nombre del Ejército Revolucionario del Movimiento 26 de Julio por el de Ejército Rebelde, para que los militantes de cualquiera de las organizaciones revolucionarias que luchaban contra la tiranía pudieran ingresar en sus filas, como expresión de unidad entre todos los combatientes.
12. Se ratificó que todos los sectores obreros tenían derecho a participar en los comités de huelga, como había sido señalado por Fidel Castro en su llamamiento del 26 de Marzo de 1958 y que el *Frente Obrero Nacional (FON)* debía ser un organismo de unidad de todos los sectores obreros, como había sido concebido.
13. Respecto a la unidad con los demás sectores y grupos que combatían a Batista, se mantuvo la tesis de que debían coordinarse en la base los esfuerzos de todas las organizaciones revolucionarias, sin que por ello hubiera que constituir un organismo único, ratificándose el planteamiento de la Carta de Fidel Castro del 14 de Diciembre de 1957 que dice: La Dirección Nacional está dispuesta a hablar en Cuba con los dirigentes de cualquier organización oposicionista, para coordinar planes específicos y producir hechos concretos que se estimen útiles al derrocamiento de la tiranía, lo que equivalía a decir que había que ir a la Sierra a tratar estos asuntos.
14. Se decidió estudiar la posibilidad de permitir la reanudación de las actividades docentes en los planteles secundarios, previa la aprobación favorable de los dirigentes del *Frente Estudiantil Nacional (FEN).*
15. Junto al ejecutivo que radicaría en la Comandancia de la Columna Uno, en la Sierra Maestra, se acordó constituir una delegación de la Dirección Nacional con sede en Santiago de Cuba, que facilitaría las comunicaciones con las provincias, puesto que las direcciones provinciales y municipales del movimiento se mantendrían.
16. La delegación de la Dirección Nacional estaría formada por Marcelo Fernández Font como delegado nacional de Coordinación y los delegados nacionales de Finanzas, Manuel Suzarte Paz (Martín); Obrero, Antonio Torres Chadebau

(Ángel); y de Propaganda, Arnol Rodríguez Camps (Fernando); y el de Acción, comandante Delio Gómez Ochoa (Marcos), quien radicaría en La Habana. Por su parte, el secretario general nacional del *Movimiento de Resistencia Cívica (MRC)* no formaría parte de la Dirección del Movimiento y estaría en contacto con la delegación y en especial con el delegado nacional de Coordinación. Las direcciones provinciales y municipales quedarían integradas como antes por: un coordinador y responsable de Acción, Finanzas, Obrero y Propaganda. El Secretario General provincial o municipal del MRC estaría en contacto con las direcciones respectivas y en especial con los coordinadores.

17. Enzo Infante Urivazo (Bruno), que venía actuando como responsable nacional de Propaganda, fue designado como nuevo coordinador provincial de La Habana.
18. Haydée Santamaría Cuadrado (Carín), responsable nacional de Finanzas, fue designada para hacerse cargo de esta actividad en el exilio, como delegada especial del ejecutivo de la Dirección Nacional, para residir en Miami y trabajar junto a Raúl Chibás.
19. A Luis Buch, conocedor de las actividades del exilio, se le encomendó trasladarse con Haydée al extranjero para ayudar a esta y trabajar con Urrutia y Llerena con vistas a suavizar las relaciones entre ellos, y establecer las comunicaciones en clave entre el exilio y la Sierra Maestra.
20. Fidel Castro Ruz redactaría una carta a los emigrados y exiliados reconociendo al comité del exilio como único organismo del *Movimiento 26 de Julio* en el exterior, con vistas a lograr la unidad y disciplina de todos.
21. Fidel Castro Ruz instruyó para que Aldo Santamaría Cuadrado, recientemente liberado del presidio de Isla de Pinos, tras cumplir su condena, pasara a la Sierra Maestra para incorporarse al Ejército Rebelde.
22. Se encomendó al delegado nacional de Coordinación, dar a conocer los resultados y acuerdos, lo que hizo Marcelo Fernández en su Circular de Organización de 9 de Mayo de 1958.

Índice Onomástico

9

9 de Abril, 67, 71, 74, 75, 77, 78, 149, 233

A

Alabau Trelles, 63
Alegría de Pío, 77
Allen Welsh Dulles, 9, 13, 51
Alonso Pujol, 42
Alpha 66, 168
Altos de Espinosa, 116
Ameijeiras, 49, 89, 92, 116
American Foreign Power, 157
Anderson, 214
Andrew St. George, 99
Ángel Gaztelu, 40
Arthur Gardner, 19, 193
Auténticos, 59, 102, 191

B

B-26, 44, 49
Bacardí, 31, 181
Bahía de Nipe, 10
Bar Floridita, 23
Barbarroja, 96, 97
Barquín, 79, 181, 183, 189, 214
Batallón 11, 126, 129, 130
Betancourt, 98, 110, 116, 141, 142, 163, 188, 214
Bisbé, 145
Bonsal, 214
Boti, 214
BRAC, 137, 140
Buch, 56, 57, 67, 68, 222, 236
Burke, 63, 87, 214

C

C. Allan Stewart, 57, 71, 75, 87, 103, 141
C-46, 72
Caballeros de Colón, 16
Camagüey, 16, 67, 102, 119, 126, 143, 145, 155, 163, 169, 171, 172, 180, 190, 216
Campo de Tiro, 210
Cándido Hernández, 177
Cantillo, 79, 81, 84, 148, 149, 150, 156, 180, 181, 182, 183, 188, 189, 215
Capiro, 177
Caracas, 86, 98, 102, 124, 125, 140
Carlos Franqui, 42, 68, 101, 116, 163, 233, 234
Carlos Márquez Sterling, 15, 30, 42, 75, 134, 152, 153, 155, 163
Carlos Piad, 79, 109
Carlos Prío, 20, 37, 42, 48, 52, 75, 76, 79, 82, 96, 109, 133, 145, 164, 193
Carlos Rafael Rodríguez, 42, 125
Casillas Lumpuy, 92, 181, 206, 207
casquitos, 84, 122, 180
Celia Sánchez, 67, 75, 89, 93, 233
Censura, 15, 49, 124, 192, 232
Central Preston, 9, 10, 11, 12
Cepero Bonilla, 215
Chantajes, 141
Chaviano, 81, 82, 180

Ché, 90, 91, 92, 93, 94, 116, 120, 121, 126, 129, 145, 167, 169, 171, 175, 176, 177, 178, 181, 202, 203, 204, 205, 206, 207, 216, 225
Chicago Tribune, 36, 99
Chomón, 119, 120, 121, 167, 168, 215
Christian Herter, 26, 80, 107, 108, 109, 122, 124, 126, 147, 190
CIA, 9, 10, 12, 13, 19, 23, 25, 27, 28, 30, 31, 35, 36, 37, 38, 40, 41, 43, 45, 48, 49, 54, 55, 56, 57, 58, 59, 60, 62, 64, 65, 66, 67, 71, 78, 80, 81, 83, 88, 97, 99, 102, 107, 108, 109, 112, 115, 116, 119, 121, 122, 123, 131, 133, 135, 136, 137, 140, 143, 148, 150, 152, 153, 157, 164, 171, 172, 173, 177, 178, 189, 191, 202, 205, 215, 219, 223, 225, 226, 227
Cienfuegos, 23, 41, 44, 48, 49, 65, 67, 82, 83, 92, 112, 116, 119, 126, 132, 162, 167, 171, 172, 173, 177, 178, 188, 189, 215
Ciro Redondo, 116, 126, 167, 178
CMQ, 25, 65, 73, 99, 118
Columbia, 25, 43, 44, 76, 78, 82, 114, 120, 122, 131, 172, 181,

182, 183, 188, 189, 192
Compañero José, 165, 167
Comunista, 13, 42, 51, 60, 67, 77, 80, 93, 98, 101, 106, 107, 110, 113, 114, 120, 128, 134, 136, 189, 212
Crescencio Pérez, 89, 90
CTC, 63, 73, 98, 215, 216, 228
Cuartel Goicuría, 82
Cuartel Moncada, 42, 82, 94, 110, 148, 188, 220
Cuban Air Products, 222
Cubela, 120, 167, 178

D

Dámaso Sogo, 180
Daniel Braddock, 21, 189
David Salvador, 67, 68, 233
Díaz Balart, 219
Díaz Lanz, 101, 215
Díaz Tamayo, 79, 82, 181, 215
Directorio, 42, 72, 102, 118, 119, 120, 121, 126, 162, 167, 172, 178, 188, 215

E

Earl E.T. Smith, 17, 31, 36, 38, 133, 134, 135, 136, 140
Echeverría, 118, 162, 163
Edward S. Little, 27
Eisenhower, 9, 16, 19, 25, 58, 78, 79, 86, 98, 108, 123, 140, 156, 157, 163, 193, 216, 217

El Jardín, 112, 115
El Uvero, 112, 113, 114
Elecciones, 15, 20, 26, 28, 30, 31, 32, 36, 37, 40, 45, 48, 50, 51, 55, 58, 59, 80, 98, 125, 134, 135, 136, 143, 149, 152, 153, 154, 155, 157, 159, 160, 161, 162, 163, 164, 190, 216, 227
Embajada Americana, 24, 25, 27, 28, 35, 41, 71, 74, 83, 110, 122, 136, 147, 153, 154, 163, 181, 189, 194, 214, 230
Embajada Cubana, 15, 16, 30, 62, 116, 148, 188
Escambray, 42, 120, 121, 122, 126, 131, 136, 162, 167, 172, 178, 191
Eutímio Guerra, 91, 92

F

Fangio, 77
Faustino Pérez, 56, 67, 68, 72, 77, 89, 233
Felipe Pazos, 32, 110, 145, 194
FEN, 66, 67, 235
Fernández Miranda, 82, 180
Fleites, 120
Fomento, 121, 172
FON, 66, 67, 235
Frank País, 19, 54, 56, 87, 106, 114, 171, 229, 233
Freeport Sulphur, 157
Frente Cívico, 102, 103, 109, 125, 133, 230
Fusilamientos, 202, 203

G

Garantías Constitucionales, 17, 19, 20, 21, 24, 26, 27, 31, 32, 51, 55, 58, 63, 78, 136
García Lavandero, 120
García Tuñón, 32
GDC, 44, 45, 154
Georgia Tech, 224
Gilmore, 161
Gonzalo Güell, 21, 31
Granma, 77, 90, 116, 119, 168, 188, 204
Grau San Martín, 30, 42, 119, 152
Grupo Montecristi, 102, 215
Guantánamo, 78, 86, 87, 97, 115, 133, 152, 156, 216
Guiteras, 119
Gutiérrez Menoyo, 42, 119, 167, 178

H

Hart, 36, 120, 163, 222
Havana Hilton, 64, 65
Haydée Santamaría, 67, 233, 236
Hemingway, 113
Herbert Matthews, 33
Hotel Nacional de La Habana, 12
Huber Matos, 119, 129
Huelga, 63, 65, 66, 67, 71, 72, 73, 75, 76, 77, 78, 79, 98, 149, 154, 171, 183, 190, 233, 234, 235

J

Jigüe, 84, 126, 129, 130
John Foster Dulles, 9, 12, 13, 19, 21, 40, 41, 48, 50, 51, 57, 71, 75, 87, 97, 105,

109, 122, 143, 145, 219, 226
John L. Topping, 37
Johns Hopkins University, 9, 12, 135
Jorge Bez Chabebe, 16, 192
Jorge Cubas, 163
Jules Dubois, 36, 99
Julio Laurent, 63
Juventud Católica, 16, 59

K

King Ranch, 102, 143, 157
Kuquine, 82, 94

L

La Cabaña, 76, 83, 91, 189, 205, 209
La Zaragozana, 81
Las Mercedes, 84, 126, 169
Las Villas, 24, 102, 126, 132, 143, 154, 155, 162, 167, 171, 172, 176, 180, 181, 190
Ley de la Sierra, 205
Library of Congress, 8
Loma de San Juan, 210
Lone Star Cement, 157
LSU, 12, 81, 224
Luis Centoz, 50, 124

M

M-1, 56, 101
Manuel Urrutia, 56, 79, 102, 110, 182
MAP, 43, 44, 45, 48, 49, 106
Marcelo Fernández, 67, 68, 77, 91, 233, 235, 236
Marines, 116, 133
Mario Lazo, 163
Mario Llerena, 40, 75, 110
Martín Elena, 181
Massetti, 75
Mella, 119
Menoyo, 42, 168
Miami, 1, 9, 24, 42, 52, 71, 75, 94, 121, 131, 142, 168, 172, 178, 183, 188, 215, 222, 224, 236
Miami Herald, 94
Miguel Ángel de la Campa, 13, 81, 143
Miro Cardona, 109, 110
Miró Cardona, 79, 125, 133, 146, 216
Moa Bay Mining, 87, 97, 98
Mompié, 67, 68, 71, 72, 75, 77, 202, 233
Morgan, 167
Mujal, 35, 63, 64, 65, 73, 134, 216
Murphy, 107

N

New York Times, 33, 36, 49, 58, 77, 94, 97, 113, 193, 209
Nicaro, 98, 153, 229, 231
Nicolás Arroyo, 143, 145, 188
Nikolai Leonov, 96
Nixon, 86, 98, 143
Núñez Portuondo, 217

O

OEA, 36, 51, 55, 59, 142, 146
ONU, 36, 55, 154, 188
Operación Verano, 81
Ordoqui, 165
Oriente, 9, 10, 11, 12, 16, 17, 27, 43, 54, 58, 59, 77, 80, 82, 84, 89, 113, 114, 115, 121, 122, 132, 141, 143, 148, 150, 152, 154, 155, 156, 157, 158, 162, 163, 171, 172, 174, 178, 180, 202, 210, 215, 219, 221, 224, 229, 231
Orlando Piedra, 181
Ortodoxos, 191
Orville Anderson, 159
Otto Meruelo, 99

P

Palacio Presidencial, 27, 74, 81, 118, 167, 168, 180, 192
Pardo Llada, 42, 58
Partido Comunista, 51, 145, 167, 228
Partido Ortodoxo, 40, 72, 215, 216
PAU, 28
Pawley, 123, 124
Pedraza, 82, 174, 191
Pentágono, 38, 62, 63, 78, 87, 98, 103, 108, 133, 188, 191
Pepín Bosch, 42, 181
Pérez Serantes, 15, 114, 217
Personajes, 202, 214
Pilar García, 63, 82
Pino del Agua, 48, 49, 88
Prensa Libre, 143, 180
PSP, 66, 72, 125, 126, 134, 140, 162, 165, 216

R

Radio Rebelde, 42, 101, 105, 116, 152, 155, 159, 162, 163, 164, 168, 171, 183, 202, 229, 234
Ramiro Valdés, 49, 91, 119
Ramos Latour, 68

Raúl Castro, 48, 49, 54, 77, 87, 89, 93, 96, 97, 106, 107, 112, 120, 145, 146, 147, 155, 156, 174, 210, 233
Raúl Chibás, 40, 56, 236
René Ramos Latour, 68, 71, 84, 106, 129, 233
Resistencia Cívica, 16, 56, 68, 72, 102, 103, 126, 178, 236
Revista La Quincena, 40
Rivero Agüero, 30, 31, 42, 134, 135, 136, 155, 160, 161, 163, 164, 165, 217
Rodríguez Calderón, 82, 180
Roy Richard Rubottom, 13, 20, 26, 143
Ruby Hart Phillips, 36

S

Salas Cañizares, 83, 114, 191
San Román, 82, 83
Sánchez Mosquera, 84, 126, 129, 130, 131, 132
Santa Clara, 91, 121, 132, 174, 175, 177, 178, 181, 205, 206
Santamaría, 236
Santiago, 11, 12, 15, 16, 21, 23, 24, 25, 26, 31, 55, 65, 67, 73, 89, 97, 99, 106, 110, 112, 113, 114, 115, 131, 137, 148, 149, 150, 152, 153, 155, 156, 160, 180, 182, 188, 192, 210, 215, 217, 218, 220, 222, 223, 224, 226, 235
Santiago de Cuba, 11, 12, 15, 16, 31, 55, 65, 73, 97, 99, 106, 110, 113, 114, 131, 148, 155, 156, 160, 182, 192, 210, 217, 218, 220, 222, 223, 224, 226, 235
Santiago Rey, 21, 23, 24, 25, 26, 137
Sea Fury, 126, 136, 191
Sergio González, 91
Sierra de Cristal, 10, 54, 191
Sierra Maestra, 16, 20, 25, 30, 31, 33, 35, 41, 42, 43, 44, 48, 55, 57, 66, 67, 68, 71, 77, 84, 88, 91, 92, 93, 94, 99, 101, 114, 125, 142, 145, 148, 149, 156, 163, 167, 182, 191, 204, 206, 216, 221, 231, 233, 234, 235, 236
SIP, 99
Sorí Marín, 42
Sosa García, 180
Steward, 79

T

T-28, 87, 103, 136
Tabernilla, 25, 63, 78, 81, 113, 140, 180, 181, 191
Terrance G. Leonhardy, 37, 141
terroristas, 30, 51, 55, 98, 149
Texas Company, 157
Thomas B. Hanford, 62
Tompkins, 52
Topping, 194
Tren Blindado, 174, 176, 177
Triple A, 72

U

Ugalde Carrillo, 180, 229
United Fruit, 10, 12, 141, 146, 147, 157, 219

V

Varona, 79, 102, 109, 110, 115, 116, 145, 146, 148, 217
Ventura, 63, 181
Victor Dueñas, 171
Vilma Espín, 67, 77, 106, 233
Viscount, 164

W

Washington Post, 15, 94
Wayno S. Smith, 134, 135
Wilkinson, 74
William P. Snow, 50, 57
William Tompkins, 48, 52
William Wieland, 20, 21, 31, 36, 37, 50, 57, 71, 75, 79, 105, 109, 141, 142, 145, 153
Wollam, 97, 106, 107, 156, 160, 218

Y

Yaguajay, 126, 162
Yateras, 133

 Raúl Eduardo Chao recibió su doctorado de la Universidad Johns Hopkins y después de un breve paso por la industria estuvo 18 años en el mundo académico, como profesor titular y Director de los Departamentos de Ingeniería Química en las Universidades de Puerto Rico y Detroit. En 1986 fundó una empresa de consultoría enfocada a ayudar a empresas y agencias gubernamentales a desarrollar un ambiente de trabajo positivo e implementar técnicas de mejora de procesos para asegurar mejoras simultáneas en productividad y calidad. El *Grupo Systema* tuvo como clientes empresas de las catalogadas como Fortune 100 y diversdas organizaciones federales y estatales, tanto en los EE.UU. como en el extranjero. Como Presidente de Systema, Chao ha escrito una docena de libros sobre gerencia, ciencias e Historia de Cuba y numerosos artículos en periódicos y revistas. Él y su esposa Olga viven en Lakeland, Florida y pasan largos períodos de tiempo en París.

www.ingramcontent.com/pod-product-compliance
Lightning Source LLC
Chambersburg PA
CBHW070133080526
44586CB00015B/1679